THE STORYTELLER

The Storyteller

TALES OF LIFE AND MUSIC

Dave Grohl

デイヴ・グロール自伝

THE STORYTELLER

音楽と人生――ニルヴァーナ、そしてフー・ファイターズ

デイヴ・グロール 著
中村明美 訳

DU BOOKS

PICTURE CREDITS

Pages i, xii, 4, 16, 22, 26, 32, 43, 55, 62, 70, 73, 89, 107, 112, 123, 150, 166, 168, 175, 178, 232, 244, 265, and 344: courtesy of the author's personal archives
Pages ii, viii, 230, and 356: courtesy of Magdalena Wosinska
Page 2: courtesy of Kevin Mazur
Page 50: courtesy of the author's personal archives c/o Ruthless Records
Pages 66, 91, 92, 95, 96, 99, and 103: courtesy of Virginia Grohl's personal archives
Pages 138 and 147: courtesy of Charles Peterson
Page 188: courtesy of John Silva/ SAM
Pages 194, 200, 217, 219, 224, 259, 285, 290, 301, and 334: courtesy of Danny Clinch
Pages 226, 304, 318, and 326 courtesy of Jordyn Blum
Page 241: courtesy of Mary McCartney
Page 269: courtesy of Ross Halfin
Page 306: courtesy of Brantley Guitterrez
Page 355: courtesy of Andreas Neumann

THE STORYTELLER
by
Dave Grohl

FIRST EDITION
DESIGNED BY RENATA DE OLIVEIRA
CASE ILLUSTRATION BY ANGELA BOUTIN

Library of Congress Cataloging-in-Publication
Data has been applied for.

Translated by Akemi Nakamura
Published in Japan
by
Disk Union Co., Ltd.

FOR VIRGINIA GROHL.

Without her, my stories would be very different.

彼女がいなかったら、俺の物語はまったく違うものになっていた。

FOR JORDYN BLUM.

You made my story so much more exciting and beautiful.

俺の物語をよりエキサイティングで美しいものにしてくれた。

FOR VIOLET, HARPER, AND OPHELIA.

May each of your stories be as unique and as amazing as you are.

あなたたちの物語も、あなたたち自身と同じくらい
個性的で素晴らしいものになりますように。

CONTENTS

PART FOUR: CRUISING
巡航～栄光と成熟の果てに

PART FIVE: LIVING
生きる～音楽と家族への決意

※本文中の［　］は訳注および編注

まえがき〜ボリュームを上げろ

INTRODUCTION: TURN IT UP

ときどき自分が歳を取ったことを忘れてしまう。

頭と心にまんまと騙されて、毎日まるで自分が幻想でしかない若者の世界を生きているような錯覚に陥るんだ。反抗的な子どもの理想主義と、悪戯心《いたずらごころ》満載の目で見れば、人生の最も基本的かつシンプルなことで幸せになれるし、感謝できる。

ただ鏡を見れば、すぐ気付く。あの安いギターを手にして、積み重なったレコードの中で一人で何時間も練習して、いつの日かこのバージニア州郊外の、ワンダーブレッドのパン工場のある街の限界や期待を突破したいと願っている幼い少年ではないってことは。もう違う。今では鏡に映る俺の風化した笑顔の歯は、長年マイクにすごくデリケートなエナメル質を擦りつけてきたせいで削れているし、何十年もの時差ぼけと、人生の貴重な睡眠時間を削ってきたせいで、重いまぶたのその下にも重いバッグが見えるような気がする。髭にも白髪が見えてきた。だけどその何もかもに感謝しているんだ。

何年か前に、ニューヨークで行われた12-12-12ハリケーン〝サンディ〟［２０１２年12月12日にＮＹを襲った巨大ハリケーン］のチャリティ・コンサートの出演依頼を受けた。場所はマディソン・スクエア・ガーデンで、ロックンロールにおけるラッシュモア山［4人の大統領の彫像で有名な山］であるかのように、ポール・マッカートニーから、ザ・ローリング・ストーンズ、ザ・フー、ロジャー・ウォーターズをはじめ、数えきれないほどの錚々たるメンツが集まった。そのときプロモーターから、巨額の寄付をしてくれたファンのために、そのアイコニックなアーティストたちと楽屋に来て、一緒に写真を撮ってほしいと言われた。もちろんそこに入れてもらえるだけで光栄だったから、喜んでお願いに応じ、バックステージの迷路を通り抜けて楽屋に向かった。ロックンロールの歴史がパンパンに詰まった部屋で、全員が小学校の記念撮影のような形で並び、みんな革ジャン姿でイギリス訛りなのを想像していた。しかし、いざ部屋に入ると、そこには二人しかいなくて、しかも部屋の両サイドに離れて立っていた。一人は、高級車の新車のように輝かしい佇《たたず》まいで、髪の毛は完璧に染めてるし、日焼けスプレーを塗っているし、買ったばかりのチューインガムの箱みたいな改装したてのような顔で笑っていた（明らかに老化現象を回避しようとしたのが裏目に出て、まるで古い壁にペンキを何回も塗り過ぎてしまったかのように見えた）。もう一人は、ビンテージの疲れ果てたホットロッドみたいなルックスだった。不気味な白髪だし、しかめっ面には深いシワがあるし、ジョージ・ワシントンを思わせるような歯だし、分厚い胸板で黒いTシャツはキツキツだし、何も気にしちゃいない人だというのはひと目で分かった。

悟ったと言ったらありきたりだが、でもその瞬間に俺には自分の未来が見えた。その瞬間に俺は、後者のようになると決めたんだ。今後何年にもわたり、体にガタがこようとも、それを受け止めて祝福していこうじゃないかと思った。つまり、錆びついたホットロッドになってやろうと思ったんだ。たとえジャンプ・スタートを繰り返すことになったとしても。全てがピカピカである必要もないわけだし。ペルハム・ブルーのギブソン・トリニ・ロペス・ギター［デイヴ愛用のギター］を、ケースに50年入れたままにしておけば、ずっと工場から今届いたみたいにピカピカだろうけど、でも手に持って太陽にかざし、呼吸をさせて汗をかいて演奏したら、時間が経つにつれ、その塗りが独特の色合いになる。楽器によって古くなり方が違うんだ。俺に言わせれば、それこそが美ってものだ。完璧に加工された輝きじゃなく、個性と、時間と、知恵によって使い古された美だ。

奇跡的にも俺の記憶力は今もそれほど劣化していない。子どもの頃から、年とか月とかではなくて、音楽的な情報量の増加で、常に自分の人生を測ってきた。だから、特定の時間や場所を思い出すのに、曲やアルバムやバンドに頼ってきた。70年代のAMラジオから、自分が使ったマイクの種類から、曲の頭の音をちょっと聴いただけで、スピーカーから俺の魂に入り込んだその曲の、誰が、何を、どこで、いつ、を答えられる。または、俺の魂から君のスピーカーへ。人によっては、味や人の見た目や、または匂いで昔の記憶を思い出したりするが、俺の場合はそれが音であり、誰かに送るのを待ってる未完成のミックステープを演奏しているような感じなんだ。

それから俺は〝何か〟のコレクターだったことはないが、でもそれぞれの瞬間は記憶に残っている。つまり俺は毎日耳から、自分が見たものを記憶している。この本では、可能な限り最善を尽くして、そのいくつかを捉えてみた。これらの思い出は、人生のさまざまな場所から来たもので、当然だが音楽に満ちている。時にそれは爆音ですらある。

だからボリュームを上げて、俺と一緒に聴いてくれ。

PART ONE

SETTING THE SCENE

舞台設定〜音楽への目覚め

DNAは嘘をつかない

DNA DOESN'T LIE

「お父さん、ドラムの叩き方教えて」

いつかこの日が来るのは分かっていた。

映画『グリンチ』に出てくるシンディ・ルー・フーみたいな大きな茶色の瞳をした8歳の娘ハーパーが、ナーバスそうに、先が削げたドラム・スティックをその小さい手に持ち、俺の前に立っていた。俺のミニ・ミー［映画『オースティン・パワーズ』で小人症の俳優ヴァーン・トロイヤー演じるキャラクター］みたいな真ん中の娘は、見た目的にも俺に一番似ている。彼女がいつか音楽に興味を持つとは思っていたが、まさか……ドラムとは？　それって、給水桶の残飯みたいなものだし、新入社員が郵便係に配属されるみたいなもので、つまり最低のポジションじゃないか！

「ドラム？」。俺は眉を吊り上げて訊いた。

「うん！」。彼女は万遍の笑みで声を高くして答えた。俺はちょっと考え、センチメンタルの塊が喉で膨らんできたので訊いた。「なるほど……それで俺に教えてほしいの？」。チェックのバンズのスニーカーをモジモジ動かしながら、恥ずかしそうにうなづき、「そうそう」という答えが来ると、俺は即座に父としてのプライドに襲われ、顔いっぱいに笑みを浮かべた。俺たちはハグして、手をつないで階段を上り、俺のオフィスに置いてある古いドラム・セットに向かった。それは、お涙頂戴のホールマークのグリーティング・カードに描かれているような瞬間であり、超感動的なスーパーボウルのコマーシャルのようでもあり（モンスター・トラックの愛好家ですらバッファロー・チキンをディップに入れながら泣いてしまうような)、この思い出を俺は生涯大事にするだろう。

しかし、オフィスに入った瞬間、自分がまともなレッスンを一度も受けたことがないことを思い出し、つまり、どうやって人にドラムの叩き方を教えればいいのかまるで分からなかった。ちゃんと体系化された音楽の教育を受けたのは、地元ワシントンDCにあったジャズ・クラブ、ワン・ステップ・ダウンで、毎週日曜の午後に観ていたレニー・ロビンソンというずば抜けたジャズ・ドラマーから数時間教えてもらったことがある程度だ。

ジョージタウンの郊外のペンシルベニア通りにワン・ステップ・ダウンという小さいクラブがあったんだが、そこは権威あるツアー・アクトに人気のある場所で、しかも毎週末にジャズのワークショップをやっていた。そこで、ハウスバンド(DCのジャズ・レジェンドであるローレンス・ウィートリーが率いていた)が暗くなるまで混み合った会場でライブを何回か行い、有望視されているミュージシャンをステージに呼んではジャムをしていた。

80年代、俺がティーネイジャーだった頃、そのワークシ

ヨップに行くのが俺と母の毎週日曜日の習慣になっていた。小さいテーブルに着き、ドリンクと前菜をオーダーして、音楽の巨匠たちが伝統的なジャズをゴージャスで自由な即興へと昇華させる演奏を何時間も観ていた。レンガが剥き出しになったその場所では一体何が起きるのか予測不可能だった。煙が漂い、ステージからのサウンドしか聴こえてこなかった（私語は絶対厳禁だった）。15歳の俺はパンク・ロックにどっぷりとハマっていて、可能な限り速くて爆音のサウンドしか聴いてなかったが、どういうわけかジャズの感情的な部分に共感できた。ありがちな流行のポップとは違い（当時の俺は映画『オーメン』に出てくる教会の子どもみたいに拒絶していたけど）、ジャズの構成がカオスのタペストリーのようになっていて、そこに美やダイナミクスが感じられて素晴らしいと思っていたんだ。形がしっかりとあることもあれば、ないこともある。中でも一番好きだったのが、レニー・ロビンソンのドラムで、それはパンク・ショーでは絶対にお目にかかれないような叩き方だった。

嵐のようなサウンドを鳴らしながらも、優雅で、精密でもあり、それを彼はいとも簡単にやってのけた（今となっては、それが簡単じゃないのは分かる）。言ってみればそれは俺の音楽的目覚めですらあった。それまでは自分のベッドルームで汚い枕を叩きながら自分の耳でドラムを覚えてきたので、誰かに何が〝正しく〟て、何が〝間違っている〟のか教えられたことがなかった。だから俺のドラムの叩き方は、ワイルドで、ムラがあり、野性的なクセがあったんだ。

つまり俺は、**マペットに出てくる動物みたいなもので、その上才能もなかった。**

でも、レニーがしっかりと勉強しているのは明らかで、俺はその演奏が醸し出す雰囲気とコントロールの仕方にとにかく感動した。当時の俺の〝先生〟といったら、俺が持っていたパンク・ロックのレコードで、つまり速くて、耳障りで、うるさいアナログ・レコードから叫び声を上げる金属板みたいなものだった。ドラマーとして伝統的とはまず言われないタイプの人たちだったが、粗野だからこそその素晴らしさには抗えないものがあったから、俺はアンダーグラウドのパンク・ロック・シーンの陰の英雄たちにはいつだって感謝している。アイヴァー・ハンソン［エンブレイス］、アール・ハドソン［バッド・ブレインズ］、ジェフ・ネルソン［マイナー・スレット］、ビル・スティーヴンソン［ディセンデンツ］、リードマリン［コロージョン・オブ・コンフォーミティ］、D.H.ペリグロ［デッド・ケネディーズ］、ジョン・ライト［ノーミーンズノー］……（リストは苦痛なほど長い）。彼らの影響力はいまだに俺の作品から聴こえてくるはずだ。それが色濃く表れているのは、（少しだけ例を挙げるとすると）クイーンズ・オブ・ザ・ストーン・エイジの〈ア・ソング・フォー・ザ・デッド〉とか、フー・ファイターズの〈モンキー・レンチ〉、それからニルヴァーナの〈スメルズ・ライク・ティーン・スピリット〉ですらそうだ。彼らみたいなミュージシャンは、レニーとはまったく別の世界のシーンの住人に思えたけど、でもどちらも、俺が日曜日にワン・ステップ・ダウンで大好きだった美しく構築されたカオスから醸し出される空気感が同じだった。つまり、俺が目指したのはそれだった。

湿度の高いある夏の日の午後に、母と俺は、そのクラブで毎週行われているジャズのワークショップで母の誕生日を祝うことにした。それはすぐに俺たち二人の〝お気に入り〟になり、今でもすごく良い思い出として心に残っている。友達で親と出かける奴もいなかったし、ましてやDCダウンタウンのファッキングなジャズ・クラブに行くなんてありえなかったが、だからこそ俺の母は本質的にクールな人なんだと思えたし、二人の絆も強くなった。離婚と機能不全なX世代にありながらも、俺たちは本当の友達だったんだ。その日は、フレンチフライを何度かオーダーし、ローレンス・ウィートリー・カルテットのセットを何度か観た後に、母がこう言った。「デヴィッド、私の誕生日プレゼントとして、バンドとステージに上がって演奏してくれる?」と。それで、俺が最初になんて答えたのかは覚えてないが、だけど、たぶんこんな感じだったことだけは間違いない。「マジでファッキングおかしいんじゃないか?」。だって、ドラムを（枕に向かって）叩き始めてまだ数年しか経ってなかったし、しかも自分が持ってる古い傷だらけのパンク・ロック・レコードからしか学んでない。つまり、あんなクールな人たちと、しかもジャズを演奏する準備なんてまるでできてなかったから、最高にありえないお願いだった。完全に無理な窮地に立たされて、大失敗が待ち構えているようなものだった。だけど……。これは他でもない母からのお願いであり、母はここに俺と来てくれるくらいクールな人だったわけだ。だから……。

しぶしぶ承知して、その小さなテーブルからステージにゆっくりと熱狂的なジャズ・ファンでいっぱいの会場を掻き分けて、ステージの横にあるコーヒーのシミがついた紙のところまで行った。その紙には、〝名前〟と〝楽器〟の2項目を書くようになっていた。リストにざっと目を通すと、実力がありそうなミュージシャンの名前が書かれていたので、震える手で、〝デイヴ・グロール、ドラム〟と、ささっと書き殴った。自分の死刑執行令状に署名したような気分だった。フラフラしながら自分の席に戻り、席に着いた途端にみんなが俺を見てるような気すらして、ボロボロのジーンズとパンク・ロックのTシャツからはすぐに汗が出てきた。一体、今何をしてしまったんだろう？　最低最悪な結果になるだけだ。神聖なる壁と音楽を聴き込んできた耳をエンターテインする素晴らしいミュージシャンの名前が呼ばれる間の数分と言ったら、もう何時間にも感じるくらいだった。しかも、どのミュージシャンたちも、ジャズ狂たちと何の問題もなく共演していた。時間が経てば経つだけ、自信を失い、胃がキリキリし、手は汗でびっしょりで、心臓がバクバクしながらも、なんとかバンドの圧倒的な拍子についていこうとしていた。しかし、この俺がこのステージに毎週優美に立つ最高の技術を持った楽器奏者たちについていけるわけがないだろうと思っていた。「お願いだから俺の番が来ませんように」。神様、お願いします……。しかし、それから間もなくして、ローレンス・ウィートリーの深いバリトンでゆっくりと話す声がＰＡスピーカーから轟き、いまだに思い出しては怖くなる恐怖のアナウンスをした。「レディース・アンド・ジェントルメン、ドラムは……デイヴ・グロールにお願いします」

小さな歓声の中で、恐る恐る立ち上がると、俺が熟練のジャズ・レジェンドではないことは明白なばかりか、痩せこけた郊外のパンク・キッズで、ヘンテコな髪型に、汚いコンバース・チャックを履いていて、しかも、Tシャツにはキリング・ジョークと書かれていたので、その歓声も一瞬で消えた。俺がステージに向かっているときのバンドの恐怖の表情と言ったら、まるで死神でも向かって来るのを見ているようだった。ステージに上がり、偉大なるレニー・ロビンソンの王座に俺がやむを得ず座ると、彼がスティックを渡してくれた。会場をその角度から見るのは初めてだった。そこは、つまみがたくさん乗ったテーブルで母が安全に守ってくれている場所ではなかった。死刑用の電気椅子にも思える熱い場所に座り、照明を浴びたが、内面は凍っていた。何しろ観客全員が「さて、お手並拝見といこうか」とでもいうような目で見ている気がして、その重圧に押しつぶされそうになっていたから。シンプルなカウントをして、バンドは俺がそれまで演奏したこともないような何か（すなわちジャズの曲なら全て）をおっぱじめた。俺はとにかく自分の吐いたゲロの溜まり場で気絶しないように、なんとか頑張り、バンドについていこうとした。もちろんソロはしないし、派手なこともやらないし、とにかくテンポに合わせて、台無しにだけはしないようにした。ありがたいことに、それは（ゲロも吐かずに）、大きな事故もなく、一瞬で終わった。その日演奏した他のミュージシャンたちとは違い、俺の曲は驚くほど短かった（もちろん意図していたはずだ）。想像してみてくれ！とにかく無事終了。ほとんど歯の神経の根管手術を無事終えたかのような安堵感で立ち去った。口の中はカラカラで、笑顔は強張っていたけど、バンドには立ち上がってお礼を言い、不自然なお辞儀をした。なんで俺がこんなことをやったのか、その意図さえ分かってくれていたら、なんで俺がこんな絶望的に馬鹿げたことをやったのか理解してくれたと思う。だけど、その可哀想なミュージシャンたちの――どんなに小さかったとしても――彼らの慈善の気持ち全てのおかげで、彼らは知らずして、母が生涯忘れない誕生日プレゼントをすることができた（金を払った75人の観客を失望はさせたが）。それは俺にとって、どんなスタンディング・オペレーションより意味のあることだった。謙虚な思いで、前菜が置かれた小さなテーブルに恥ずかしいと思いながら戻り、俺がリアルなドラマーとして認めてもらえるまでには、まだまだ道は長いと思った。だけど、その運命的な午後のおかげで俺の心に火がついた。その失敗に影響されて、自分のベッドルームの床に座り、全部自分でやろうと頑固にならないで、ちゃんと分かっている人からドラムの演奏方法を教えてもらわなくちゃいけないと思った。俺の中では、それができる人は一人しかいなかった。偉大なるレニー・ロビンソンだ。

それから数週間後の日曜日に、母とまたワン・ステップ・ダウンに行った。世間知らずの勇気もあらわにお願いし、レニーがトイレに向かう途中に詰め寄って、「あの……すいません。レッスンを受けたいのですが？」と精一杯『ゆかいなブレディー家』［70年代に放映された米ABCテレビ放送のコメディ番組］を真似しながらモゾモゾと言うと、「もちろんだよ。1時間30ドルだ」と返事が返ってきた。「1時間で30ドル？」と言ったら、バージニア州の息苦しい暑さの中で芝刈り6回分だ！　シェイキーズ・ピザでの週末のバイト代だ！　週末に吸うウィードの8分の1を我慢しなくちゃいけなくなる！　でも了解。電話番号を交換し、日にちを決めた。「これで次なるジーン・クルーパへの道まっしぐらだ！」と少なくとも俺はそう思っていた……。

スプリングフィールドの1300平方フィートの俺の家は、ドラム・セットをフルで入れるには、あまりに小さすぎた（つまりそれゆえに、その場しのぎで小さなベッドルームの枕で練習していたわけだ）。だけどこの特別な機会のために、もちろんレニーのギアの質とは雲泥の差だったが、俺のバンドのデイン・ブラマージュのリハーサル・スパースから一番下のレベルのタマの5点セットを借りてきて、その汚いドラムをリビング・ルームのステレオの前に置き、彼が到着するのをドキドキして待ちながら、台所の流しの下で見つけた窓を拭くウィンデックスで磨いたりした。それを彼がめためたに叩く音を聴いた近所の人たちが……

「俺が叩いた！」と思ってくれないか、などと考えたりしていた。

「彼が来た！　彼が来た！」とサンタクロースが家の駐車場に車を停めたかというような声で叫んだ。嬉しさを抑えきれないまま玄関で彼に挨拶して、まだガラス磨きの匂いがするピカピカのドラムが置いてある、物凄く狭いリビング・ルームへ来てもらった。ストゥールに座って楽器を見てから、続けてジャズ・クラブで何度も目撃してきたものと同じ、あり得ないと思えるリフで閃光を走らせた。手とドラム・スティックはほぼ一体化して、完璧なタイミングでマシンガンのようなドラム・ロールを響かせた。衝撃で口が大きく開いてしまった。いつか世界的なドラマーになるんだと、これまでの人生ずっと夢見てきたその同じカーペットの延長線上でそれが起きてるなんて信じられなかった。でも夢がとうとう実現する。これは俺の運命なんだ。すぐに彼のリフを叩けるようになって、すぐに次のレニー・ロビンソンになるんだ。

「オーケー」と彼は叩き終わって言った。「それじゃ君の番だ」

自分の中から全ての勇気を振り絞り、これまでパンク・ロック・ヒーローたちから盗んだリフとトリックをモンタージュのようにつなぎ合わせながら、自分の中での〝グレイテスト・ヒッツ〟を叩き始めた。しかも、超ハイパーな子どもが思い切り癇癪を起こしたかのように、ただ生々しくリズム感のない栄光を爆発させ、安いドラム・セットを叩きまくった。レニーはそれをじっくり観て、この先どれだけの特訓が必要なのかすぐに分かったかのような険しい表情を浮かべた。不協和が鳴り響く悲惨なソロを数分演奏した後、俺を止めてこう言った。「オーケー……まずだな……スティックを逆に持ってる」。レッスン1。恥ずかしくなって、すぐにスティックを逆にして正しく持ち替え、そんな初歩的な間違えをしたことを謝った。ちなみに、俺がずっと逆に持っていたのは、太い方でドラムを叩けばよりデカい音が出るものだとばかり思っていたからだ。ネアンデルタール人まで遡る俺のブランドでは、その叩き方が効果的だと証明されていたんだ。まさかそれが真っ当なジャズ・ドラムの叩き方に実質的に反するものだとはまるで気付かなかった。なんてバカなんだ。それで、俺の左手にスティックを置き、親指と中指を置いて、俺より前に存在してきた真の偉大なるドラマーと同じように、もちろん今俺の目の前にいる人とも同じ伝統的な握り方を見せてくれた。そのシンプルな調整によって、俺がそれまでドラムの叩き方について自分では分かっていると思っていたこと全てがなしになってしまった。10年間の意識不明から目を覚まして、一から歩き方を覚えている人のように、辿々《たどたど》しくドラムを叩き始めた。新しい方法でスティックを握るのは難しすぎたが、とてもシンプルなシングル・ストロークを練習用のパッドで見せてくれた。右、左、右、左、と。安定したバランスを見つけるように、何度も何度もゆっくりそのパッドを叩いた。もう1回。右、左、右、左。あっという間に、レッスンの時間は終わってしまった。この1時間で30ドルってことは、レニー・ロビンソンみたいにドラムが叩けるようにレッスンを受けるよりも、恐らくジョンズ・ホプキンス［ボルティモアの大学のこと］に行って、脳外科になる勉強をする方が安上がりだ。お金を渡し、レッスンをしてくれたお礼を言って、それはそこまでだった。それが俺の唯一のドラム・レッスンだった。

「オーケー……えっと……これがキック・ドラムで。足はここに置く」と娘のハーパーが、その小さなスニーカーをキック・ペダルに置こうとしたので言った。「これがハイハット。もう一つの足はここ」。彼女はしっかり座り、スティックも持って、叩く準備万端だった。自分でも何をやってるのか分かってなかったけど、レビー・ロビンソンが昔教えてくれたクソみたいに混乱する右、左、右、左（レニーは尊敬しているけど）は飛ばして、すぐにビートを教えることにした。「えっと……オーケー……これがシンプルなキックとスネアのパターンだ……」。何度かやったがなかなか上手くいかなかったから、彼女を止めて、「待ってて、すぐ戻ってくるから」と言い、部屋から飛び出した。彼女に必要なのは、俺じゃなくて、AC／DCの『バック・イン・ブラック』だ。

タイトル・トラックをかけて、彼女に聴くように言った。「聴こえた？」と訊いた。「あれがキック・ドラムだ。そして今のがハイハット。そしてこれがスネア・ドラム」。注意深く聴いて、彼女は叩き始めた。彼女のタイミングは信じられないくらい安定していた。ドラマーならみんな分かってることだが、半分以上大事な部分はそこだ。彼女には、生まれ持ったメーターが体の中にある。だから一旦動き方を把握したら、物凄く感情を込めて演奏し始めた。俺は、誇りで胸がいっぱいになって飛び跳ねながら歓声を上げ、ヘッドバンギングして、ハーパーの演奏に合わせて歌った。それで面白いことに気付いた。びっくりしたのは、彼女の姿勢だ。大きな背中は前に少し屈んでいて、骨ばった腕と痩せた肘の位置はちょっと外れていて、顎はスネアの上にあった……それを見たことがあった。**彼女は俺が彼女の歳ぐらいのときにドラムを叩いていた姿と生き写しだったんだ。**まるで、タイムトラベルをしつつ同時に幽体離脱を体験しているような気持ちになった。それだけじゃない。俺のミニ・ミーが――同じように歯を見せて笑う双子が――ちょうど35年前の俺と同じようにドラムの叩き方を習おうとしている。親と一緒に音楽を聴きながら。ただ、驚いたわけでもなかったんだ。さっきも言ったように、いつかこの日が来ると分かっていたから。

俺の母の書いた本『From Cradle to Stage』（２０１７年刊行）の前書きにも書いたんだが、音楽的な衝動というものには、それほどのミステリーはなくて、むしろ事前に決められていてＤＮＡの螺旋構造の奥底に存在し、単に解除されるのを待っているじゃないかと思うんだ。

ＤＮＡというのは奇跡的なものだ。自分たちが会ったこともない人たちの特性を、俺たちの化学構造の奥深くに携えているわけだから。俺は科学者ではないけど、俺の音楽的才能こそがその証であり、神の介入があったわけでもない。それは肉と血によるものだ。中にあったものが外に出てきただけのことであって、俺がある日ギターを手にして、ディープ・パープルの〈スモーク・オン・ザ・ウォーター〉を耳で覚えて弾いたときに分かったのは、必要なのはＤＮＡと莫大な辛抱強さだということ（俺の母は間違いなくそれを諦めたわけだけど）。その耳と心と思考は、人から授かって生まれたものだ。同じように音楽と曲に愛を持ってきた人から譲り受けたものだ。俺はそのパフォーマンスするのを待っていた遺伝的シンフォニーに恵まれた。必要だったのは閃きだけだったんだ。

ハーパーの場合、その〝閃き〟は、サンセット・ブルバードにあるナイトクラブ、ロキシーで着席して、姉のバイオレットが熟年の11歳になって初めてのライブをするのを観る、その前の日にやってきた。

それが来るのも分かっていたんだ。

バイオレットは、強烈によく喋る子どもで、3歳の頃までには、彼女よりずっと年上の子どもたちと同じくらいのボキャブラリーでしっかりと話せたから、レストランでベイビーチェアに座っていたのに、「すいません。私のパンにもう少しバターをいただいても良いですか？」とはっきりとお願いできた。まさかそんなことを言うとは予想もしてなかったウェイトレスはよく仰天したものだ（腹話術なのでは、と二度見する人もよくいて、その度に大笑いでオシッコ漏らす勢いだった）。家で夕食を食べてるときに、バイオレットが駄々を捏ねることがあったから、なだめようとして「誰だって怒るときはあるから大丈夫だよ。俺だって怒ることはあるから！」と言ったら、彼女はこう答えた。「私は怒ってるんじゃない。苛立ちを感じてるだけなの！」。ちなみに俺にはその二つの言葉の意味の違いがいまだによく分かっていない。バイオレットには分かっているようだ。

あとで分かったのは、彼女は、聴覚的記憶力に長けているのと、形状認識の感覚が発達していること。だから、耳で聴いたことを完璧に真似したり繰り返したりするのが得意だった。そのうちリクエストすると、アクセントの真似をするようになって、アイルランド人から、スコットランド人から、英国人から、イタリア人などのそっくりな物真似を次々に披露した。しかも、まだスムージーのシミがついた車のチャイルドシートに座ってるようなときだったのに。間もなく、バイオレットの音楽愛と彼女の耳がぴったりと適合して、声の高さや、キー、トーンなど全てを合わせせられるようになった。車のバックシートから聴こえてくる彼女の歌を聴いていても、お気に入りのシンガーの曲を歌うと、微妙な声の変化にも合わせて歌えるようになっていた。ザ・ビートルズのハーモニーから、フレディ・マーキュリーのビブラートから、エイミー・ワインハウスのソウルまで。中でも一番忘れられないのは、5歳の娘が『Yo Gabba Gabba!』［子ども向けのＴＶ番組］のパジャマを着て、〝リハブ〟を一字一句完璧に歌ったのを聴いたことだ。彼女に才能があるのは明らかだったから、あとはいつ〝閃き〟の瞬間が訪れるのかだけだった。

　その閃きは、やがて燃え盛る炎となり、音楽は彼女の人生の行く先を決める衝動となって、最終的には、学校のクラスメイトとロック・バンドを作った。パフォーマンスをする度に、強い自信を持つようになったし、音楽に対して貪欲で、しかも素晴らしく幅広いものが聴ける耳で、アレサ・フランクリンから、ザ・ラモーンズまで歌っていた。もっと音楽を発見したい、インスピレーションにしたいと決めると、その幅はさらに広がっていった。彼女に遺伝したシンフォニーは、コンサートのようなものだったから、俺たちはゆっくり座って耳を傾けるだけで良かった。つまりこれも、彼女が持って生まれたものが、外に出てきたというだけのことだった。

　バイオレットがサンセット・ブルバードにあるロキシーでパフォーマンスした日。つまりそれは、彼女のバンドでの初めての公式なライブの日だったわけだが、彼女が歌ったとき、俺は家族と一緒に他の観客と一緒に座っていた。中でも好きだったのは、ジャーニーの〈ドント・ストップ・ビリーヴィン〉と、パット・ベネターの〈強気で愛して〉と、ガンズ・アンド・ローゼズの〈スウィート・チャイルド・オブ・マイン〉だった。だけど、そのパフォーマンスを観ているとき考えずにいられなかった。左にはハーパーが座っていて、彼女の瞳が自分もいつかミュージシャンになりたいという夢でいっぱいになっていた。そして、右では母が誇らし気で、見知らぬ人たちがいっぱいの会場で、また彼女の家族の新世代が魂を剥き出しにしている瞬間を目撃している。それ以上に誇らしく思える経験もないし、母が翌日に送ってきたテキストメッセージにそれが完璧に要約されていた。「これであなたも自分の子どもが人生の情熱を追いかけて、ヘンテコな髪型とTシャツで初めてステージに一歩上がる瞬間を、観客席でナーバスになりながら観ているのがどんな心境か分かったでしょ」。その通りだった。**これは神の介入によるものではなくて、血と肉から授かったものだ。**

それ以来、俺は何千人もの観客の前で両方の子どもたちと世界中でパフォーマンスしてきた。その度に、何年も前、あの蒸し暑い夏の午後、ワン・ステップ・ダウンで感じた母の誇りと同様の気持ちでいっぱいになった。自分の子どもたちが、情熱と勇気を持って踏み出す瞬間を見られるのは、俺の人生の中でも最大の贈り物だ。そしていつの日か、彼女たちの子どもたちも、同じような喜びを見出してくれたらと思うし、何年も前に母の本に書いた最後の言葉を反映してくれたらと思う。

「しかし、どんな遺伝子的な情報よりも、愛がある。どんな化学も根拠も受けつけない何かだ。俺が何より幸運だったのは、それが与えられたことだ。それこそが、どんな人間の人生においても最も決定的な要素であり、アーティストの最大のミューズなんだ。そして、母の愛以上のものはどこにもない。それが人生の最高の曲だ。俺たちは誰もが自分に人生を与えてくれた女性に恩恵を受けている。なぜなら彼女たちなしでは、音楽だって誕生しなかったから」

ANNANDALE
BOYS CLUB
17

サンディの失恋

THE HEARTBREAK OF SANDI

彼女の名前はサンディだった。

俺が初めて失恋した人だ。

1982年に、ひょろっとした13歳が7年生になろうというとき、ホルムズ中学校で見慣れない人たちに会うのがナーバスで楽しみで、胸がいっぱいになっていた。それまでの人生は、古風で趣のある小さなノース・スプリングフィールドでしか生活してこなかったから、迷宮のような丘と混み入った住宅街にある郊外で、幼稚園からずっと一緒に育ってきた同じ子どもたちしか周りにいなかった。ワシントンDCの南へわずか12マイル［約19・3キロ］に位置するノース・スプリングフィールドは、単なる田舎の交差点でしかなかったが、後に1950年代後半から1960年代初期に区画に分けられ、開発されて、曲りくねった道に、小さくて同じような煉瓦造りの家が次々に建てられた。つまり、それはアメリカン・ドリームというやつだった。俺の出身地には、3種類の家しかなかった。1階建の経済的モデル。2階建の『ゆかいなブレディー家』モデル。2階建で羽振り良いオヤジのパーティー・ハウス（とはいえ、どれも1700フィート平米［約158平米］以内）で、小さい駐車場と庭が次々に続いていた。

俺がどの家に住んでたか思い切って当ててみて？　その通り。もちろん経済的モデル全開だ。3部屋にバスルームが一つ。それは、フェアファックス郡公立学校の先生だった母のささやかな給料で、二人の子どもを育てるのには、ちょうど良い大きさだった。生活は豊かではなかったが、十分ではあった。ノース・スプリングフィールドは、主に若い家族で密接したコミュニティで、みんなお互いの名前を知っていたし、住んでる場所も知っていたし、おいしい噂話で持ちきりの離婚後に、どの教会に通っているかまで知っていた。また同様に、どの区画にも、みすぼらしい不良少年がいて、本来なら感じの良い歩道（俺の家も含め）を脅したりしていた。俺は、木に登ったり、噛みタバコをやったり、ホッケーをしたり、爆竹を鳴らしたり、小川でザリガニを探したり、壁にスプレイで誰にも負けない落書きをして子ども時代を過ごした。それは、色褪せたカラー写真の中でそのまま生きていたようなもので、マジで70年代のアメリカそのものだった。バナナ型サドルの自転車に、BBガンに、ロブ・ライナー監督の『スタンド・バイ・ミー』と、ティム・ハンター監督の『リバーズ・エッジ』の間を生きているようだった。

そんなわけで自分の近所の人とは違う、知らない子どもがたくさん学校に通うなんて、海外に行くようなものだった。何しろ、それまでの人生では自分の家から1ブロック歩いた角にある小学校にしか行ってなかったんだから。しかし、次なるステップに備えて慎重に準備を続けた。ペンシルバニア・ターンパイクの外れにあるディスカウントの洋服屋で、新しいシャツを数枚買い、新しいデオドラント［制汗剤］としてオールド・スパイスのボトルも買い、行動範囲が広がれば、ようやく得意分野が見つかるはずと楽しみにしていた。新しい学校に行けば、ロッカーが並び蛍光灯が光る廊下で、ソウルメイトにだって出会えるかもしれない。これまで恋に落ちたこともなかったけど、でも彼女が絶対にどこかにいるんだ。

コーデュロイのパンツの後ろのポケットに大きな黒のプラスチックの櫛を入れて、汚いナイキのスニーカーを履き、毎日バスに乗っては、尻を蹴られたり、退学にならずに授業開始のベルには間に合いますようにと思っていた。ただ、その頃までにはパンク・ロックのさなぎだったから、マジで最悪の生徒だった。何しろ、B-52'sやディーヴォを『サタデー・ナイト・ライブ』［米TV番組］で見て、組織的かつラディカルな彼らの音楽の美学に共感したんだ。だから、密かに小さな一歩を踏み出していた。友達と仲良くなりたいと思っていたけど、でも心の底では自分が人とは違うと気付いていた。ただその個性を受け入れる勇気を持つまでに、そこから何年もかかったから、当時はそれを秘密にしていた。クールなキッズたちから仲間外れにされるのが怖くて、オルタナティブ・カルチャーへの愛は隠していたんだ。そうやって、みんなに合わせていたわけだけど、キー・クラブ（リーダーを育成する）向きでもなかったし、フットボールのチームで活躍するタイプでもなかった。はみ出し者なのに、みんなに理解されたいと思っていた。本当の自分を受け入れてくれる人を探していたんだ。

そのとき、彼女が現れた。

サンディは、史上最高に美しい女の子だった。淡いブルーの瞳で、軽やかなブロンドの髪で、笑顔はあまりに眩《まぶ》しくて、ブレントウッド（ワシントンＤＣ）から北京までのテスラを全部充電できたと思う。１９８２年にテスラがあれば、の話だが。ファラ・ファーセットですら彼女とは比べ物にならないし、シェリル・ティーグスだって悔しがるはずだ。ボー・デレクだって、クリスティ・ブリンクリーだって足元にも及ばない。人の多い廊下で彼女と目があった瞬間、膝はガクガクになり、これはひと目惚れ以外のなんでもないと思った。巨大ハンマーで頭を殴る風が吹いたかのように、彼女の美貌で無能になったかのようだった。ハトが豆鉄砲を食らったみたいに、彼女に見つめられて痺れてしまったんだ。焦げたトルティアに天使を見出す人もいるが、俺はリップ・グロスとジョーダッシュ・ジーンズを履いてる天使を見つけたんだ。

俺はどう考えても女たらしではなかったし、馬並みのデカい歯もゴツゴツした膝もガールフレンド探しの手助けにはならなかった。しかも俺は女の子の周りでは悲しいくらいシャイで、ホームカミング・ダンスのときにキスマークを残す候補でもまったくなかったから、異性は同情か思いやりを見せてくれるのが精一杯だった。そりゃもちろんノース・スプリングフィールドの至るところでは、地下室パーティーでボトルを回転させ、キスするゲームをやったことはあるが、だからといって俺はジョージ・クルーニーってわけでもなく、スケートボードを抱えたバーニー・ファイフ［米TVドラマ『メイベリー110番』に登場するお人好しの副保安官］って感じだった。

とにかく、お似合いの人に出会ったわけだから、彼女がガールフレンドになってくれるまで、頑張るしかなかった。毎日家に走って帰り、部屋のドアをバタンと閉めては、彼女に詩を書いて、シアーズ・シルバートーン・ギターで曲を書いた。彼女の耳にだけ届ける最悪のメロディで彼女への想いを吐き出した。彼女は俺のミューズとなり、希望の光となり、四六時中、二人の完璧で避けられない親交を空想していた。救いようがないほど恋をしていたから、俺の痩せっぽちの小さな心臓は、彼女から何かしらの返事なしではもうあと1日も耐えらないところまで来ていた。毎日心の中で何度も何度も彼女への告白を練習し、悲しいくらい不自然な求愛（授業と授業の間に手書きの手紙を渡したり、学校が終わってから電話したり……彼女をとにかく褒めまくったり）を永遠にし続けていたら、チャンスが巡ってきた。愛嬌を振りまき、俺と付き合ってくれますかと訊いたら、なんと驚いたことに、彼女がイエスと言ってくれた（またしても思いやりで）。だからその後は、授業と授業の間に並んで歩く仲から、授業と授業の間に汗をかいた手をつないで歩く仲に飛躍した。王様になった気分というかオタクの神になった気分だった。**私、デヴィッド・エリック・グロールは、世界一美しい女の子（……少なくとも俺たちの学年では）と公式に付き合うことになりました。**俺はとうとう郊外のソウルメイトを、運命の人を、ともに歳をとり、たくさんの愛する孫たちに囲まれて過ごす人を見つけたんだ。俺は生涯の伴侶を見つけ、彼女も見つけた。

と、俺は思っていた。

正直言って、それが1週間も続いたのか俺にも定かじゃない。何が起きたのかよく分からなかった。俺から言わせれば、何もかもが最高だった！　俺たちは若くて、幸せで、自由だった！　バート・レイノルズとロニ・アンダーソンみたいに。デヴィッド・カッパーフィールドとクラウディア・シェファーみたいに。ジークフリート&ロイみたいに。壮大なスケールのパワー・カップルで、可能性は無限大！　中学校の世界は思いのまま！　そしてこれからの長い人生が楽しみで仕方なかった。それなのに彼女が突然、巨大な爆弾を俺の尻に投下した。

「あの……私まだここに来たばかりだし……束縛されたくないの」

完全に不意打ちを食い、心が張り裂けそうな冒涜にその場で凍ってしまった。時間が停止し、心が真っ白になり、喉が締めつけられ、息ができなくなった。突然、全世界が足元からもぎ取られてしまった。彼女の言葉に毒のついた鎌で心を刻まれ、打ち砕かれて、苦悩の水溜りへ縮小させられてしまった。それでも俺は「問題ないよ」と笑顔で答えたが、正式には俺の心は死んでいた。撃沈だった。

見捨てられて帰途につき、吐き気がするほどたくさんのロマンチックな走り書きを全部集めて、サンディのために車庫に作った祭壇で儀式のように全て燃やした。そんなわけなくて、外にあったゴミ箱に全部投げ捨てた。でも、幼い恋心が書かれた詩は全部処分し、彼女が言う有名な束縛は切り離して、退屈な十代初期の人生になんとか戻ろうとした。彼女が俺のこと愛してるわけないと知っているべきだった。俺は所詮痩せこけた変わり者で、奇妙な音楽を聴き、誰も理解できない破れたタフスキンズのジーンズを履いてるやつでしかなかったわけだから。

その夜、夢を見た。俺は巨大なステージに立ち、カラフルな照明を浴びながら、俺を崇拝する満員となったアリーナの観客に向かって、ギター・ソロを堂々と弾き、生きている人間がこれまで見せたこともないような熟練の技で、フレット・ボードを熱く弾きまくった。耳が聴こえなくなるくらいの観客の熱狂を受け、夢中になって強烈なギター・リフを弾きまくり、みんなを圧倒していた。破壊的なギター・ソロを弾いている最中に、何千人という観客の顔を見たら、なんとその最前列にサンディがいるではないか。俺に触れようと、手を伸ばし、我を忘れて泣きじゃくっていた。明らかに、世界一のロック・スターにして、スーパー・

ヒーローの俺をその日振ったことを後悔し、荒れ狂っていた（ちなみに夢の中で俺たちは二人とも13歳のままだった）。

ハッとして目が覚めた。悲しみと拒絶された絶望的な気持ちは消えていて、代わりに力を得るようなインスピレーションが湧いていた。**横になって天井を見つめながら、つまるところ、ギターこそが俺の運命の人なのかもしれない、と思った。**だからサンディなんて必要ない。このシルバートーンこそが俺の傷を癒してくれるはずだ。この混乱から脱出する曲が書けるのかもしれない。自分のロックンロール・ドリームを絶対に実現してみせるんだ、とこれまで以上に強く決意した。

それが、俺が書いた全ての曲の衝動と言えるかもしれない。もちろん、サンディへの復讐というわけではない。でも、自分の中の最もか弱い心や傷心を燃料にして、それを守ろうとしたんだ。傷ついた心の神経を曝《さら》け出す

以上にインスパイアされることもないと思うから。ある意味、俺は恋愛よりも、その後の傷心の方を大事にしたとも言える。傷心こそが、自分が何かを感じてるって証拠だったから。マジで、愛の拒絶で味わう甘美な一撃はあまりにパワフルで、どんな書き手をも、ペンと紙へと向かわせる。その痛みや人に拒絶されて受けた傷の中に美を見出し、良いものが生まれることの方が絶対に多い。だって、それはあまりにリアルで、だからファッキング痛いわけだ。

何年か経つうちに、サンディとは疎遠になった。共通の友達もいなかったし、学校も違ったし、人生の別の道を進み、そのうち連絡も取れなくなり、単なる子どもの頃の思い出となった。二十代になって一度だけバーで偶然会って、人混みの中でお互い笑ったけど、そのときはそれまでだった。もう二人の間に魔法はなかった。だから、また別々の道を進み、日常の大人の生活へと戻り、そして今の自分になっていった。つまりそれは過去のことになったんだ。

２０１１年、フー・ファイターズで『ウェイスティング・ライト』ツアーを回っていたときの、あの日が来るまで。

共通の友達から電話があって、ワシントンＤＣ郊外のベライゾン・センター［現キャピタル・ワン・アリーナ］で行われるライブのゲスト・リストに入れてくれないかとお願いされた。それは俺の故郷での最初のソールド・アウト・ライブだったから、俺のゲスト・リストは、昔の友達が１００人以上もコンサートにやって来て祝福し、遠い過去を思い出すヴァーチャルな高校同窓会と化していた。それは一度も招待されなかったホームカミング・ダンスをとうとう体験できるみたいなものだった！　それで友達は、ゲストを一人連れていって良いかと訊き、『誰が一緒に行くと思う？　サンディだよ！』と、ご丁寧に付け足した。嘘だろう。信じられなかった。彼女に会ってからもう30年くらい経つ。俺の心を彼女に捧げたのに目の前で何千もの血だらけの欠片に叩き壊されてから（ここ笑うところ）。もちろん、俺のライブに、地元の友達と一緒に来てくれるなんて最高に嬉しかった。これは忘れられない夜にするつもりだった。

だけど、マジな話、ちょっとナーバスにもなった。もちろんライブではなくて（それは簡単な方で）、サンディと会うことに。もう随分経つし、何年も紆余曲折を経験して、お互い顔を見て分かるのか想像もつかなかった。彼女はどんな見た目になっているんだろう？　どんな話し方をするんだろう？　どんな服を着てくるんだろう？　俺は何を着ればいいんだろう？　誰かがいい感じで紹介してくれたらいいけど。そこでお互いバカみたいなノスタルジアに一晩中浸って、閉店の時間が来たらシャンペンを急いで飲み干し、また別々の道を歩き始めるんだろう。そしてまた自分たちの道へ戻っていくんだろう。なんて、子どもみたいな期待で窒息しそうになりながら、人混みの多いバックステージの廊下へ行っては、彼女が俺を見つける前に、俺が彼女を見つけたいと数分ごとにキョロキョロしていた。だけど、どこにも見つからなかった。彼女が招待を断ったのかもしれない。俺には会いたくないのかもしれない。サンディにまた傷心させられるようなことがあったら、今度こそ耐えられないと思った。だって、最も古い傷だってまた開くことはあるから。

だけど、そのとき彼女が現れた。

彼女が控え室に入ってきた瞬間、俺は彼女を見上げ、椅子から速攻で立ち上がった。まるで亡霊を見たかのように、息を飲んだ。信じられなかった。彼女はまったくそのままだったんだ（もちろんもうジョーダッシュのジーンズは履いてなかったし、フワフワの髪ではなかったけど）。それで目が合って、お互い地平線かというくらいの巨大な笑みを浮かべて、飛びつくように、長い間できないでいたハグをした。その気持ちは蛍光灯がついた中学校のロッカーで感じたあのトキメキとはもう全然違うものになっていたけど、昔から知ってる人と久しぶりに会えたときにだけ感じる喜びがあった。あれは人生で本当に起きたんだという安心感を与えてくれた。座って近況を語り合い、お互いの伴侶や、子どもたち、家族について、かつてどんなふうに喧嘩したのか、昔の友達が今どこで何をしているのかなどを話した。そんな時間はあっと言う間にすぎて、ステージに上がる準備をする時間がやって来た。だからサンディにライブの後も、またビールを1、2杯飲みながら、もう少し話そうと言った。俺は部屋から急いで出て、セットリストを書いて、客電が消えるのを待った。

その夜、俺たちがステージに立った瞬間に上がった歓声は、地元のライブならではのものだった。今回のツアーの中でも最高の雷のような声援が何度も上がり、感動と誇りで震えた。ここは俺が子ども時代を過ごした場所なわけで、木に登り、噛みタバコをやり、ホッケーをやり、花火をつけ、小川でザリガニを探し、壁にスプレーでペイントした。ここにいる人たちはみんな俺を知ってる。俺は、一つ一つのコードを、生涯忘れることのない色褪せたカラー写真の思い出をくれたことへの感謝の気持ちを込めて演奏し、全曲で起きる大合唱を押し寄せる愛の津波でお返しした。それである瞬間、ステージの端に立ち、絶叫する人たちに向かって堂々とギター・ソロを弾いているときにふと下に目をやると、そこになんとサンディが立っているのが見えた……。彼女に振られて傷心になった日に俺が見た夢と、まったく同じ場所に彼女が立っていた。それで13歳の俺が、30年前にまったく同じ瞬間を鮮明に頭に描き、予知していたんだと思った。でも、俺はその瞬間を今は本当に生きているんだ！　**クレイジーだと思うかもしれないが、でも俺のティーネイジャーのときのロックンロール・ドリームは実現した。**唯一違うことはサンディが俺を振ったことを後悔して大泣きしてなかったってこと。

泣いてなかった。

彼女は笑顔だった。あの彼女の最高の笑顔、淡いブルーの瞳が輝き、中指を立てて、口はこう動いていた。あの不朽の名言……。

「ファック・ユー、最低野郎！」

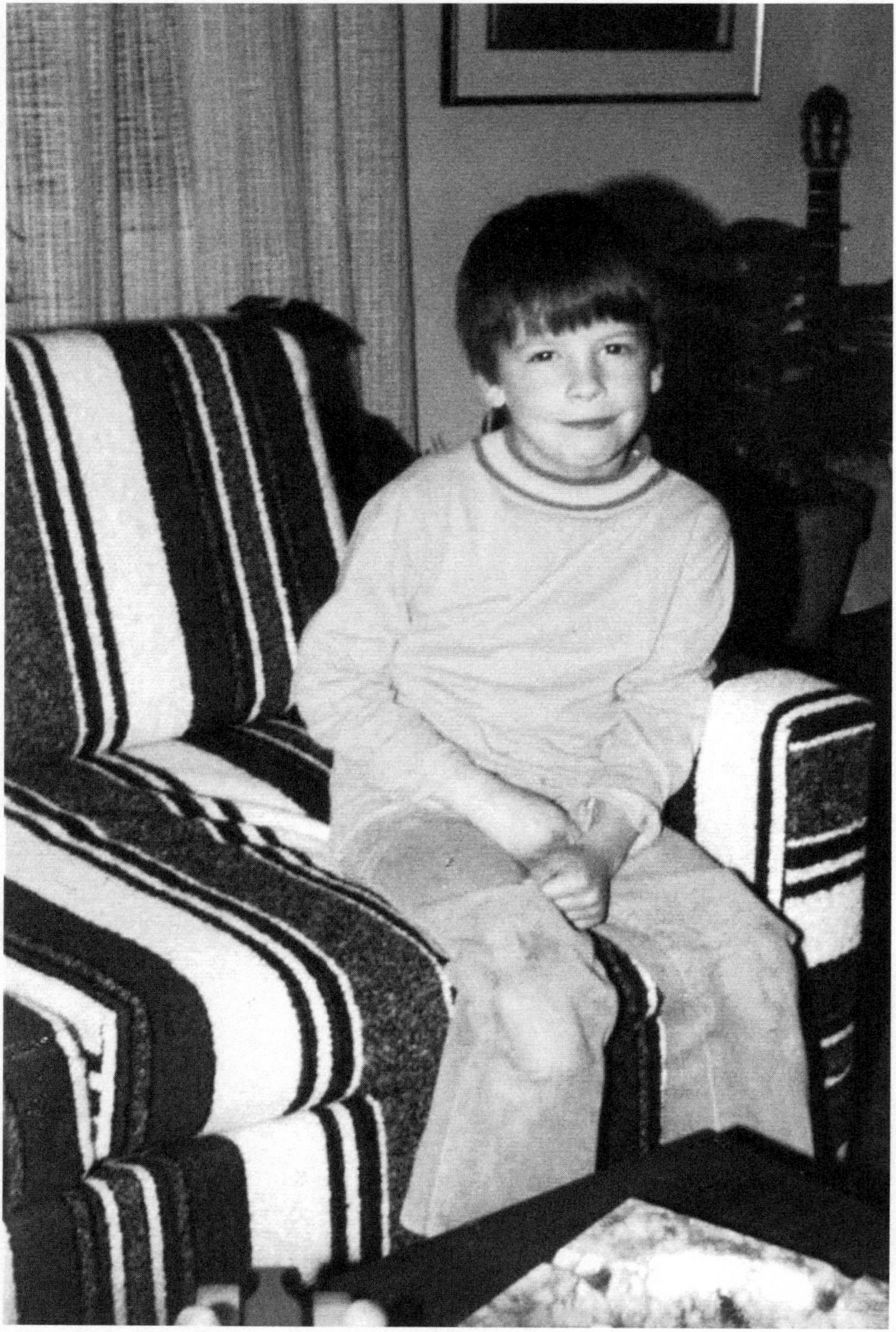

傷は心の中に

THE SCARS ARE ON THE INSIDE

「デヴィッド、頭痛くないの？」

冷たく湿った土の上にあるボールの前でしゃがみ込み、見上げると、近所の友達二人が恐怖に慄《おのの》いた顔で俺を覗き込んでいた。そのとき血塗れのゴルフ・クラブがきれいに刈られた二人の家の裏庭の芝生の上にドサっと落ちる音が聞こえた。

意識を失いかけながらも、「うううう。痛くはないかも……」と頭の後ろを触ったけど、二人の父親の古いピッチング・ウェッジが9歳の頭蓋骨を直撃してできた巨大な傷から血が溢れ出て、グシャグシャでフワフワの髪の毛が血だらけなのは、まだ気付いてなかった。

「もおおおお帰った方がいいと思う……」と、そろってどもりながら言った。

少しぼんやりとはしてたけど、痛みは何も感じなかったから、力を振り絞って地面から立ち上がり、150ヤード［約137メートル］先の道を渡ったところにある母の家の玄関まで戻ろうとした。良く晴れた日曜日の午後で、いつもの週末のように、長閑な小さな郊外の区画では、子どもたちがワイワイと賑やかに遊んでいた。遠くから芝刈り機のブーンという音がしたり、自転車のベルが鳴ったり、キックボールの試合も大盛り上がりで、大声で叫ぶ声も聞こえた。近所ではいつも通り幸せそうに外で遊ぶ子どもたちの声が響き渡っていた。真のアメリカーナ的な『ゆかいなブレディー家』とか、『ハッピーデイズ』みたいなテレビ番組の元ネタになるようなタイプの場所だった。つまるところ、バージニア州ノース・スプリングフィールドは、第二次世界大戦後にまったく同じ美学で作られたコミュニティで、ベイビーブーマー世代が、連邦政府の薄給で4人の家族を養うのにはちょうどいい、小さな煉瓦造りの一軒屋が建ち並ぶところだった。碁盤目のように手入れが行き届いた芝生と亀裂が入った歩道と大きなホワイトオークの木が何マイルも続いている。首都からわずか数分の場所にあったから、毎朝角にあるバス停にはこれみよがしな長蛇の列ができて、頭がハゲかかった男性たちが、シャキッとしたベージュのコートを着て、ブリーフケースを持ち、『ワシントン・ポスト』紙を読みながら、ペンタゴン［国防省］や、その他の特に特徴もなく画一主義的な連邦政府のビルの机に今日もまた運ばれていくのを待っていた。ここには、9時〜5時の単調だが安定した生活があった。〝グラウンドホッグ・デー〟のように毎日同じことの繰り返しの競争社会の中で、ゴールに到着したときには、金の時計以上のものくらいは待っているかもしれない程度のものだ。〝白い囲いの壁〟シンドローム［アメリカン・ドリームの実現を象徴する］に洗脳されている人たちにとっては、ここでの生活はゆとりある報酬が保証されているし、安定している。しかし、俺みたいな活動過多のわんぱくな子どもにとっては、悪魔の遊び場みたいなものだった。

土曜日の朝はいつもシリアルを食べながらテレビでアニメを見て始まり、リビング・ルームにある大きな見晴らし窓から外を覗いては、今日は何が行われているのか見ていた。何かしらの動きがあれば、すぐにタフスキンズ（シアーズでセールで売っていたゾッとするようなレインボウ・カラー）を履き、消防士が緊急事態で出動するかのような速さで、母に甲高い声で、「母さん、行ってきます！　すぐに帰るから！」と言って出かけた。俺は引きこもりではなくて、外に出かけて、数え切れないくらいの冒険を探すのが好きだった。ヒヤっとして湿っぽい排水管に這いつくばって入ったり、屋根から飛び降りたり、道路脇の草むらに隠れては、車に野生のリンゴをいきなり投げつけたりした（このバカな悪戯をすると、たいていは猛烈な勢いで追いかけられたが、後で自分がやったとバレないように、オリンピック選手並みの速さで人の家の庭を通り抜けたり、金網フェンスを飛び越えたりして逃げた）。朝早くから、街灯の明かりがつくまで、湾曲した背骨を矯正するための左側が高くなった特別なスニーカーに穴が空くまで、楽しいことがないかと道を歩き回っていた。

その日は、親友のジョニーとテイが、父親の車のトランクにゴルフ・クラブを積んでいた。ゴルフだと？これまでゴルフなんてやったことなかったじゃないか。こんなのブルジョワな金持ちのガキのやるクソだ、と心の中で思った。俺たちにも棒はあるし！　石だってある！　小川にはザリガニがたくさんいるのに！ダサい帽子も格子柄のズボンもいらねえだろう？　俺はすぐにいつもの服に着替え、彼らの家の車庫に通じる道まで急いで見にいった。なんてことはない地元のゴルフ・コースへ家族で行くことになっていると判明し、悲しいかな、俺はその午後一人で勝手に過ごすしかなくなった。ガッカリしてバイバイと手を振り、拗ねて家に帰った。早く帰ってこないかと、辛抱できなくて待ちながら、恐ろしくつまらない落ち葉掃除をしたり、部屋を片づけたり（マジで完全に効果のない訓練で、当時は整理整頓も最低限の片づけも軽視していた。今は少しマシだけど。少しはな）しながら今か今かと待っていた。

青いキャデラックがようやく見えるまで、時間は本当にゆっくりと過ぎた。やっていたことを直ちに止めて、彼らの家に走って行くと、二人とも裏庭にいた。ゴルフ・クラブを乱暴に振り、地面に打ち込まれたミニチュアのテザーボールの練習用ボールを打っていた。いいじゃん！　近づくと、二人は気が狂った木こりみたいに叩き切り、スウィングする度に、巨大な土の塊が庭に飛び交っていたので感心した。自分の手ではこの新しいスポーツを試したことがなかったから、この思春期の体にある全ての自制心をかき集めて、自分の番が来るのを辛抱強く待った。それでとうとう古い錆びたクラブが渡されて、俺の打つ番がきた。結構重いな……。できる限り強く打とうと自分の痩せこけた腕を上げた瞬間に思った。ブン。失敗。ブン。また失敗。巨大な芝生の塊が榴散弾の破片のごとくに飛び散ったが、ようやく打てた。完璧なピシッという音がして、打ち込んであるボールが円を描いたので、言葉にならないような満足感を得たし、物凄い誇りすら感じた。「俺の番!」と、テイが言った。俺からクラブを取り、ボールをティーに乗せたけど、自分がボールを思い切り打ったのを思い出し……あんなに強く打ったから、しっかりと支柱が地面に刺さっているか確かめた方がいいかも……柔らかい地面に支柱を差し込もうと、かがみ込んだところで……バシッと強打。

頭を物凄い勢いで打たれたことがある人なら、頭蓋骨の中でその衝撃の音がどんなふうにエコーするか絶対に忘れないと思う。バスケットボールの弾むような感じか、または熟れる前のメロンのゴツンという感じで(俺の場合はそれ)、しかも一度体験したら絶対に体から離れない感覚だ。その後、沈黙が訪れ、小さな星と妖精が見えて、耳が聴こえなくなった。俺は今、コースで〝高弾道ショット〟を打つようにデザインされた大人向けのピッチング・ウェッジでティーネイジャーに全力で強打された。それを9歳の男の子の頭が受けると、結果はかなり違ったものになる。大〝ファッキング〟混乱だった。

自分では分かってなかったが、俺の頭はパカッと割れて、トリック・オア・トリート[ハロウィンで使われる合言葉]から随分経った後の、熟れすぎて枯れたカボチャみたいになっていた。それでも何も感じなかったんだ。まったく。ゼロ。だからジョニーとテイに言われたように、家に向かってなんとか歩き始めた。ナーバスに口笛を吹きながら、「今かなりヤバいことやっちゃった」とは思っていたけど、ことの重大さは考えてなかった。それよりも、その日、自分がお気に入りのTシャツを着ていたことが問題だった。白いリンガーTシャツで、胸にスーパーマンの〝S〟が描かれていたんだけど、道を渡っているときに、その赤と黄色のロゴを見てショックを受けた。もうあの美しいスーパーマンTシャツじゃなくなっていたんだ。ベタベタに固まった血の塊で塗れていた。しかも頭皮や髪の毛まで。家の庭まで来たら、パニックになって早足で歩き始めた。それでも何の痛みも感じてなかった。ただ、血をリビング・ルームのカーペットに一滴でも垂らそうものなら、最悪な状況になることだけは間違いなかった(だから、それだけは避けなければ)。

家に少し足を踏み入れると、母が掃除機をかけている音が聞こえた。なので、この絶叫に値する血みどろでぐちゃぐちゃな姿のまま突然中に入るのはやめて、玄関口に立ったまま、優しくノックした。目前に迫ったヒステリーを和らげるために、できることは何でもやろうとした。「母さん、ちょっと来て」と物凄く落ち着いて優しく、いかにも「今度こそ、このガキは何かやらかした」という声でささやいた。「ちょっと待ちなさい……」。外でどんな恐怖が待ち受けているのかも知らず、部屋の掃除機かけを終わらせようとしながら言った。「ええええっと、ちょっと急いでるんだけど……」とシクシク泣きながら言った。

角を曲がり、自分の下の子が玄関の階段で血塗れになって立っているのを見た瞬間の母の気の毒な顔は、俺の記憶に一生焼きつくだろう。俺は自分の痛みは感じてなかったけど、母の痛みは感じていた。

ただ実は、これが初めてというわけではなかったんだ。

いつも冗談で言ってたんだけど、フェアファックス郡公立病院の先生たちは、もう俺をファースト・ネームで呼ぶのが定番になっていて、俺がまた新たな黒い頑丈な糸で縫ってもらわないといけないような傷で救急室に運ばれると、テレビ・ドラマ『チアーズ』のノーム（・ピーターソン／ジョージ・ウェント演）が（劇中に登場するバー〝チアーズ〟に）入って来たときみたいに、みんなが声をそろえて『デヴィッド！』と叫んだ。何度もやっているうちに、局所麻酔薬の注射を打たれるのも、傷を閉じるため医者が細いナイロン糸をしっかりと引っ張り、皮膚を伸ばす感じも怖くなくなった。いつものことになったんだ。今日に至るまで、俺は頭を完全に剃ったことはないが、モップみたいなダーク・ブラウンの髪の下には、ロンドンの地下鉄の地図みたいに、もつれた傷跡でできた、クモの巣のように絡み合う、数えきれない縫い目が交差しているはずだ。手にも、膝にも、指にも、足にも、唇にも、額にも……ありとあらゆる場所に。古いぬいぐるみのように何度も直されて、体になんとかくっついていたんだ。トラウマになってないかと思うかもしれないが、ここで騙されちゃいけない。どんなときでも明るい面を見る質だから、怪我をしたら学校を休んで家にいていい日だと思っていた。そのためだったら何だってするくらいの人間だった。

いくつか例を挙げると、家から1マイル［約1・6キロ］くらいのところにあった、絵に描いたように美しい静養所があるアコティンク湖の近くの公園で、サッカーの試合をやっていて足首を折ったことがあった。その日の午後は6年生がみんな集められ、芝生で試合をすることになっていて、みんな地元のアスレチック・クラブで子どもの頃からサッカーをやっていたから、試合はすぐに激しくなった（トリビア。俺はどんなスポーツをやっても必ずゴール・キーパーに指名された。それって早とちりな心理分析によるものだと思うんだけど、それはまた別の話）。あるとき、他の選手がボールに触った瞬間に俺も触り、絶対にそっちにいくようにはできてない恐ろしい方向に足を捻ってしまった。グラウンドに倒れ、自分でも酷い怪我をしたのが分かった。それでどうしたと思う？ そこから1マイル先の家まで歩きながら、この怪

校は休みだ!!」

我をどうやって母に説明したら学校を休めるのか考えながら帰ったんだ。足首を折ってることには気付いてなくて、驚いたことに翌朝起きたら足が真っ青で巨大に膨れ上がっていたから、「やった！」と喜んだ。「学校は休みだ!!」

「デヴィッド！」。病院に着いたら医者が叫んだ。

挙げていったらキリがない。凍ってカチコチのイースターエッグのチョコレートを引き出しに入っていた最も切れ味が良いナイフで切ることにして、左の人差し指をほとんど切り落としそうになったこともある。子どもの頃、姉の部屋の前にある廊下の角に、一度ならず二度も頭から突っ込んで、すでに複雑に縫われている額の縫い目を増やしたりした。自転車でぶつかったり、車の事故にもあった。4歳のときに、車に轢かれたこともある（そのときの俺の反応は「お母さん、でも僕ケガしなかったよ！」だった）。子ども時代はとにかく救急治療室に運ばれまくり、その度に新たな傷ができて、おかげで学校を休めた、というめちゃ良い話だった。

振り返ってみると、俺の対処法はいつも笑えた。肉体的にどうなるかで、怖くなったことはないけど、感情的にどうなるのかは怖かった。重症の体にブラシをかけられても、肉体的な痛みを感じたことはないんだ。まったく。ケガをしても、いつもそのまま歩いて家まで帰っていたから。いつも気合いが入った顔で帰って、すでに苦労ばかりしている母に、それ以上の苦労をさせたくなかった。だからどんなに大きな傷口で、何針縫うことになろうとも、母には単なるひっかき傷だからと安心させようとした。それこそ防衛規制というものなのかもしれないし、神経系遮断とでも言うのかもしれない。何と呼んでくれてもいいんだが、母が二人の子どもを幸せに育てるためにどんな痛みでも耐え、自分を犠牲にしてきた姿を見て、学んだんだと思う。

何があってもショーは、続けなくてはいけないから。

「親というのは、一番不幸せな子どもと同じくらいしか幸せになれない」ということわざがある。その意味はよく分かっていなかったけど、娘のバイオレットを注射で小児科に連れていったとき初めて分かった。それまで娘が泣くのは、お腹空いたときとか、疲れたときとか、おむつを取り替えてほしいときとか、すごくシンプルな合図を送るためだった。それに彼女は生まれてから6ヶ月間、いつも俺の膝の上にいて、俺が持ち上げたり下げたり弾ませたりすると、笑っていた。彼女が大きなブルーの瞳で俺を見ると奇跡のようで、心から大事に思ったし、彼女がキャキャと言うたびに心がメロメロに溶けた。だけどこの日は、医者が注射を準備する間、彼女を膝に座らせるようにと言われた。それで俺は毎日家のリビング・ルームでやっているように、彼女の顔を自分に向けて座らせ、話かけたりせず、目でコミュニケーションをとって笑い合っていた。ただ今回はいつもとは違い、彼女が痛い思いをするのは分かっていたから、頑張って彼女を笑わせようとした。しかし長くて鋭い針が彼女の小さい腕に刺さった瞬間、彼女の顔が至福の喜びから、即座に莫大な痛みへと変わった。彼女の瞳はまだ俺の目をしっかりと見たまま、大きく見開き、涙が溢れていった。まるで「お父さん、なんでこんなことさせたの?」とでも言わんばかりだった。心が粉々になった。心が何百万にも砕かれて、その瞬間バイオレットの痛みを感じたばかりか、母の痛みも感じた。

家に戻り(病院を出た頃には娘の涙も乾いていたけど)、母に電話して、打ちのめされた感じがどうしても拭い去れない、と言った。子どもが本当の痛みで泣いたのを経験して、それがいかに自分の魂を破壊したのかを説明した。そのときの母の答えが、今となれば当然だと分かるが、母ならではの賢明なものだった。「彼女が血塗れになって玄関に立ってなくて本当に良かったわね。そのとき本当に分かってもらえると思うから……」

母が、2015年6月12日の夜、スウェーデン、ヨーテボリのウッレヴィ・スタジアムに来てなくて本当に良かった。

スカンジナビアならでは美しい夏の夜で、空は晴れていて、気持ち良い風と、5万人のフー・ファイターズのファンが、盛り上がるのは確実な2時間半、25曲のセットリストを今か今かと待っていた。この時点で、この小さなバンドはアリーナを卒業して、スタジアム規模になっていた。バンドの調子も最高で、休みなしで、曲から曲へと爆音で演奏し続けられたし、俺自身も、これだけ巨大な会場で観客を盛り上げるのに慣れたどころか、内に秘めたフレディ・マーキュリーになりたい願望を毎晩実現しているような感じだった。フットボール・スタジアムの一番遠い席から少し遅れて大声の大合唱が聴こえてくるのは超現実的な感覚で、何度も体験しているうちに、不思議と中毒にすらなった。野外のライブだと観客席から漂ってくる観客からの汗やビールの匂いを思い切り吸い込むこともあれば、ビヨンセの髪みたいに完璧になびくような風が吹くこともある。最後のお辞儀をして、花火が頭上で打ちあがる音を聞きながら、控室で待っている室温になったペパロニピザへ速攻で走る。これがマジで、期待通りどころか、それ以上なんだ。俺は、ステージの端に立って体験して、初めてスタジアム・ロックの素晴らしさを実感し、楽しめるようになったんだが、それ以来、今日に至るまで、その経験を1秒たりとも当たり前だと思ったことはない。とにかく別世界に行くような体験で、言葉で表現するならこの2単語以外当てはまらない。〝fucking awesome（ファッキング最高）〟

この日のライブの前に、地元のプロモーターが控え室に顔を出して、ライブの成功を祈り、このスタジアムでライブをしたのは俺たち以外には、ブルース・スプリングスティーンしかいないと教えてくれた。観客はあまりの熱狂でこの巨大会場の「地面が張り裂ける」ほどだったそうで、つまり、俺がどれだけの期待に応えないといけないのをわざわざ教えてくれたんだ。だけど、プレッシャーは感じなくていいから！と言われた。まさか自分が〝ボス〟のレベルを目指して頑張ることになるとは考えたこともなかったが、でもそう言われて、自分の中の熱量が少し上がったのは間違いない。「絶対最高の夜にしてやる」と思いながら、いつもライブの前にやっていることをやった。それは通常、アドビル（イブプロフェン系鎮痛解熱剤）を3錠とビール3杯と、部屋中で大笑いする、それだけなんだ。実はみんなが普通やるボーカルのウォームアップとか、発声練習とか恥ずかしくてできない。何しろ、ゴージャスでオペラみたいな優しい声で歌ってるわけでもないし、人殺しかってくらいに酷く叫びまくってるだけだから。腹を抱えて笑い、俺たちなりの〝バンド祈祷〟（宗教的な意味は皆無で、全員でお互いの目を見ながらクラウン・ロイヤル［カナダ産ウィスキー］を一気飲みする儀式）をすれば、それでいつもなんとかなった。

その夜、ステージに上がったとき、まだ空で太陽は輝いていて、幕開けに、〈エヴァーロング〉（間違いなく俺たちの一番人気の曲）の最初のコードを弾いただけで、観客は大盛り上がりになった。その曲はたいていは最後にとっておくものだが、結果的には、最も忘れがたいショーの幕開けとして完璧な選択だった。しかもバンドも絶好調だったから、そのまま突き進み、間髪入れずに、高速ロックの〈モンキー・レンチ〉を続けた。俺はヘッドバンギングしながら、ステージの端から端へ走り回り、自分の部屋の鏡の前でテニス・ラケットを素振りする子どもみたいにソロを歌った。スタジアムのステージは単にデカいのみならず、何百マイル離れた観客でも観えるように、物凄く高く設置されている。だからステージの端まで行って、マイクに戻ってきて、次の歌詞を歌うのに、毎回50ヤード［約45メートル］ダッシュしてるようなものだった。

曲の半ばまで来たときに、またステージ端まで行きたいという衝動に駆られたが（シャレを言うのは得意なんだ）、足がフロアを横切るケーブルに引っかかってしまい、ステージの端から1フィート［約30・5センチ］のところまで行ってしまい、体が前方に傾いて、バランスを崩し、12フィート［3・6メートル］落下するのが自分でも分かった。問題ない。ジャンプすればいい、と思った。子どもの頃に、近所の人の家の屋根から数え切れないくらいやったことだ。頑張れば（ホラね）特に問題ないはず。しかし、これは手入れが行き届いた郊外の芝生ではなかった。違った。固くて容赦ないコンクリートと強固なプラスチックの通路があり、その下にあるサッカー・フィールドを守るように設計されていた。俺の体は恐ろしいバン！という音とともに、地面に叩きつけられた。

パニックになり、莫大なアドレナリンが即座に放出された。なんて恥ずかしい！と思った。すぐ立ち上がって、また子どもの頃にちょっとした問題でも起こしたときみたいに取り繕おうとした。大したことじゃない。だけど最初の一歩を踏み出した瞬間に、何かヤバいのがすぐに分かった。右足首に体重をかけると、暖かく無感覚になっていて、しかも靴下の中にマッシュポテトが詰まったみたいな気持ち悪い感触があった。完全に……つぶれて砕けていたんだ。また倒れて足を抱えていたら、地元のセキュリティに囲まれた。何が起きたのかはありがたいくらいに明確だったが、ステージの真下でどんな修羅場が繰り広げられているのかも知らずに、バンドは頭上で演奏を続けていた。どうにかバンドのセキュリティのレイが俺に気付いてくれて、彼が30ヤード［約27メートル］離れたところにいたので、大きな口パクで、「今ファッキング骨折した！」と言った。

レイは直ちに俺を助けようとして、巨大な体が俺の方にやって来るのが見えた。そこでバンドも演奏をやめ、曲も徐々に止まった。マイクを持ってきて、とお願いし、セキュリティ用の細い通路から、落ち着いてこう宣言した。「レディース&ジェントルメン。私、今足の骨を折りました。マジで、足の骨を折ったと思う……」。スタジアムは驚いて沈黙となり、俺の忠実なるバンドは、ステージの端から困惑と衝撃の面持ちで見下ろしていた。救急隊が瞬く間にやって来て、担架を持ってくるように、と言っていた。俺は、このバカげた運命の展開をなんとか緩和して改善するのに、何か言わないと、と急いで考えた。本当は2時間半やるはずのライブの2曲目も終わっていないのに、まさか5万人のファンの前で、ケガしたスポーツ選手がフィールドから担がれて退場するみたいなことになるとは。ここに集まってくれた人たちは、いろんなところから遠く旅して来てくれた人たちであり、しかも、この夜を楽しむために、一生懸命働いて稼いだ金を使ってくれた人たちだ。「ボス並みのショーをやるつもりでいたのに、クソッ」と思い、最初に浮かんだことを思わず口にした。「今すぐ約束します。フー・ファイターズは……戻ってきて必ず最後までライブをやりま

す……」。ドラマーで俺の大親友でもあるテイラー（・ホーキンス）を見上げて、「演奏を続けろ!!!」と言った。

俺がステージ脇に運ばれているときに、驚愕した観客の前で5枚目のアルバムの〈コールド・デイ・イン・ザ・サン〉が鳴り始めた。ヨハン・サンプソンという名のスウェーデン人の若い医者が、ハイトップのスニーカーの紐を切り、靴を脱がしたとき、足の片方がぐにゃっとしたのが分かった。足首を脱臼し、関節のつなぎ目にある靭帯を完全に損傷し、さらに腓骨が剃刀で切ったようにキレイにパキッと折れていた。医者は俺を見て、強いスウェーデン訛りの英語で、「恐らく足は骨折で、足首は脱臼しているので、すぐ元に戻します」と言った。そこへ妻のジョーディンとツアー・マネージャーのガス・ブラントが恐怖の面持ちで俺の横に走ってやって来た。俺はその馬鹿げた状況を笑い飛ばすしかなかった。ガスにソロのプラスチック・カップの大きい方にクラウン・ロイヤルを注いで持ってきてくれと頼み、妻にもたれかかって彼女の革のジャケットの袖の端を俺の歯の間に入れた。「さあ、やってくれ」と医者に言い、塩辛い黒の素材をギュッと噛んだ。奇妙なプレッシャーを感じ、錆びた錠の古い鍵みたいな感じで足首はなんとか元に戻った。

「ステイ・ウィズ・ミー、ステイ・ウィズ・ミー、トゥナイト、ユー・ベター、ステイ・ウィズ・ミー……!!!」とテイラーが歌っていた。俺たちが昔から演奏しているフェイセズの名曲を遠くに聴きながら、もう一つの救急隊が到着し、俺がショック状態でもあるかのごとくに、エベレストで使うエマージェンシー・ブラケットをかけてくれた。まあ、そりゃそうだ。実際ショック状態だったかもしれない。仰向けになってウィスキーが溢れそうに入ったカップを持って大笑いしていたから、たった今高いところから落ちた人には、とても見えなかったかもしれない。

俺がそのとき唯一考えていたのは、ここまで観に来てくれた何万人もの人たちのために、絶好調のバンドの演奏でこの会場を大盛り上げして、最後までショーをやり遂げる責任があるということだった。何万人もの人たちが、がっかりして腕を垂れ下げ、出口に向かって歩いていく姿を想像してみた。バンド名を罵り、もう二度と俺たちのライブには来ないと誓っている姿を。俺の足を注意深くあるべき場所に固定して持っているヨハンに訊いた。「ねえ……椅子に座ったままであれば、また出ていって最後までショーをできるかな？」。「添木がないと無理です……」と言われた。「ここにあるの？」と訊くと、「病院に行って、添木をつければ戻れます」と言われた。「ここから病院までどれくらい？」とすぐ返すと、「30分です」と言われた。そりゃファックだ！　ここに集まってくれた人たちが払った金に見合うことをするまで、このスタジアムを去るわけにはいかない。「それじゃあ、これはどう……？」と俺は言った。「あなたが病院まで行って、添木を持って帰り、俺はここに座ったまま演奏するっていうのは。あなたが戻ってきたら、添木をつける」。彼は少し苛立ちながらも礼儀正しく、「もし私があなたの足から手を離したら、また関節が外れてしまいます！」と、間髪入れず、生粋の頑固さで、大声で叫んだ。「それなら、一緒にステージに来てくれ、マザーファッカー！」

「プレッシャー……プッシング・ダウン・オン・ミー……」。テイラーが、ハスキーな声と完璧な音程で、クイーンとデヴィッド・ボウイの名曲を歌っていた。医者が、俺の足首をエース製の包帯でしっかりと巻いていたから、その間も、俺の使い物にならない足はしっかりと固定されていた。そして、何人かのガタイのいい男たちが協力して俺を抱えて、ステージまで運んでくれた。俺が立っていた場所には椅子が置いてあった。

人生とは、その道のりで思ってても見なかったことを発見するような詩的な瞬間を授けてくれるものだ。俺の尻が椅子に収まり、ギターが俺の膝に置かれ、〈アンダー・プレッシャー〉のブリッジへいつものように突入して、ファルセットで、「チッピン・アラウンド・キック・マイ・ブレインズ・アラウンド・ザ・フロア！ジーズ・アー・ザ・デイズ・イット・ネヴァー・レインズ・バットイット・プアーズ……」と歌ったら、観客から耳が聴こえなくなるくらいの歓声が沸き上がった。この忘れられない瞬間にこれほどふさわしい曲と歌詞もないのは間違いなかった。こういう瞬間って事前に計画できるものじゃない。純粋な喜びであり、勝利の瞬間であり、そしてサバイバルだった。

次に自分たちの曲〈ラーン・トゥ・フライ〉を始め、俺はギターを前後にかき鳴らしたら、ヨハンは俺の前でひざまづき、俺の足を必死で固定していた。アドレナリンがまだ血管を脈打っていた。気付けば、彼はもう心配もしていなくて、音楽に合わせて頭を振っていたので、ウィンクして笑い、「なかなかクールだろ？」と言った。

「いえええええええええええええ!!!」と彼も言った。彼もロック・ミュージシャンだったとは、知る由もなかったが、スタジアムのステージに上がれて彼も大興奮だった。

それから間もなく、救急隊が添木を持って来て、石膏ギブスをほとんど〝NASCAR〟のピットクルーかのごとき速さで俺につけてくれたので、そのままショーを続けられた。そこから何時間も経過し、何曲も歌った後で、松葉杖で立ちスタジアムのステージの真ん中まで行って、〈マイ・ヒーロー〉と〈タイムズ・ライク・ジーズ〉を歌ったりもできた。観客が熱狂的な大合唱をしてくれて、物凄い愛と応援が返って来たときは、思わず泣いてしまった。〈ベスト・オブ・ユー〉の最後の音符を演奏し終わったとき、これはバンドのキャリアでも決定的な瞬間だと思った。過去の傷心と悲劇から生まれたこのバンドは、愛を祝福し、やがてそれは人生となり、日々幸せを追求することに専念してきた。そして今、これまでになかった癒しとサバイバルをも象徴していた。

俺は即座にステージ横につけていた車に連れていかれ、けたたましい音を出す警察にエスコートされて、病院まで疾走した。向かう最中に、この不運な出来事の一部始終を目撃した当時6歳だった娘ハーパーが、シクシク泣き始めた。サイレンのライトが彼女の顔に映っているのを見ながら、「どうしたの？」と訊いた。何も答えなかったので「怖いの？」と言うと、ゆっくりとうなずいた。彼女の美しい顔に涙がこぼれると、俺の心が沈んだ。自分の痛みはまったく感じなかったのに、彼女の痛みは感じたんだ。「大丈夫だよ！　病院に行って、足の骨の写真を撮ってもらうんだ……すごく面白いよ！」。無理やり作った元気で言ってみた。彼女も頑張って笑顔になり、勇気を振り絞っていたけど、彼女が怖がっているのは分かったから、無垢で小さな心にある思いやりを感じた。

俺は、彼女が幸せかどうかだけしか考えてなかった。自分の最も幸せじゃない子どもと同じくらいしか自分は幸せになれない、とはこのことだ。病院に着くと、車椅子に座らされて、レントゲン室に向かうまで彼女を膝に座らせて、この信じられないような瞬間をできる限り楽しくしようとした。

ありがたいことに、彼女はクスクス笑ってくれた。

ひんやりしたレントゲンの台に横になると、動かないようにと言われ、傷の写真をきれいに撮るため、足の周りにいろんな機材が置かれた。エイリアンに誘拐されたかのように、部屋全体がライトで真っ白に照らされ、俺はそこに一人で、窓ごしにツアー・マネージャーと技士がいた。無音。そしてブーという低い音が何度かして、ガラスごしにガスを見たら悲痛な表情を浮かべていた。期待していた見たかった顔ではなかった。俺の目を見て、口パクでこう言った。「手術」。ファック。

その夜、ノルウェーのホテルに戻り、カウチに横になってギブスを宙に上げたら、とうとう痛みに襲われた。いたずらっ子で、活動過多で、向こうみずな子どもで、スニーカーに穴が空くまで、スリリングなことはないかと歩き回っていた夏の日を思い出さずにいられなかった。肉体的にどうなるのかは気にしてなかった。感情的にどうなるかだけが大事だった。ニュースを知った友達から、愛と心配のメッセージが溢れるように届いたのを見て大泣きしてしまった。自分がやらなくちゃいけないことは分かっていた。

立ち上がって、家まで歩いて帰り、何があってもショーは続けなくてはいけない。

トレイシーはパンク・ロッカー

TRACEY IS A PUNK ROCKER

「トレイシーだ、みんな着いたよ！」

シェリーおばさんの世紀末前後に建てられた豪華な家は、イリノイ州エバンストンにあった。その玄関の間にある長くクネクネした階段の下で、最高にクールないとこのトレイシーをようやくハグして迎えられると思って待っていた。法律上は親戚ではなかったけど、俺の中でトレイシーの家族は血のつながってる親戚も同然だった。母同士が高校でティーネイジャーのときに知り合い、生涯の友達になり、スリー・ベルズという名前のアカペラ・グループまで作った。グループは、地元のオハイオ州ボードマンのキワニス・クラブ、ウーメンズ・シティ・クラブ、50年代初期の学校行事などでパフォーマンスしていた（朝のテレビの料理番組に出たことも忘れちゃいけない。そこで母がコマーシャルで牛乳を飲み、撮影現場全体に吐き出しそうになった）。親友のジェラリン・メイヤーも加わり、トリオで〈二人でお茶を〉や〈魅惑されて〉や、〈アレキサンダーズ・ラグタイム・バンド〉を完璧なハーモニーで歌った。みんなで笑って、おそろいの衣装を着て。特にプロになるつもりもなく、真の情熱でやっていたもので、そんなふうに時間を過ごしては、友達と音楽への愛を分かち合っていた。卒業後に、母とシェリーは別々の道を進んだが、毎夏絶対に会おうと誓い合い、どれだけ家族が遠くに離れていても、本当に会っていた。

バージニア州スプリングフィールドから、車で700マイル［約1126・5キロ］離れたエバンストンへ行くのはなかなかの大仕事だった。母と姉と俺は、荷物と枕とブランケット、それにお菓子のたくさん入ったクーラーを、ベイビーブルーの１９８１年製フォード・フィエスタに詰め込んだ。車で11時間の道のりを、たいていは中間地点くらいにあるオハイオ州ヤングスタウンでとまり、俺が生まれた小さな町ウォーレンからさほど遠くない祖父母の家に数日滞在した。ペンシルバニア・ターンパイクからアメリカでも最も美しい地域である緩やかな丘をクネクネと走り、長い山のトンネルを抜けるのは1年のハイライトだった。その旅行がいつも大好きで、前の席に座る母とラジオに合わせて一緒に歌い、休憩所にとまってはお土産を買ったり、家から持ってきたサンドイッチを食べたりした。それは俺にとっては初めての旅であり、その当時でも小さい車の中で宇宙飛行士みたいにぎゅうぎゅうにみんなで乗って、何時間もぶっ通しで中西部に車を飛ばして国を横断し、風景が徐々に変わっていくのを楽しんでいた。目の前に長い道が広がるのを見ているのが嬉しかったから、その後の人生でも、同じハイウェイを追いかけたい、とインスパイアされたんだと思う。

退屈なバージニア州郊外からペンジルバニア州の丘を越え、オハイオ州田舎の長く平坦なとうもろこし畑を過ぎて、シカゴのメトロポリタンが車のフロント・ガラス越しに広がったときほど、勝ち誇ったような気分になることもなかった。『オズの魔法使い』のエメラルドの都みたいに、輝かしいシアーズ・タワーが遠くに見えると驚嘆と大きな期待で、この夏の旅に何が待っているんだろう、とワクワクした。シカゴがマジで大好きだったんだ。地下鉄は多文化的な迷路みたいだったし、レンガの建物はチャンスが詰まった遊び場に思えた。俺の地元のバージニア州の静かな郊外よりも俄然エキサイティングだった。

俺のいとこのトレイシーは、〝いとこ〟の中でも最も冒険好きで、兄が3人いた。トリップ、トッド、トロイで、彼らはいつも俺を可愛がってくれて、俺一人だったら絶対に経験できなかったような世界に連れ出してくれた。街を探索したり、ミシガン湖の暖かいビーチで何時間も一緒に遊んでくれたりした。これが俺にとってのファンタジー・アイランドであり、クラブメッドであり、コパカバーナだった［ここではクラブメッド、コパカバーナともに〝夢のような旅行〟を表す］。それは俺が初めて味わった自立でもあった。そのうちダウンタウン行きのLトレインに母の付き添いなしで乗れるようにもなったし、街を隅々まで探索し始めたら、自分が思っていた自分像をはるかに超えた自分のアイデンティティがすぐに見えてきた。それは、1980年代のジョン・ヒューズの青春映画の名作の中を、気付かぬうちに、美学的な意味でも感情的な意味でも生きているみたいなものだったんだ。

トレイシーが、いつものショートパンツとポロシャツを着て飛び降りてくるのを待っていると、2階から不気味な音が聞こえてきた。チェーンの音がガチン、ガチンと鳴り、革が軋む音がして、ブーツがドシン、ドシンと一歩ずつ床を踏む音がした。まるでバイキングがゆっくりと狙った餌食に近づくみたいだった。強盗か？　ヘルズ・エンジェルスか？　またはゴースト・オブ・クリスマス・パストか？［チャールズ・ディケンズ著『クリスマス・キャロル』に出て来るキャラクター］　その足音が近づいてくると、俺の心臓がバクバクと高鳴り、その音がブーン、ガチ、ブーン、ガチ、ブーン、ガチと繰り返して、とうとう階段まで来たとき、彼女が姿を現した……。

トレイシーがパンク・ロッカーになっていたんだ。

ピカピカのドクター・マーチンのブーツに、黒いボンデージのパンツを履き、アンティパスティのTシャツを着て、頭は剃り、恐ろしくも輝かしく反抗を体現していた。去年着ていたテニスのショートパンツもスニーカーもすでに遠い昔。トレイシーは、ゴールデンタイムのテレビ番組『白バイ野郎ジョン&パンチ』とか『Dr.刑事クインシー』でしか見たことがないような何かに変身していた。しかもそれは、マンガっぽくもなかったし、おバカなTVドラマに登場するような、髪の毛をとんがらせて、みんなを怖がらせ、無謀なアナーキーで背景に騒がしい音がしているような悪役って感じでもなかった。そうじゃなくて、ファッキング・リアルだったんだ。恐れ多くなり棒立ちになって、他の文明から送られてきたエイリアンに出会ったかのように、スパイクを一つずつ、安全ピンを一つずつ、革のストラップを一つずつ、喜びで当惑しながらじっくりと見た。驚いたけど、彼女がいつものように太陽のような笑顔で俺たちを迎えてくれたので、すぐに心は落ち着いた。トレイシーは変わらないままのトレイシーだった。地球の終わりのスーパーヒーローかのように、限界を超えた姿になっていただけだった。それを見て興奮したなんてものじゃなかった。我を忘れたし、俺の中で何かが目覚めた。それが何だったのかはそのときはよく分かっていなかったけど。

いつものように楽しくお互いの近況報告をして、トレイシーと俺は2階にある彼女の部屋に行くと、ターンテーブルの横にあった巨大なレコード・コレクションを見せてくれた。7インチ・シングルとLPが何列もあって、全部すごくきれいに大切に並べてあった。バンドの名前は、どれも聞いたこともないものばかりで、ミスフィッツ、デッド・ケネディーズ、バッド・ブレインズ、ジャームス、ネイキッド・レイガン、ブラック・フラッグ、ワイヤー、マイナー・スレット、GBH、ディスチャージ、ジ・エフィジーズ……書き切れないくらい。それはアンダーグラウンド、インディペンデント・パンク・ロックのバーチャルな宝庫みたいなもので、俺はこの時点では存在すら知らないバンドばかりだった。

床に座ったまま彼女が次々にレコードをかけてくれて、知りたいことだらけの飢えた学生に教授が熱弁をふるっているみたいだった。「これ聴いて!」と言うと、レコード・プレイヤーに慎重に針を落とした。「次はこれ!」。そうやって、次から次へとかけてくれた。どの曲も聴く度に、まるで宇宙空間にでも行ったみたいにぶっ飛んだ。俺は質問だらけだった。なんでこれが存在するってことを知らなかったんだろう?みんなは知ってるんだろうか? これってそもそも合法なんだろうか? トレイシーが、鞭打ち寸前のテンポの、血も凍るような叫び声の、やかましくて生々しいレコードを爆音でかけてくれて、俺はレコードのスリーブを一つずつマジマジと目を見開いて見ていた。無骨なアートワークから、写真からクレジットまで。時間もあっという間に過ぎ、俺がそれまでに知っていた音楽は全てなかったものになった。

これが俺のこれからの人生の初日だったんだ。

さらにじっくりと見て気付いたことは、俺が持ってる普通のクラッシック・ロック・アルバムと大きな違いがあること——どのレコード会社も聞いたこともないようなものばかりだった。さらにどれも実質上手作りみたいだった。ゼロックス・コピーみたいな暗いジャケットで、写真の画素は粗く、歌詞やクレジットは手書き。ロゴやグラフィックもシルクスクリーンで、全部不器用にビニールのスリーブに入れられて、わずか3、4ドルで売られていた。このアンダーグラウンドのネットワークが従来の企業組織外にどういうわけか存在し、従来の音楽の生産、流通はまったく無視していた。みんな自分たちでやっている、とトレイシーが教えてくれた。俺は有頂天になり、目覚め、インスパイアされた。音楽が魔法のようで、凡人には及びがたいものではなくなったんだ。ジミ・ヘンドリックスやポール・マッカートニーのように神から才能を授かった人だけのものではなくなった。3コードと心を開くこと、それとマイクさえあれば良かった。それから情熱とそれを自分で実現してみせること。

その晩トレイシーは、ダウンタウン行きのLトレインに乗って、リグリー・スタジアムの向かいにある場末のバーのカビー・ベアに行った。地元シカゴのパンク・バンド、ネイキッド・レイガンのライブを観ることになっていたのだ。その日の午後、彼らの〈サーフ・コンバット〉を聴いたばかりだったから、そのラジカルなライフ・スタイルを絶対この目で観てみたかったけど、公立学校のバスの後部から落ちたみたいな真面目な格好の13歳の俺を、トレイシーが連れていってくれるとは到底思えなかった。シド・ヴィシャスっていうより、オーピエ・テイラー［米TV番組『メイベリー110番』のキャラクター］みたいだったから。トレイシーがモヒカンとスタッズの革ジャンでいっぱいの場所を俺と一緒に歩くなんて屈辱的だと思うんだ。でも、シェリーおばさんがなんとかうまく言ってくれて、トレイシーも寛大な人だったから、俺を連れていってくれることになった。完全に未知の領域で、マジで外国に行くようなものだったから、期待でナーバスになり、お腹まで痛くなった。

言うまでもないが……俺はそれまでライブ・コンサートに行ったことが一度もなかったんだ。

MTVを何年も見ていたのと、部屋の壁に飾ってあったキッスとレッド・ツェッペリンのポスターをじっと見るくらいだった。バンドって巨大なステージでスモーク・マシーンがあって、巨大なレーザー光線とかパイロの仕掛けがあるところでしか、ライブをしないものだとバカみたいに思っていた。俺にとっては、それがロックンロールだったんだ。四方の壁と曲さえあればいいんだなんて知る由もなかった。街に向かう電車の中で、心の中は雷雨が来るみたいに危険な予感でいっぱいだったし、薄汚くて狭いダウンタウンのバーで待つカオスと狂気を想像していた。わずか数時間前に、俺の中で解禁されたばかりの真実を、今は実際に体験したくて仕方なかった。地元にはありもしなかったものに共鳴してしまったんだ。ギザギザのレコード・スリーブに、ディストーションされたガラージのサウンドがトレイシーのスピーカーから飛び出してきた瞬間、俺の魂の扉はこじ開けられた。それは、とうとう自分が理解されたと思える体験だったんだ。これまで常に自分は普通と少し違うと感じていて、どこにも、誰にも、自分を理解してくれて、自信を与えてくれるような頼れる仲間がいなかった。離婚した家庭に育ち、母っ子で、学校の成績は良くてもまあまあ程度。間違った場所にエネルギーを蓄えたボールみたいに、常に自分の適所や仲間を探していた。存在意義の改革が

絶対に必要で、それが目の前にあったんだ。

カビー・ベアに着くと、パンク・キッズがクラブの外の道にたむろしていた。俺と同じくらいのティーネイジャーで、すごく若かったから驚いた。トレイシーが持っていたアルバムのカバーに載っているような威嚇するような顔じゃなくて、痩せこけたスケーターみたいで、ジーンズにコンバースのチャックに、思春期のハイパーなエネルギーで、めちゃテンションが高かった。俺みたいだった。すぐに安心して、彼らに近づき、トレイシーがそのアウトサイダー集団に俺を紹介してくれた。みんな知り合いで、結束力の固いコミュニティで、破壊的な音楽への愛で集まり、個性的な表現をするのを祝福していた。確かに鋲も、革も、いろんな色の髪も、ピアスもいたけど、何も怖いところはなくて、そこは我が家に思えた。

ネイキッド・レイガンがステージに上がるのを待ってるときは不安な緊迫感と空気でいっぱいで、客電が消えたらギグの密接さにすぐ感激した。部屋に飾ってあるポスターとは違い、みんなと肩と肩がぶつかってるし、シンガーがマイクをつかみ、1曲目を歌おうというとき、ステージと自分の距離は、わずか1フィート［30センチ］という近さだった。それで彼が歌い出した途端、その小さい会場は火薬庫が爆破したように、手足は狂乱状態だし、耳が聴こえなくなるくらいの爆音が響いた。人と人は重なり合い、スラムダンスして踊り、ステージ・ダイブし、観客は拳を掲げながら、1曲1曲大合唱した。曲への忠実な軍隊かのようだった。足は踏まれるし、思い切り押されるし、パンチもされた。ぐちゃぐちゃになった観客の中にぬいぐるみのように投げられたし、だけどそれがファッキング大好きだった。音楽と暴力的なダンスが、長年押さえつ

けられていたエネルギーを発散してくれた。子ども時代からのトラウマが全部ここで悪魔払いされたかのような体験だった。**これこそ、これまでずっと待っていた自由の感触だった。ようやく唾と汗と割れたグラスで洗礼されたから、もうここから二度と引き返せない。**雷のような曲から曲が続き、小さなステージから離れないようにして、ディストーションされた栄光の音楽にどっぷり浸かった。

ネイキッド・レイガンはシカゴのパンクの歴史の中でも、最も重要なバンドとみなされていた。彼らのスタイルは、ハードコアなディック・デイルのサーフ・ロックという感じだった。もちろんその当時は、そんな関係性も分かっていなかったけど、でも音楽に頭と魂が満たされることを知った。それがもっと必要だった。3分半以上の曲はなかったから、全ての爆裂が暴動かという騒ぎになり、曲と曲の間でカオスの再開を待機するのは永遠のように感じられた。だけど、あまりにあっという間に終わってしまった。客電がつくと、物販のテーブルに行って、生まれて初めてのパンク・ロック・レコードを買った。ネイキッド・レイガンの7インチ・シングルで、〈フラマブル・ソリッド〉だった。千枚しか作られていないうちの1枚だ。

ギグの後、電車に乗ってエバーストンに帰る道すがら、まだ耳鳴りはしていて、心は真新しくなっていた。ある夏の日、俺は永遠に変わった。ミュージシャンになるのに、パイロもいらないし、レーザーもいらないし、楽器を不可能なレベルの技巧で演奏する達人じゃなくてもいい。ロックンロールにおける最重要な要素が、ネイキッド・レイガンのパフォーマンスで明かされた。生々しく不完全で人間的なサウンドが心の深い声を吐き出して、それをみんなが聴く。それは俺にもできる。だからバージニアに戻って、この絶対的な真理を友達みんなに伝えたくて仕方なかったし、みんなにもそれを理解してもらいたかった。

なんとトレイシーは、ヴァーボーテンという名前のパンク・ロック・バンドのシンガーだった。しかもオリジナル・ソングをレコーディングしていて、シカゴ周辺でギグもやっていた。平均年齢13歳の4ピース・バンドは、子どもたちにできることを自分たちでやっていて、トレイシーの家の地下室で曲を書き、練習し

NAKEDRAYGUN
FLAMMABLE SOLID
4

SIDE 1 SURF COMBAT
GEAR
SIDE A LIBIDO
ENGINEERED BY IAIN BURGESS
ASSISTANT ENGINEER JOHN PATTERSON
LYRICS & MUSIC © ℗ 1983 NAKED RAYGUN
NAKED RAYGUN WORLD H.Q.
PO BOX 578382
CHICAGO ILLINOIS 60657 8382
RUTHLESS RECORDS
PO BOX 1458
EVANSTON ILLINOIS 60204

て、自分たちでショーのブッキングもして、自分たちでTシャツを作り、ギグで売っていた。ギタリストのジェイソン・ナルデュシーは、どう考えても11歳以上ではなかった。だから、〈マイ・オピニオン〉とか〈ヒーズ・ア・パンサー〉などで、ギブソンSGでパワー・コードをかき鳴らす姿を見ても、小さすぎて小人のようだった。でも自分より小さい子どもが、自分の夢を追いかけるために一歩踏み出しているのを見て、余計にインスパイアされた。家に帰ったら、自分のギターをかき鳴らしてやると思った。この子どもたちにできるんだから、俺にだってできるはずだ。

トレイシーの音楽コレクションに熱中していたから、バケーションはあっという間に終わってしまった。全アルバムを熱心に学習したり、彼女のコレクションの中に、俺の地元のバンドがいるのも発見した。マイナー・スレットと、ザ・フェイス、ヴォイド、それから中でも一番好きだったのはスクリーム。しかも、ベイリーズ・クロスローズの私書箱の住所が俺の家から数マイルという近さで、マジでファッキングぶっ飛びだった。スクリームは粗削りなその他のバンドとは少し違った。強烈なメロディに、クラッシック・ロックの影響がここそこに感じられ、速攻で攻撃的な曲はその旅行中に聴いたその他のバンドの曲より、よく構築されていた。それに見た目も、トレイシーの部屋にあったその他のバンドのアルバム・スリーブや、ジンで見た他のパンク・バンドとはちょっと違っていた。ジーンズにフランネルを着て、髪はボサボサで、彼らはまるで……バージニア出身って感じだったんだ。嬉しくて彼らのレコードを何度もリピートして聴きながら、地元への誇りすら感じたし、歌詞を全部覚えて——ドラムも全部覚えた。

バケーションの残りの日は全部ショーに行ったり、ワックス・トラックス！レコーズでアルバムを買ったり、その他のパンクスとつるんだりしていて、彼らが聴いているレコードとかテープから新たな言語を学んだりした。それからこのアンダーグラウンド・シーンは、俺みたいな若い音楽好きの草の根ネットワークで、メイン・ストリーム的な音楽の〝キャリア〟から喜んで自分たちを外している。遠い昔のスリー・ベルズがそうだったように、プロになりたいという願望はなくて、ただ音楽への愛を友達と分かち合いたいという心からの情熱があるだけだった。その見返りは？　自分が心から愛することを自分たちだけでやり遂げたという達成感以外、たいていは特にない。だけど、それだけで流した血と汗と涙の全ての価値がある。ロック・スターなんてここにはいなかった。いるのはリアルな人々だけだ。

バージニアまで帰る長いドライブは俺の過去から未来への比喩的な旅みたいなものだった。俺は自分の何かをシカゴに置いてきた。自分の曲が、自分の言葉が、自分の情熱が、汚くて黒いバイナル盤のグループの奥深くに存在するなんて思いもしなかった少年とはお別れだ。「クールなキッズとは違うから仲間外れにされる」と怖がっていた少年とはお別れだ。ジャームスのレコードと、キリング・ジョークのTシャツと、ネイキッド・レイガンのギグで買った〈フラマブル・ソリッド〉のシングルで武装して、これからパンク・ロッカーとして新たな人生を歩むと決意した。壊れやすい思春期の不安の表層を遂に脱ぎ捨てて、新たな皮膚を育て始めた。本当の自分を形成していく。それを世界に見せるのが待ちきれない。

お前の皮を剥がす
生きたまま皮を剥がす
それでも息をし続けて
人生の旅に出る
ギアはある
ギアはある
ギアはある

使えばいいんだ

［ネイキッド・レイガン〈ギア〉の歌詞より］

ジョン・ボーナム交霊会

JOHN BONHAM SÉANCE

祭壇も設置したし、キャンドルもつけた。儀式の準備は整った。俺は静粛に床に座り、廃材や残った模型のペイントで作った仮設祭壇に向かって心頭滅却し、祈った。誰に祈っているのかはいまいち分からなかったけど、なんで祈っているのかは正確に分かっていた。

成功のためだ。

静かに座り、瞑想して、世界に心を開き、神の介入を待って、体の全細胞が形を変え、力を得るところを想像した。ヒーローたちが時間と場所を超え、音楽を介すことで、超自然的能力を俺に授けてくれる。それは無形で、神秘的な効果があるはずだ。それとどうしても接触したくて、失うものは何もない17歳の熱烈で切実な信念とともに、俺なりに野性的な儀式を行った。

ボードの4つの角に置いたキャンドルの火は揺らめき、車庫の冷たいコンクリートに黄色の光が映っていた。俺を運命に導いてくれるスピリット。それを呼び起こしてくれるシンボルを照らし出していた。ジョン・ボーナムの3つの円のロゴと606の番号、それは俺の人生でも深い意味を持つ、心に抱いた二つのエンブレムだった。自分なりのテレパシーを発して、心の底からの願いを挙げていった。誰かが、どれかを、どこかで、俺の呼びかけを聞き入れて、やがて俺の祈りに答えてくれますようにと願った。これまで、マニフェストしてきたわけじゃないけど、でも、それが何なのか分かれば達成できる、という概念を信じていた。世界の助けを借りる。それが俺の意志だった。神聖なるものに向かうこと。

人は考えたものになり
感じたものを引き寄せ
想像したものを創造する
［仏陀の言葉より］

これを〝引き寄せの法則〟と呼ぶ人もいて、つまり、自分が強く信じたものは実現する、という考え方だ。十代の俺はそんな概念は知らなかったけど、でも子どもの頃から、自分の全てを捧げれば何でも可能なんだと信じてきた。どちらにしても、その時点での俺の人生の選択肢はすごく限られていた。高卒でもないし、金持ちの出身だったわけでもないから音楽を自分の運転手にして、給料ギリギリで生きていく運命だと決めていた。ありがたいことに、それだけで俺のスピリットが死んでしまうこともなかった。とにかく夢見ることしかできなかったし、だから夢を見続けた。ただ、そ

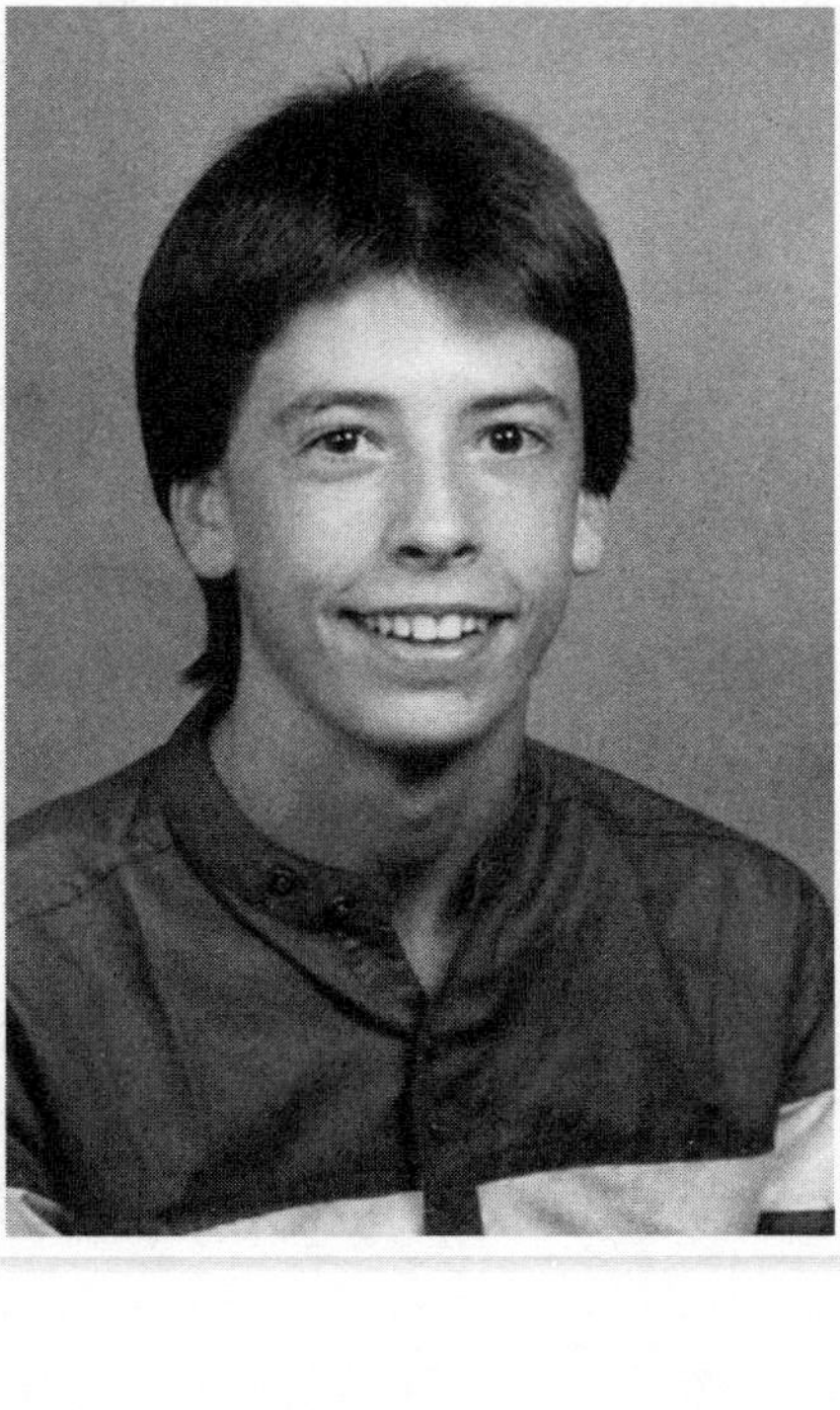

こで違ったのは、いつの日かミュージシャンになってみせるんだと夢見てきただけではなかったってこと。見知らぬ何かに召される決意をしていた。

俺にそんな抜本的で究極の手段を選ばせたのは何だったのか？

あるセオリーがあるんだが、それは、ほとんどのミュージシャンは自分がクリエイティブな道を追求することを、11歳から13歳の間に決めるということ。その時期はちょうど、自立精神とアイデンティティが交差して黄金に輝く絶好の機会で、子どもの人生の中でも、最も危険な時期でもあり、親にくっついて歩いているだけじゃなくて、自分になっていくときだ。自分が誰なのかを見つけていくときであり、音楽が好きだったり、音楽に対する衝動があったら、自分が人生でやっていきたいのはこれだと決める。つまりミュージシャンになるんだと。俺がこのセオリーを信じているのは、自分も正にそうだったからだ。

音楽が単なる音に聴こえていた時期もあった。子守唄とか、ラジオのジングルとか、特に何も考えずに楽しいから一緒に歌っていただけで、片方の耳から、もう片方の耳へとふわふわと漂って抜けていくだけのものだったことがある。曲は断片的に聴こえてきて、リズムは風のようにやって来てはなくなるものでしかなく、特に心を捕まえるものでもなくて、自分にとって、もっと大事な瞬間と瞬間の隙間に息づいたり、時間を埋めているようなものでしかなかった。**それがある日、俺が吸う空気そのものになってしまった。**

同じことに夢中になったことがない人にこれを説明するのはなかなか難しいが、それは何かに取り憑かれてしまうのに似ていると思う。ただ、何かに取り憑かれたことがあるわけでもないから、これはあくまで想像でしかないが。でも心も魂も自分ではコントロールできなくなり、サウンドや歌詞やリズムを作りたいという思いを拒否できず、自分の内面にある悪魔を吐き出したいという燃え盛る衝動に対して無力となり、次の曲を追いかけることに人生を永遠に捧げることになる。それが何か崇高な苦悩でなかったら、呪いになってしまう。

音楽に取り憑かれてしまったら、音楽を構築する全ての要素に対して、手もつけられないくらい頭がいっぱいになってしまい、子どもの頃に関心があったものは全てないも同じになってしまった。曲を作りアレンジすること以上に、魅了されたり刺激されたりするものが他になかったから、目が覚めてる間はこのミステリーを解読するのに時間を費やした。音楽のトレーニングをちゃんとやったことがなかったから、音を譜面上の〝音符〟として参照したりもしなかったが、その代わりに、いくつもの楽器の重奏を一心不乱に聴いていると頭の中に何かの形が出来上がるのが見えた。カラフルな色のブロックが重なっていくみたいな感じで、音楽が〝見える〟ものになる。それは神経学上は、共感覚と呼ばれるもので、一つの感覚（聴覚）が起動されると、また別の感覚（視覚）が、同時に起動される状態。つまり俺は音符を読めないことで、音楽的な記憶力が研ぎ澄まされたんだ。なぜなら覚えておきたかったら、頭の中でスナップ写真を撮る以外になくて、だから集中力も研ぎ澄まされた。つまりレッスンを受けなかったことや、本物のドラム・セットを持っていなかったハンディのおかげで、上手くなるためにより一層頑張ったし、成功できる方法をより深く考えた。今になればそれが分かる。

始めたばかりの頃は、ドラムを俺の歯で叩いていた。口の中でドラムの音を出すみたいに、顎を後ろに前に動かしては、歯で音を鳴らしていた。自分の手でやってるかのように、ドラム・ロールも、装飾音まで鳴らし、でも誰にも気付かれなかった。毎朝学校に行く途中でメロディをハミングしては、ドラムを自分の歯で叩いていた。学校の正門を抜けてロッカーに、バックパックの中の物を入れるまでは、自分の好きな曲とか、自分が書いたオリジナルの曲をそうやって演奏していた。誰も知らない秘密で、頭の中で静かにドラムの練習をし、実際にドラム・キットに座ったときに備えて、新しい技を歯で試すみたいな感じだった。子どもの頃、歯医者さんに行ったとき、医者が俺の歯を診て、「氷をたくさん噛みますか？」と訊いた。混乱して、「えええええ……そんなことしないと思うけど？」と言った。医者によると、俺の歯が何らかの摩擦で普通じゃない崩壊の仕方をしているというのだ。原因はすぐ分かった。「俺は歯でドラムが叩けるんだ！」と、誇らし気に叫んだ。医者が途方に暮れ、俺を頭のおかしい人かのように見たので、近くに来てと言って、かがみ込んでもらい、俺の口から数センチのところに耳を持ってきてもらい、ラッシュの〈トム・ソーヤー〉を演奏した。顎を前後に動かしながら、電光石火のごとく、カルシウムとエナメル質が少しずつ削れて、脆《もろ》いステージに立つタップ・ダンサーみたいだった。医者は目を見開いて、ショックで後退りした。そして、この奇妙で口頭に有害な習慣について考え直した方がいいと言った。だけど、もう引き返せない。俺は生涯、口内パーカッションをやる呪いにかけられたから。

これまでの人生で、これと同じ普通じゃないやり方をしている人に一人だけ会ったことがある。カート・コバーンだ。1993年11月にニューヨークで収録した『MTVアンプラグド』のパフォーマンスでそれが一番分かると思うけど、番組のある箇所でカートが歯を食いしばって顎を横に動かしているのが見える。それは彼がギターを弾いているときに、メトロノーム的な役割を果たしているんだ。俺からしたらそれは完璧に理解できるし、ミュージシャンごとに自分の中での〝フィール〟を作るものなんだ。ミュージシャンはみんな自分の中にリズムを持っていて、それは他の人とは違うものだ。チャド・クシンスの書いたジョン・ボーナムの伝記『Beast』の序文に書かせてもらったんだが、このコンセプトはなかなか定義するのが難しい。

ミュージシャンによって演奏の仕方が違う。というのは明らかで、つまり譜面に書かれた音楽と一人のドラマーと別のドラマーの演奏に違いを生み出す実体のない何かがあるはずなんだ。それは、各自の心がその型を自分なりに解釈することによって起きる違いなのか？　それぞれの人の体にある体内時計の違いと、それをいかに感情的に構築するかによる違いなのか？　音符と音符の間をどう見るかによって生まれる違いなのか？　これまで何人ものプロデューサーがそれを説明するために、その〝フィール〟を何とか作ろうとするのを見てきた。でもそれではっきりしたのは、頭で分析しようとしても意味がなくて、それは神がかったものであり、世界にしか創造できないものであるということ。例えば、鼓動とか、星とかと同じだ。ミュージシャンは、自分の中に自分のためだけにデザインされたものを持っている。〝フィール〟を詩のリズムと考えると、それは癒しのように響くこともあれば、不安を感じさせるものになることもある。でも、それはいつだってある人から別の人への魂の贈り物だ。与える人と受け取る人の間で起きるロマンスは、人間の真実の点として機能する。

［チャド・クシンス著『Beast: John Bonham and the Rise of Led Zeppelin』の序文（デイヴ・グロール筆）より］

つまり、ジョン・ボーナムの〝フィール〟こそが、俺を運命の夜にカーペットの上に架設した祭壇の前に連れてきたんだ。

レッド・ツェッペリンの曲は、ラジオのロックンロール・ステーションで永遠にローテーションされていたから、子どもの頃からずっと聴いてきた。だけど、ジョン・ボーナムのサウンドの混乱するような謎に気付いて、バンドの全カタログに本気で惚れ込んだのは、俺がドラマーになってからだった。彼のドラムを聴くとマジで声が聞こえて、話かけてくるのが分かる。ウィスパーのこともあるし、スクリームのこともある。それは他のドラマーを聴いているときは経験したことがなかったから、時に恐ろしくなったりもした。彼の叩く音と音の間には空間があって、それが電気が走るような衝動を起こし、脳が吃音のようになって、スネア・ドラムが叩かれ、次のスネア・ドラムが叩かれる間のミリ秒の時間ですらゆっくりと過ぎて、崩壊するブラックホールに何度も何度も落ちていくように感じたんだ。彼のグルーブにある重さは、肉体的なもの以上であり、それはスピリチュアルであり、彼の演奏を頑張って真似ようとしてみたが、とうとうそれが無駄だと気付いた。それは単なるドラムの叩き方なのではなくて、それは彼独自の言語なのであって、誰にも再現不可能な彼のDNAがアナログ盤上で剥き出しになっている。

彼には技術的にも度肝を抜かれたが、彼がそれをどう演奏したのかは、あまり気にしていなくて、それよりも、それをなぜ演奏したのかの方に興味があった。彼は何を意図していたんだろうか？ 彼の特徴的なグルーブは、なぜ他のドラマーよりあんなに自然に響くんだろう？ まるで海の波のように、時に巨大な絶壁にぶつかり砕けているように響き、時に岸辺で優しくピチャピチャと鳴っているようだ。彼のフィールの何が俺にそんなに訴えかけてくるんだろう？ 俺にも俺独自の〝感じ（フィール）〟があるんだろうか？ 最終的に俺が推測したのは、これは世界が成し遂げていることだということ。だから、その答えを知るには、我が身を捧げなくてはいけないと思った。

その当時の俺は、神秘主義を探求していて、それは人間かまたは絶対者が神と一体になれるという概念で、それがいかにして起きるのかを研究したいと思っていた（当時は幻覚剤の探求もしていた）。ただ特定の信条に従うというものでもなくて、自分勝手な探求でしかなかった。また組織宗教の大まかな概念は理解していたものの、俺自身が宗教的な環境で育ったわけでもなく、1年に一度だけクリスマスイブの日に、DCにある歴史的なセントジョンズ教会のミサに米国聖公会だった父と行く程度だった。そのスピリチュアルな側面には共感できたし、儀式も美しくて高揚感があると思っていた。でも小さい頃から、ひとそろいの特定の信念が心に入ってこなくて、俺にとってはミステリーのままだった。だけど、カトリック系高校に行ったので（宗教的理由ではなくて更生のため）、そこで初めて信仰の概念を勉強して、それが何を意味するのかようやく理解し始めた。

カトリック教に関するクラスには、〝旧約聖書〟〝新約聖書〟〝聖書〟などがあって、中でも一番楽しかったのは、〝自己信仰の理解〟というクラスだった。それは、聖書の詩編や一節をただ暗記するのではなく、信仰という概念を探求し、論理には逆らい何かを無条件に信じること、人生を導くことについてだった。それは、まったく違う文脈であったとはいえ、俺にも共感できた。**俺も人生の中で、無条件に頼りにしていることがあったし、揺るぎない信念を持っているものがあった。それは母の愛であり、俺から母への愛であり、それから俺が音楽を演奏しているときに心を満たしてくれる愛だ。**だから、そういうものにはつきものの型通りの構造も規定もなかったけど、俺は音楽を自分の宗教とみなしていた。レコード・ストアは俺の教会で、ロック・スターは俺の聖人で、そして曲は俺の賛美歌だった。

パンク・ロックの礼拝堂で揺らめくキャンドルの火の前に座り、俺の無条件の信仰へ瞑想した。あれは魔術だったのか？　俺はウイッカ信者の儀式に出たことがあるんだが、それは俺が何年も前に無垢なティーネイジャーとして体験したものとすごく似ていた。俺にとっては、自分のこの小さな儀式は、俺の最大の願望を達成するために世界の力を生かしてほしいと嘆願するものだった。それを偶然と見なすこともできるけど、これを書いている今日、両腕に3つの輪のロゴとゴシック体で〝606〟のタトゥーをしている身としては、俺はあの夜に自分の運命を明示し、〝引力の法則〟を利用して、世界にお願いし、より高いところにある力か何かと接触したんだと思わざるを得ない。今の俺には分かるんだ。あの晩、あのカーペットでお願いした成功が俺を見つけ出してくれたんだと。

または、俺が魂をロックンロールに売ったのかもしれない？

PART TWO

THE BUILDUP

構築〜ニルヴァーナの衝撃

しっかりやりなさい

YOU'D BETTER BE GOOD

「よし……じゃあツェッペリンか、AC／DCかなんか演奏してくれる？」

俺のドラム・セットの真ん前にあった椅子から前屈みになってそう言ったのは、他でもないDCで一番クールなハードコア・パンク・バンド、スクリームの伝説的なギタリスト、フランツ・スタールだった。17歳の俺は、彼らの大ファンだったから、ドラムのストゥールに座ると、タコができた手でボロボロのドラム・スティックを握る手も、抑えきれない興奮と期待で震えていたけど、でも、ヒーローとジャムする準備は完璧にできていた。俺にとっては、まるでこの世にいるとは思えないような体験だった。ただ悲しいかな、彼がそう思っていないのは明らかだった。フランツは歯医者さんへ行って神経治療でもしてもらうかのような熱量でオーディションを始めた。

「いや、そうじゃなくて……スクリームの曲をやりましょう！」と俺は叫んだ。それには驚いたみたいで、ギターを抱えた彼は大きなブルーの瞳でこちらを見上げ、「えっ、マジで。じゃあ、どの曲知ってる？」と訊いてきた。

これぞ俺が長年待っていた瞬間だ。俺はフランツの瞳を真っ直ぐ見つめて、クリント・イーストウッドを可能な限り真似ながら、キャッチフレーズを言うようなトーンで恥ずかしげもなく、「全曲知ってる……」と言った。

その直後に、この薄汚れて薄暗い、バージニア州アーリントンの地下室のヘッドショップは、耳が聴こえなくなるくらいの怒りがかき鳴らされるギター音と天文学的なBPMで爆破された。フランツと俺で、彼らの全カタログを爆音でプレイしまくった。アルバムからアルバムへ、まだ公には発表されていないような曲まで演奏した（俺はブートレッグも持っていたから）。曲ごとに、フランツのムードが変化するのが分かったし、俺はどの曲のサビも、メロディも、曲のフィナーレも、何も教えてもらう必要もなかった。彼は自分の曲がまさか俺の記憶に焼きつけられているなんて知りもしなかったが、俺は地元のジャズ・ドラマーからレッスンを一度受けた以外は（「スティックを逆に持ってるよ、デヴィッド」って言われたやつ）、基本的には、スクリームを聴きながらドラムの叩き方を覚えたわけだから。

数年前にパンク・ロックの洗礼を受けて以来、俺はクラック常用者に火がついたような貪欲な情熱で、レコードを集め始めた。一生懸命稼いだ金は、ジョージタウンの地元のレコード屋の、アンダーグラウンド・ミュージックを扱っている数少ないオルソンズ・ブックス・アンド・レコードのハードコア・セクションにあったアルバムを買うために全部使った。シェーキーズ・ピザと庭仕事で稼いだ金は1ペニーも残らず、爆音で、速攻で、美しい原始的なアルバム・コレクション収集のために使った。大興奮で買っては、しわくちゃになったレシートと間違えていないか数えたお釣りを持って、早くターンテーブルに乗せたくて走って家に帰った。コンサート並みのボリュームでそれを繰り返し聴きながら、アートワークから、クレジットから、詳細まで熟視した。俺の母は、俺が喜ぶ音楽ならなんでも聴かせてくれたから（サタニック・デス・メタル・バンドですら）、ずいぶん寛大な女性だったと思う。

ただスクリームは、その他のバンドとは違っていた。彼らの音楽的なセンスやダイナミクスはその他のハードコア・バンドよりもずっと深く幅広くて、クラシック・ロックからメタル、スカ、また容易にレゲエなども取り入れていた。さらに重要だったのは彼らの曲が最高にキャッチーなメロディで溢れていて、それが俺の中のザ・ビートルズ・ファンを目覚めさせてくれたこと。その他のパンク・ロック・バンドは、真っ当な作曲の能力のなさを無調ノイズに変えていた。さらに、彼らのドラマーのケント・スタックスは、基本的に自然児という感じだったが、パンク・ロックのドラマーは独学が多い中で、彼はより深い知識を持っていた。さらに物凄いスピードなのに、物凄い精度でもあった。彼はドックマーティンに革ジャンを着たバディ・リッチみたいな人で、パラディドルを練習しているのはすぐに分かった。

俺は枕とマーチング・バンド用の大きいドラム・スティックで、スクリームのレコードに合わせながら、汗がベッドルームの窓に滴り落ちるくらいまで叩きまくり、ケントの稲妻の速さのドラムを可能な限り真似しようとしたけど、簡単じゃなかった。バンドにも所属してなかったし、ドラムだって持ってなかった。でも、そんなことは問題じゃなかった。目を閉じて、スクリームのドラマーになった自分を想像した。自

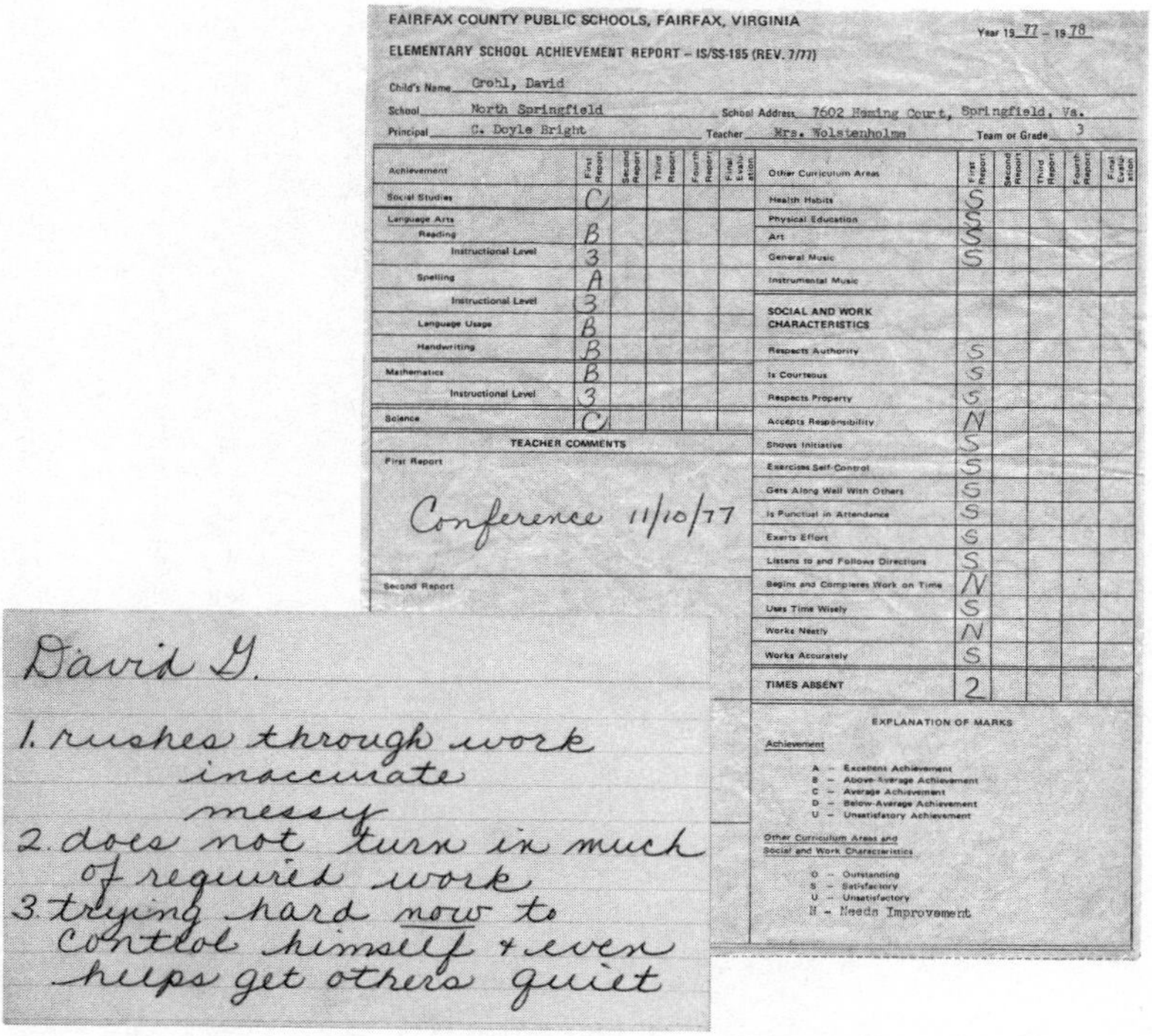
FAIRFAX COUNTY PUBLIC SCHOOLS, FAIRFAX, VIRGINIA
Year 19 77 – 19 78
ELEMENTARY SCHOOL ACHIEVEMENT REPORT – IS/SS-185 (REV. 7/77)

Child's Name Grohl, David
School North Springfield School Address 7602 Heming Court, Springfield, Va.
Principal C. Doyle Bright Teacher Mrs. Wolstenholme Team or Grade 3

Achievement	First Report	Second Report	Third Report	Fourth Report	Final Evaluation
Social Studies	C				
Language Arts					
Reading	B				
Instructional Level	3				
Spelling	A				
Instructional Level	3				
Language Usage	B				
Handwriting	B				
Mathematics	B				
Instructional Level	3				
Science	C				

Other Curriculum Areas	First Report	Second Report	Third Report	Fourth Report	Final Evaluation
Health Habits	S				
Physical Education	S				
Art	S				
General Music	S				
Instrumental Music					
SOCIAL AND WORK CHARACTERISTICS					
Respects Authority	S				
Is Courteous	S				
Respects Property	S				
Accepts Responsibility	N				
Shows Initiative	S				
Exercises Self-Control	S				
Gets Along Well With Others	S				
Is Punctual in Attendance	S				
Exerts Effort	S				
Listens to and Follows Directions	S				
Begins and Completes Work on Time	N				
Uses Time Wisely	S				
Works Neatly	N				
Works Accurately	S				
TIMES ABSENT	2				

TEACHER COMMENTS
First Report
Conference 11/10/77
Second Report

EXPLANATION OF MARKS
Achievement
A – Excellent Achievement
B – Above-Average Achievement
C – Average Achievement
D – Below-Average Achievement
U – Unsatisfactory Achievement
Other Curriculum Areas and Social and Work Characteristics
O – Outstanding
S – Satisfactory
U – Unsatisfactory
N – Needs Improvement

David G.
1. rushes through work
inaccurate
messy
2. does not turn in much
of required work
3. trying hard now to
control himself & even
helps get others quiet

分のバンドだと思って、一番好きな曲を叩きまくった。

スクリームは、高校時代に知り合った生涯の親友からなるバンドで、伝説のバッド・ブレインズがダウンタウンにある小さな会場マダムズ・オルガンで演奏したのを観て、１９７９年に結成された。その後、アメリカで最も影響力のあるパンク・バンドの一つとなった。俺よりずっと年上で、シーンの誰からも尊敬される地元のヒーローだった。俺は行けるときは必ず彼らのライブを観に行っていた。リード・シンガーのピート・スタールは、さすらいのジム・モリソンのようにステージを闊歩し、ベーシストのスキーター・トンプソンは揺るぎないタイミングでグルーブを保ち続け、ギタリストのフランツ・スタールとハーレー・ダビッドソン（そう、あのバイクと同じ名前）の二人は、目が眩《くら》むようなデュオでキレキレのリズムとソロを披露した。ちょっと病的に聞こえるかもしれないけど、俺はスクリームのギグに行くと、いつもＰＡシステムから「大変申し訳ないのですが、ドラマーの緊急事態により、今夜スクリームは演奏することができません……観客のどなたかに彼の代わりに演奏できる人がいればまた別ですが……」とアナウンスされないかと妄想したりしていた。それで俺がステージに飛び乗り、みんなを救うんだってね。子どもっぽいよな。間違いなく。でも……子どもだったから夢くらい見させてくれ。

枕叩きのアマチュア・パーカッショニストも、やがてその腕前のおかげで10×10［3×3メートル］のベッドルームから活動範囲を広げ、本当のバンドの本当のドラム・キットで演奏できるようになった。フリーク・ベイビーとか、ミッション・インポシブルとか、デイン・ブラマージュといった名前のバンドで。大好きなレコードに合わせて練習してきたトリックが、とうとう生で演奏できるようになったおかげで、俺の技術も向上し、大好きなドラマーたちの劣化版を人前で披露できるようになった。ただ、これまで枕で練習してきたから、アスリートが砂場でランニングのトレーニングをしてきたみたいなもので、本物のドラム・セットを使ったらとてつもなく不器用になり、ヘッドもシンバルも何もかも、ヤバいレベルで破壊してしまったので、修理の金額も痛すぎるくらいの高額になってしまった。おかげで崩壊したギアをいつも修理しなくてはいけなくて、近所の楽器屋の常連になり、どんなに疲れた従業員でも毎週やって来る俺の金を嬉しそうに受け取っていた。

その楽器屋の入り口に掲示板があって、フライヤーや広告がたくさん貼ってあったんだが、ある日、角に貼ってあったゼロックスコピーが目に留まった。

〝スクリームがドラマー募集。フランツ宛に電話を〟

まさか、と思った。そもそも、なぜ世界的に知られているスクリームがこのバージニア州の薄汚いフォールズ・チャーチの楽器屋でドラマーのオーディションの告知なんてしているんだろう？　さらに、彼らの素晴らしいレコードを聴けば分かるけど、ケント・スタックスみたいなドラムを叩けるドラマーなんて見つかるんだろうか？　まさかと思いながらも電話番号をメモして、電話してみようと決意した。結果がどうあれ少なくとも友達に、俺はあのフランツ・スタールと電話で話したと言えるから。当時の俺は17歳の高校生で、親友二人とデイン・ブラマージュというバンドをやっていた。だからと言って、スクリームくらい認知されたバンドに入る資格もなければ、心の準備もできてなかった。でも自慢したかったし、彼らとジャムできる機会をどうしたって見逃すわけにはいかなかった。空から舞い降りてショーを救ってやるんだと、バカげた子どもっぽいファンタジーを抱いていたから、予想もしてなかった運命の意外な展開に形になって現れたのかもしれない。だから心の底では、世界に身を委ねなくてはいけないと思っていた。

家に走って帰り、緊張しながらお母さんの机の上の電話で、まだ採点の終わってないテストを横にどかして、ダイヤルした。驚いたのはフランツが電話に出たこと。俺の想像上の履歴書（つまり嘘）を吃《ども》りながら読み上げると、彼は今バンドの練習場所がないんだと言った。俺の番号は取っておくから、バンドがジャムできるようになったらまた電話すると。俺はそれは良い兆候だと思い、連絡が来るのを待っていた。当然、そのときに重要なことをいくつか言ってなかった。中でも最も目立つ省略と言えば？　俺の年齢。車も持ってない、まだお母さんと同居中の高校2年生の17歳にバンドのオーディションをさせてくれるとは、どうしても思えなかったんだ。だから俺は野心のある若いロッカーならやることをやった。ファッキンな嘘をついて、21歳と言ったんだ。

フランツから何の連絡もないまま何週間も過ぎたから、彼が俺の電話番号をなくしたのかもしれないと思って、もう1回だけ電話してみることにした。彼のガールフレンドが電話に出て、長い間話した後に、彼に電話するように伝えておくと約束してくれた（今、歳をとって賢くなり学んだことは、ミュージシャンにしてもらいたことがあったら、ガールフレンドにお願いするのが一番だということ）。それは上手くいって、数時間のうちに彼から電話がかかってきた。時間と日にちを決めて、アーリントンの薄汚い地下室に行くことになった。

姉貴に、1971年製フォルクスワーゲン・ビートルを午後貸してくれとお願いして、俺のドラム・セットを奇跡的に全部、30人のピエロが上級者レベルのテトリスを制覇するかのように詰め込んだ。息するスペースも残ってないくらいだったし、運転している間、ギアもほとんど動かせなかったけど、でも何があってもオーディションに行かないわけはなかった。高速を猛スピードで走ってる間、あまりにも興奮して心臓は高鳴っていた。だってピート、スキーター、ハーレーと同じ部屋で、別次元のクソを見せてみんなを驚かせて、ロックンロールのファンタジーを生きることになるかもしれないんだぜ。

着いたらフランツに迎えられた。フランツしかいなかった。電話で俺のオタクっぽくて明らかに21歳じゃない声を聞いて、期待もほぼないかゼロだから、他のメンバーにはオーディションに来るのは時間の無駄だし、耐えられないから来ない方がいいと伝えたんだと思う。だから神のスクリームと一夜を過ごす俺の夢は即座に叩き壊された。それでも俺は、人生がこの瞬間にかかっていると言わんばかりに演奏した。

だって本当にそうだったから。

演奏し終わった後、驚いたことに感動したような様子で、またジャムをしに来られるか、と訊かれた。自分の耳が信じられなかった。少なくとも一次審査は通過したってことだ。まるで宝くじに当たったような気持ちになり、喜んで同意した。念入りにドラム・セットをまたビートルに詰め込んで、誇りでいっぱいに膨らんだ胸で家に向かって運転した。

次のオーディションは、全バンド・メンバーとだった。どうやらフランツはバンド・メンバーに俺は聴く価値があると言ったらしい。だから他のメンバーも来た。バンドの全曲のビートを知っていて、安いタマ・ドラムで満員のスタジアムの前にいるかのように生きる、このスプリングフィールドから来た痩せこけた名も無い子どもに興味があったようだ。ここで本当に俺は大物たちと一緒に吠えることになる。これまではレコード・スリーブか、観客として思う存分踊りながら、または大声で合唱しながらしか観てこなかった顔に囲まれていた。薄汚い地下室が、スクリームの最高のサウンドで震えていた。唯一ケントのドラムが、ネアンデルタール人並みに容赦なく叩きまくる、長年砂場で走ってきて強化されてしまったものに変わってしまっわけだけど。

そのリハーサルも再び成功に終わり、人に自慢したくてやったスクリームとのジャムが、何かもっとシリアスなものに変わり始めた。なんと満場一致で、俺が彼らが求めていたドラマーだということになったんだ。つまり俺は今、驚異的なカタログで名を馳せ、忠実なファンもたくさんいて、さらに国内だけじゃなくて、海外もツアーする確立されたバンドに加入する、現実的な機会を与えられたわけだ。俺の夢が叶おうとしていた。

俺はクロスロードに立っていた。高校に通っていても役立たずで、俺の未来は悲惨な成績表を受け取る度に、単純労働か郊外の退屈な人生に向かっていた。俺の心は全て音楽に捧げられていたし、それが俺の唯一の情熱だったから、俺の成績（と出席）は、もう引き返せないところまで来ていた。ただ母が地元の高校で愛されている先生であることを思うと、飲み込み難い事実ではあった。母の唯一の息子である俺が、行き止まりの衝突コースを駆け落ちているわけだから。良くて学校の先生に指導を受けるか、最悪なら退学だ。さらに父はと言えば、俺が立派な共和党ビジネスマンになってくれるのを夢見ていた。それは最もあり得ないシナリオで、この時点で俺が将来、国会議事堂で働くという夢は完全に諦めてくれているはずだ。でも彼は俺の父なわけで、生まれたときから彼を失望させることへの恐怖を俺に植えつけていた。

それから俺の親友たちがいるデイン・ブラマージュがあった。デイヴ・スミスとルーベン・ラディングとはもう何年も友達だし、このちっぽけな3人組のバンドは、巨大なノイズを鳴らしていた。まだツアーもしたことがなかったし、地元のファンだってそれほどいなかったけど、若いバンドなりに最善を尽くしていた。振り返ってみると、俺たちは〝生まれるのが少し早かった〟んだと思う。俺たちのサウンドは、90年代初期のアンダーグラウンド・シーンで起きた爆発にそのまま当てはまるサウンドで、パンク・ロックのエネルギーとREMやミッション・オブ・バーマ、ハスカー・ドゥのメロディをミックスしたようなサウンドだった。だけど当時の俺たちは、行き場もなく浮遊していた。

ここで人生をひっくり返して、スクリームに加入すれば、学校を辞めることになるから、公立高校の先生である母を落胆させるし、それでなくても俺を認めない父との緊迫した関係性をさらに悪化させ、親友二人と始めたバンドを辞めることも意味した。つまり俺は、何の根拠もないことと、何の保証もないことを、思い切り信じようとしていた。焦土みたいなものだった。だから長い間考え、省察してみたけど、勇気が出なかった。たぶん自分を信じきれていなかったんだと思う。だから丁寧にお断りした。お礼を言って、これまでにない速さで人生の行き止まりに向かって疾走し、人生は何事もなかったかのように続いていった。

そこから数ヶ月後に、ワシントンDCのダウンタウンにあるアンダーグラウンド・ミュージックの象徴である9：30クラブでスクリームがギグをやるという告知を見た。規定のキャパは199人で、暗くて、薄汚い場末のバーだったが、それは俺たちにとっては教会だった。何年もの間、俺は何十ものショーをそこで観たし、自分が演奏したこともあった。それで彼らのショーに行くことにした。すでに彼らを友達だと思っていたけど、でも、心の底では本当は自分が加入できたのに、単に怖いという理由で加入しなかったバンドを観たら絶対に心が痛むはずだと分かっていた。俺は変化が怖かったし、未知が怖かったし、成長するのが怖かったんだ。

客電が消えて、バンドがステージに上がると、ケント・スタックスが〈ウォーキング・バイ・マイセルフ〉の前奏で、スネア・ドラムを打ちのめすように鳴らした。それは比較的最近の曲で、ザ・ストゥージズとMC5の炎を奮起させ、ギターとヘビーなグルーブで幾重にも積み重ねていったようだった。パンパンに詰まったクラブのエネルギーと言ったら、ギチギチに巻いたコイルが弾ける直前という感じで、全バンドが一斉

に鳴らし始めたら会場はマジでファッキング爆発した……。

ヘイ、お前！
俺をよく見ろ
何がリアルで何がこのシーンで
始まったのか忘れたか
俺が言いたいのは
俺は叫んでいるのか
何かになるために？
友達みんなは
俺に背いたのか？
ここで自分だけで歩いてる
ここで自分に話しかけてる……
［スクリーム〈ウォーキング・バイ・マイセルフ〉の歌詞より］

その歌詞を大声で合唱した途端、全ての意味が分かった。こんなにカタルシスのあるものに参加しないと決めたことをすぐに後悔した。大砲で打ち上げられたみたいに心臓が口から飛び出しそうになり、その瞬間に決めた。これこそが俺の運命なんだ。これが俺のバンドなんだ。これが俺の未来なんだ。これが俺の人生なんだ、と。俺の郊外の人生にあったクロスロードの行き止まりはいきなり消えて、何の根拠もないけど思い切り信じることにした。その会場にいた２００人によるカオスと喜びの波が爆発して、俺の血管を射抜いたとき、全てを置き去りにしようと思った。

そのショーの後で、バンドに入らないなんて馬鹿な間違いだった、だからバンドに入りたいと言った。バンドが喜ぶようなことを言ったり、今度は１００％間違いないと説得したりした後で、彼らは心から俺を迎えてくれた。ケントは最近父親になったので、人生を家族に捧げることにしたんだ。つまり彼が新しい道を行くと決めたことで、俺の新しい道が開くことになった。

ここで俺は、人生をひっくり返さなくちゃいけなくなった。

もちろん俺が一番心配していたのは母だ。俺のためにあまりに多くを犠牲にしてくれた女性だ。人生の全秒を俺の幸福のために捧げてくれた人であり、俺が生まれた瞬間から俺に愛だけを見せてくれた人だ。母を絶対に失望させたくなかった。なぜなら彼女は俺の母である以外に、俺の親友でもあったから。彼女をがっかりさせるわけにはいかない。だけど今になると、母は俺に探求したり、自分で道を探したり、究極的にはその中から自分を見つけ出せる自由とともに俺を躾《しつ》けてくれた。だから彼女の信用を絶対に犠牲にしたくなかったし、いつでも彼女を尊敬し、平常心を保ってきた。だけど、俺がこんなに若くして学校を辞めてしまうとなると、彼女の心が引き裂かれるのは分かっていた。だからと言って、このままでいたら俺の心が引き裂かれることも明白だった。

彼女のデスクに行って、恥で俺は頭をもたげながら、高校を中退して世界ツアーに行きたいと言った。彼女の返事はというと?

「しっかりやりなさいよ」だった。

考えられるのは、俺みたいな落ちこぼれを25年間も教えてきたから、母は心の底では俺が大学向きじゃないと分かっていたんだと思う。それに母は俺を信じていた。俺の中に光を見出してくれて、俺の心も魂も衝動も、教室の眠くなるようなざわめきの中で黒板や教科書を見ても学ぶことはないと分かっていたんだと思う。母がいつも言っていたのは、「学校で落第するのは子どもだけじゃなくて、学校が子どもを落第させることもある」。だから彼女はこれまでのように、俺に探求する自由を、自分の道を、自分自身を見つける自由を与えてくれたんだ。

しかし、父はまた別の話だった。

校長先生のオフィスで、両側を両親に挟まれて座り、警告を受けた。父と生徒指導員から、俺の未来は貧困と絶望で希望がない人生が待っていると告げられた。彼らの目には、俺は価値のないパンクスにしか見えておらず、何も提供するものもない不良少年のネズミで、週末にガソリン・スタンドでバイトしたり、彼らが空港で次の便を待つ間にローファーを磨くくらいしかできないと思っていた。だけど俺はそこに座って、ロッキー・バルボアになった気持ちで、「ファック・ユー。お前たちが間違っていたと証明してやる」と思っていた。そのとき言われた、お気に入りの言葉と言えば？「お前はどうせお前の年の子どもがやっちゃいけないことを全部やるんだろう。タバコ吸ったりとか、コーヒーを飲んだりとか」。コーヒー？いつからコーヒーはドラッグ扱いなんだ？俺はその両方を誇りを持って認めていた。

駐車場で別々の車に向かいながら、父が俺を公式に勘当する前にもう1回ジャブをかました。「それから、ドラッグには手を出すな!!!」と叫んだんだ。それは最も身震いするような、ボブ・ドール的な俺が今日に至るまで見たこともないような、強烈な共和党支持者のような怒りの表示だった。笑うしかなかった。彼がどれだけ俺を陥れても、これ以上傷つくこともなかった。つまり、とうとう義務から免れた。それは彼の方も同じだった（確か俺が退学してすぐに父は、深緑色のプリムス・ボラーレの新車を運転していた記憶がある。つまり俺の大学用の貯金は即座に引き落とされ、この最も派手な車に浪費された計算になる)。だけど、これで糸は正式に切られ、俺は自由に飛び出せた。

しっかりやれよ、と思った。

デイン・ブラマージュの友達と言えば、えっと……彼らはムカついてた。酷い場所に彼らを置き去りにしたから。それから先何年も俺の顔が描かれた原始的なブードゥー人形が、燃え盛る何枚ものスクリームのレコードの中に突き刺さっていたと思う。だけど、俺たちは今日もまだ全員友達だから幸せだと思うし、会えるときは可能な限り会っている。俺たちの唯一のLP、『アイ・スクリーム・ナット・カミング・ダウン』は、1986年7月のメリーランド州クロフトンで激しい雷雨に襲われた最中にレコーディングされた。リズムに激しい気性が表れた、メロディの美しい作品なんだ。このアルバムを永遠に誇りに思う。俺の初めてのアルバムだからってだけじゃなくて、素晴らしくユニークな特徴のある作品で、俺たちみたいなバンドは他にはいなかったからだ。

俺の人生は完璧にひっくり返り、地元の家具屋の倉庫で仕事するようになって、派手な娯楽施設用や、リクライニングチェアなどをトラックに積んで、配達の準備をするようになった。それから、定期的にスクリームのリハーサルもやった。1987年7月25日に、この新しいバンドのラインナップでデビューする前に、何ヶ月もかけてサウンドに磨きをかけ、新曲も書いた。初のライブは、ジョンズ・ホプキンスで行われたアムネスティ・インターナショナルのチャリティ・ショーだった。ライブの後に静粛なキャンドル・ライトの行進が続き、世界の人権侵害を訴えるために、海外の大使館前を歩くことになっていた。

パフォーマンスをするのにこんなにナーバスになったこともなかった。観客の多さのみならず(12人以上集まったら俺の中ではスタジアム・ロックだった)、俺の地元のヒーローたちがたくさん来ていたからだ。マイナー・スレットから、フガジから、ライツ・オブ・スプリングのメンバーなど。みんな俺が、偉大なるケント・スタックスの巨大な穴を埋められるのか観にきていた。俺のことを、バンドに誇りに思ってもらいたかったし、俺の責任は重大だった。詰まるところ、スクリームは彼らのヒーローでもあるわけだから。

バンドは、秋のアメリカ・ツアーへ照準を合わせていた。10月開始予定だった。スクリームは、6千マイルにおよぶアメリカ一往復のツアーをこれまでに何度もしていたが、でも俺にとっては初めてで、楽器を手にした瞬間からずっと夢に見てきたことだった。街から街へ移動し、やるべきことは、毎晩観客をロックするだけなんて、話がうますぎるくらいだ。

旅の日程は、昔のグランド・ファンク・レイルロードのTシャツの背中に書かれていたような感じで、1ヶ月ちょっとの間に猛スピードで23ヶ所もショーをして、アメリカ東海岸から、中西部に渡り、ロッキー山脈を超えて、西海岸に辿り着き、南部を通って家に戻ってくるというものだった。その時点で俺が家から一番遠くまで行ったのは、壮大な家族のロード・トリップでシカゴまでだった。だからカンザス・シティとか、デモイン、サンフランシスコ、オースティン、タコマ、ロサンゼルスという街の名前をスケジュールで見ただけでぶっ飛びだったし、大喜びだった。しかもダッジのバンでの旅だったんだ。

バンなんだぜ。

歴史的に言ってバンは、若者や、A地点からB地点にだけ行ければいい、お金のないインディー・バンドが旅行するときに好まれた、最も経済的な移動方法だった。ザ・ビートルズからバッド・ブレインズまで、全てのバンドはここから出発した。または、そうするしかなかった。バンは機材を運ぶトラックでもあり、全てのバックラインのギア（アンプ数個、ギター、ドラム）が中に入るように丁寧に積まなくてはいけない。しかもこれが第二の我が家になる。ホテルの部屋がない場合は（いつもない）寝る場所となり、バックステージがないときはウォームアップする場所となる。さらに、この壮大かつ窮屈なアメリカ横断の旅を通して、バンドメイトと生涯の絆を築く場所でもあった。ただ言えるのは、人によって向き不向きがあるってこと。車輪がついたミニチュアの潜水艦で何ヶ月もサバイバルできる種の人向きなんだ。でも向いてる人なら、この経験で形成される視点は、この後、永遠に人生の指針にすらなると思う。

バンド・メンバーは5人だったから（それにプラスしてローディーもいた。俺の生涯の友人ジミー・スワンソンだ）、バンの全平方インチを完璧に埋める規則正しい方法を取得していた。スクリームはＤＩＹ法においては、まったくのベテランだったから、車内に全ての人間と機材を全部詰め込むように配置できたが、真剣な設計が要求されたし（リード・シンガー、ピート・スタールのおかげだった）、何度かハードウェア・ストアにも行った。設計には、２×４［71×１４２センチ］のプラットフォームの制作とベニヤ板を要した。これが寝る場所となり、その下には全ギアが問題なく収まった。これは魅力的な設定とは言えなかったが、効果的かつ機能的ではあった。このプラットフォームの下にギアをいかに完璧に配列すればいいのか把握したら、その慎重に計算されたパズルから逸脱することは絶対にありえなかった。それに従わないと絶対に入らなかったんだ。このツアーは30年も前のことだったけど、俺は今でも消防署から出動するくらいの速さと効率で、あの古い錆びついたバケツをどう積み込めばいいのか鮮明に思い出せる。

そして、とうとうアメリカ横断の旅に乗り出す日が来た。バンが何ヶ月もリハーサルした古いベイリーズ・クロスローズにあった家の前の車道に停まっていた。メンバーが一人一人ダッフルバッグと寝袋を持って現れた。出発の準備は万端だった。俺は一番若いメンバーで、しかも、みんなより10歳くらい年下で、さらにこれが初のツアーだったから、まだ青いなんてものではなかった。「よう！」。みんながバンに乗り込んでいるときに前座席に座るハーレーが俺に向かって吠えた。「自分の物を取って渡してくれって、俺に10秒ごとに頼むなよ、分かったか？」。ケン・キージーの〝ファーザー（FURTHUR）号〟［全米アシッド・テストと呼ばれるLSCを広めるツアーをしたサイケデリックなバスの名前］は、一瞬にして『地獄の黙示録』で川をパトロールするボートへと変貌した。しかも、このクソ車道からまだ出てもないって言うのに。ファック。

そのとき、面接では実はまだ21歳じゃなくて、18歳だったとうっかり言ってしまった。フランツと最初に電話で話したとき、年齢を偽ったことを忘れていたんだ。他のメンバーは、俺を見てショックを受けていたけど、そのときすでに小さい地下室で汗だらけになって練習したおかげで、バンドは全て順調なロックンロール・マシーンと化していたから、俺が若いからって今さら変わることはなかった。もうここから引き返すことはない。俺の嘘の唯一の問題は、ライブ会場のバーの中に俺が法的に入れない場合があったこと。基本、黙っていることにして、誰かに見つけられた場合は、演奏の時間になるまでバンの中で辛抱強く待っていた。時間が来たらステージに飛び乗り、会場の屋根をぶっ壊すくらいの勢いで演奏し、ショーが終わったら汗だくのまま速攻でバンに戻った。

汗臭いイワシの缶詰みたいに、ギシギシ音がして揺れるプラットフォームの上に並んで、カビ臭い寝袋に入ってみんなで横になった。本を読んだり、音楽を聴いたり、笑ったり、オナラをしたり、長い道のりの時間を潰すためならなんでもやった。あんなに長い間、あんなに狭い場所に、あんなにたくさんの人たちと閉じ込められていると、ステージにいる短い時間があまりに尊く思えるようになっていた。おかげで準備ができて、プラグを入れたら、とにかくファッキング爆発したいと思ったんだ。楽器に、原始的かつ突発的に怒りをぶつけて演奏し、あっという間だったと思えたら、怒りも、苛立ちも、ホームシックも、憂鬱も消え失せてしまった。しかも爆音のロックンロールを演奏できれば、それ以上最高のこともない。

ツアーが始まってから間もなくして、ニューヨークのCBGBを訪れた。ニューヨークにはそれまで家族旅行で一度しか行ったことがなかったけど、そのために母は女子サッカーチーム二軍コーチの仕事もして、400ドルを貯金した（割引券で奇跡の食べ放題ビュッフェにもありつけた）。また行けると思うと興奮で湯気が出たし、しかも他でもない伝説のCBGBだなんて！　そこはパンク・ロックのグラウンド・ゼロで、俺の青春時代のサウンドトラックの中心地だった。そこに間もなく、俺が自分で立ち、若いパンクスに道を切り開いてくれた亡霊たちに、思いっきり演奏することになるなんて——ラモーンズに、ザ・クランプス、トーキング・ヘッズ、テレヴィジョン、パティ・スミス、バッド・ブレインズ。そこは神聖なる場所で、俺がここに辿り着けたことは、人生でも最も偉大な功績だった。

到着すると、入り口の上にある、あのアイコニックなオーニング［雨よけ］を見て大興奮した。その美しさ、雨風に晒され、長年のボワリー地区の汚さで朽ち果てていたから、それだけで圧倒された。それは、これまで何年も白黒の写真で見てきた通りだった。パンクな観衆がすでに道に集まっていて、なんと都合が良いことに（また信じられないことに）クラブの真ん前に駐車できた。車を停めた途端、煙の中で何時間も監禁されていたから、ジェフ・スピコーリ［映画『初体験／リッジモンド・ハイ』でショーン・ペンが演じた役］並みにバンから道に飛び出した。そこで、かの有名なハーレー・フラナガンに迎えられた。彼はニューヨークでも最も悪名高きクロ・マグスのベーシストだ。俺はスターを前にしてミーハーな気分になってしまった。『ジ・エイジ・オブ・クオーラル』は、パンク・レコードの中でも俺が好きな10枚に入る作品だったから。

彼はパンク・ロッカーの中でも史上最高と言える強面で、この人を怒らせせちゃいけないっていうのはひと目で明らかだった。絶対に。しかも、彼は彼と同じくらい獰猛《どうもう》なピットブルを鎖につなげて連れていた。その二つの強面が一緒にいるわけだから、俺は距離を置くことにした。ただ彼がスキーターとピートを見つけた途端、昔からの友達との再会に、みんな笑顔になって、握手して、お互いに敬意を表していた。俺も紹介してもらったが、絶対にザ・ビートルズのコンサートに来た女学生みたいだったと思う。ロ、ロ、ロック・ス、ス、スターに会ったわけだから。俺たちは、ハーレーをギグにも招待したけど、断られた。犬を置いておく場所がないという理由で。なので、演奏している間、犬を会場の真ん前に停めた俺たちのバンに置いていいですよ、と言った。それで問題解決。その日の午後の出番に合わせて、ギアの準備をした。

すでに会場は満員になり、俺たちの開始を待っていたから、緊張しながらドラムの準備をしていたら、どんなに必死に探しても、ドラムのキー（チューニングしたり、ネジを締めたり、調整したりするのにドラムの至るところで使う最重要の道具）が見つからなくて、バンの中に忘れたと気付いた。そこでピートに、「あのさ！　ちょっとバンの鍵を貸してくれ」と叫んだ。ステージから鍵の束を投げ、あと5分で始まるぞ、と言われた。俺は閃光の速さで、観客を肘で押してかき分け、入り口まで行き、入り口前に停めてあったバンに辿り着いた。時限爆弾を止めるかのような気持ちで車の鍵を探して、鍵穴に入れ、鍵を回して、扉のハンドルをつかみ、開けようとした瞬間、「グウウウウウウウウウウウウウウウウウウ!!!」と悪魔のように殺気立ったピットブルが窓全面で殺人的な怒りを爆発させていたので、クソを漏らしそうになった。ファック！　もうクラブは満員で俺たちのステージが始まるのを今か今かと待っている。俺と、あのファッキング・ドラム・キーの間にあるのは、恐るべき50パウンドの筋肉と歯の塊だけ。ハーレーを見つけなくちゃいけない、しかも速攻で。クラブに走って戻り、暗い会場の中で、あの忘れがたい冷笑を注意深く見回して、彼を見つけ、助けてほしいとお願いした。ハーレーが隣に来てバンのドアを開けると、そこで迎えてくれたのは地獄から来た悪魔の犬ではなくて、親友に会えて大喜びで尻尾を振るかわいらしい子犬で、キャンキャン鳴いて、彼の顔をペロペロ舐めていた。キーを見つけたので、もう一度鍵を締めて、ステージに戻って、なんとかCBGBを打ちのめす時間に間に合った。ハーレー・フラナガンが見つからなかったら、ショーができなかったばかりか、今俺の鼻か唇はなくなっていたと思う。

次は中西部のショーで、向かったのはシカゴとデトロイトだった。シカゴは当然もう知らない街じゃなかったが、デトロイトはどこかエキゾチックな街だと思っていて、未知の領域だった。もちろん、ご存知のように音楽の豊かな歴史がある土地だが、みんなが知らないかもしれないのは、俺が初めて行く前の2年間は、アメリカの最多殺人都市だったということ（匹敵するのはワシントンDCだけだった）。だから安全なバンの中から外を見る以外は、あまり観光もできなかった。デトロイトはアメリカでも最も治安の悪い場所だっただけではなくて、アメリカでも最も荒いバンドの出身地でもあった。MC5とザ・ストゥージズ、両バンドの出身地なのも偶然じゃない。その晩のギグは、地元ヒーローであるラフィング・ハイエナズと一緒で(ミシガン州の)ハムトラムクにあるバー、ペイチェックスで行われた。そこは主にポーランド系移民の区域で、デトロイトの中心地から約5マイル[約8キロ]のところにあった。ハイエナズは、彼らの出身地のごとく不快で卑劣なサウンドを鳴らし、彼らの後に続くのは難しかったが、彼ら自身は優しい人柄で、ショーが終わったらアナーバーにある彼らのシェアハウスに泊まらせてくれると言った。それは、デトロイトから西へ1時間くらいの場所にあったが、俺たちが向かっている方向でもあり、彼らの寛大な申し出を受け入れることにした。

街を後にしながら、俺は至福状態だったが、出発前にガソリンを満タンにするために、荒れ果てて銃弾が多数撃ち込まれた跡があるガソリン・スタンドに停まった。俺は、その夜も俺のハードコア・ヒーローの一人、ラフィング・ハイエナズのリード・シンガー、ジョン・ブラノンに会えた。かつて彼は俺が大好きなデトロイトのバンド、ネガティヴ・アプローチのシンガーでもあった。俺はパンク・ロックの夢を生きていた。レコード・コレクションで見た顔と対面しただけじゃなくて、彼らのシェアハウスの床で眠れるんだから。

到着した途端にパーティーは始まり、みんな猛烈に飲み始め(その他のことも)リビング・ルームの小さいスクリーンではスーパー8で撮影した映画を観ていた。俺はショーで疲弊していたので、早めに退散し、前に停めてあったバンでゆっくりして、一晩中この恐怖の巣窟で寝つけないでいる代わりに、静かなところでぐっすり眠ることにした。誰かがバンで眠るのは常識だった。と言うのも、たとえ幸運にも家に泊めてくれる人がいても、誰かが車を壊して中に入り、全機材を盗む可能性が必ずあったからだ。つまり、家からはるか彼方まで来て無一文で身動きが取れなくなる可能性もあるってこと。だから、俺は自分の命をかけて俺たちの生計手段を守るのを買って出たというわけだ。バンに着いたら、Kマートで買った寝袋の心地良さですぐ寝てしまった。

それから何時間かして、バンが高速をガタガタと音を鳴らしながら走っているのに気付いた。混乱して、寝袋から起きて見渡すと、ピートだけが静かに車を運転していた。街灯を通り過ぎるたびに彼の顔にシルエットが映った。「ねえ、みんなは？　どこに向かってるの？」。目を擦って眠気を覚ましながらガラガラの声で言った。彼一流の南部的なゆっくりした話し方で、ピートが俺を見て言った。「奇跡を信じるか？」。西に向かう旅を始める前、ガソリンを満タンにしたときに、ピートは〝小銭バッグ〟（バンドの全所持金約900ドルが入った小さいバッグ）を街の中で最悪の場所にあった、荒れ果てて銃弾が多数撃ち込まれたガソリン・スタンドのガソリン給油機の上に置いてきてしまったのだ。忘れたことに気付き、もしかしたらまだそこにあるかもしれないとバンに飛び乗って、デトロイトに最高速度で引き返したんだ。

小銭バッグは奇跡的に残っていたので、ツアーは続けられた。徐々に分かっていったのは、この全てが崩壊する可能性がいつだってあったこと。俺が目標とするように言われてきた郊外生活の安定というのは、すでに過去のものとなり、この新たな自由のスリルとミステリーこそが俺にはぴったりだと思った。

いくつものライブをやった後、ミシシッピ川を越えた。俺は家からこんなに遠く離れたことがなかった。このトラック・ストップと料金所の新しい生活にも、かなり居心地良く慣れ始めた。アメリカを本当に見たかったら、隅々までドライブしなくちゃいけないと思う。この美しい国の広大さや、それぞれの州の風土や地形の変化が分かるから。**教室の照明の下で、古い教科書を見ているだけでは絶対に学べないものだ。アメリカの真価を確認するためには、自分の目で見て、聞いて、感じなくちゃいけない。**この旅で俺が得た教育は、俺が落ちたどんな数学や生物のテストよりも価値があり、社会的なサバイバル術を学べた。それは今日の俺も頼りにしているものだ（例えば、いつ話してよくて、いつ黙っておくべきなのか知ることなど）。

生涯の夢をとうとう追いかける自由を得たので、俺を行かせてくれた母の決断が正しかったと安心させてあげようと、母にときどき電話した。何千マイルも離れてはいたが、母を誰より近くに感じていたし、彼女が俺にやらせてくれた賭けは報われたと知らせてあげたかった。

西海岸に向かって蛇行しながらも急いで進んで行ったので、カンザス・シティ、ボルダー、ソルト・レイク・シティなどの都市はあっという間に通り過ぎてしまった。ビールの缶の跡と熱いステージを後にしながら。数週間のうちに、寒くて霧雨で常緑樹がそびえ立つ、太平洋岸北西部へ到着し、タコマのコミュニティ・ワールド・シアターに向かった。そこで若手バンド、ディドリー・スクワットと演奏することになっていた。良い名前だ。しかもベース・プレイヤーがさらに良かった。その人とは、それから何年後かに、俺とバンドを一緒に組むことになる。そう。フー・ファイターズのベーシストのネイト・メンデルで、彼は俺同様ティーネイジャーのパンクスだったんだ。お互いちゃんと挨拶はしなかったけど、何度か偶然同じ場所にいた。そういうことって起きるもので、だから世界に流れを任せておくべきなんだ。マジで会えて感謝している。

実は、太平洋岸北西部は、最初あまり好きになれなかった。これでも控え目に言っている方なんだ。いつも低く垂れ込める灰色の雲は重苦しい毛布みたいだったし、しかもそれが秋になると太陽を完全に遮断するから、エネルギーは吸い取られるし、俺の気分も滅入った。言うまでもなく、〝タコマの香り〟は、街の製紙工場から出ているもので、茹でたブロッコリーのおならと犬の糞のようなほのかな香りがして、それが風向きによっては街中に漂っていた。なんて素敵なんだ。こんなに落ち込むような場所になぜ永住できる人がいるのかというのは、俺の知ったことではないが、それでも俺がこれまで知らなかった国の一角なわけで……ただし、一つ確かだったのは、西に行けば行くほど、ウィードの質が良くなっていったこと。夕暮れから夜明けにかけての俺のストーナーとしてのキャリアは、最高頂だった。持ってれば吸っていたし、持ってなければ探していた。これがツアー中、人生最大の挑戦だった。1日の生活費7・5ドルの使い道を考えなくちゃいけなかったし（タバコ、タコベル、ウィード）、いつだって誰が持ってて誰が持ってないのかを見極めるパーティー探知機の鋭い勘が肝心だった。ジミーと俺は、いつも目を光らせて探していた。スレイヤーのパッチをレザージャケットの背中につけている痩せこけたメタル・ヘッドとか、気難しそうなヒッピー・パンクでドレッド・ロックスをニット帽に入れ込んで、ギグの辺りをうろついている奴とか。稀に手に入れると、走ってバンに戻り、芽をしっかり観察しては、地元で吸っていた茶色で汚れたウィードよりもどれだけ質が良いかと驚きまくった。ショーの直前に吸っては、ジョージアの松の木の高さ2本分くらいハイになった。

そして、とうとうカリフォルニアに向かうときが来た。まさかカリフォルニアをこの目で見る日が来るなんて、夢にすら思っていなかった。俺の牧歌的な地元から2670マイル［約4297キロ］離れたところにあるハリウッドのサインの前に立つなんて、冥王星に旗を立てるのと同じだった。計り知れない。アメリカでも最もグラマーなその州について知っていたことは、テレビや映画で見たことくらいだったから、警察はみんなヴィレッジ・ピープルみたいなんだろうと思っていたし、子どもたちはみんな『がんばれ！ベアーズ』みたいなんだと思っていたし、女性はみんな『チャーリーズ・エンジェル』みたいなんだと思っていた（その予想は正しかった）。

次のショーまで5日間あったので、のんびり過ごすために、サンタクルーズに向かった。そこもコーリー・ハイムが出演したバンパイア映画の傑作『ロストボーイ』が撮影された場所であるという以外は、何も知らない街だった。スクリームは、サンタクルーズのバンド、ブラストと何年も前から親しくなり、みんなアンダーグラウンドのネットワーク・コミュニティの住人だったから、サンフランシスコの次のショーまで、なんと優しいことに泊まらせてくれることになった。そこまで車で800マイル［約1287キロ］は殺人的だったけど、そこまでの風景は、閉所恐怖症的な状況から救ってくれた。旧式な山道の太平洋海岸山脈を通り抜けた後、パシフィック・コースト・ハイウェイに到達すると、海岸沿いの絶壁に大波が砕けたかのような巨大なセコイアメスギを通り抜ける。その景色は、神聖な気持ちにすらなるくらいだった。ここまでの長くて辛い何週間かと何千マイルも、こんなふうに自然の美に発展していくのをこの目で見られて、報われたと思った。なんて幸運なんだと思ったし、生きてると実感できたし、そして自由だと思えた。

街に近づいたところで、公衆電話に立ち寄り、俺たちを迎えてくれるブラストのメンバーを持って帰ってきた。スティーヴ・アイルズにピートが連絡して、到着時間を伝えると、バンに素敵なニュースを持って帰ってきた。スティーヴの母のシェリが、盛大なパスタのディナーを作ってくれて、これから4日間、ビーチすぐそばの彼らのキャビンに泊まらせてくれるというのだ。それはもうツアーではなくて、クラブメッド［贅沢な旅行施設］みたいなものだった。グロッサリーストアで、シェリに花束とワインを買うと、大急ぎで新しい宿泊先に向かった。バンの窮屈な生活から解放され、王様のような饗宴をする準備は万端だった。

家族のように出迎えられ、巨大なパスタをすぐさむさぼっていると、質も最高のマリファナの見たこともない巨大なジョイントが食卓を囲んで回された。濃い甘い煙を漂わせ、酔っ払いながらツアー中の出来事を話したりした。驚いたのはシェリも吸っていたってこと！　これぞカリフォルニアだ。俺の母もクールだと思っていたけど、でもシェリは、こんな宿無しで汚らしいパンク・ロッカーを迎え入れてくれて、食事を与えてくれて、一緒に吸って、暖かい寝床を提供してくれるなんて、聖人並みのチャリティとしか言いようがない。こんな無私無欲な行為って、これまで出会ったことがない。俺は緩い笑顔と満腹のお腹のまま寝袋で寝落ちした。

翌日、シェリは去ることになっていて、残りものは冷蔵庫に入っているし、ウィードは食器棚にあるからと言い残した。ジミーと俺は目を見合わせて、食器棚に一直線に向かった。そこには、『ハイ・タイムズ』

［マリファナ専門誌］の見開きでしか見たことがないようなウィードが、巨大なメイソンジャーにパンパンに詰まっていた。ふさふさしてキラキラ輝く大麻をつかんで、ガラージで見つけたベスパみたいなスクーターに乗って、ビーチへ向かった。そこで出会ったのは……太平洋だった。砂浜を歩き、波打ち際の岸まで行って、勢いよくやって来る凍るように冷たい水に足をつけては、水平線に太陽が沈むのを眺めた。ここまで来たんだ。**一つの海からもう一つの海まで、国を横断した。全ては他でもない音楽への愛とサバイバルするんだという意志のおかげだ。**

もちろん、これ以上に最高のことなんてなかった。

もちろん、あなたの犬になりたい！

SURE, I WANNA BE YOUR DOG!

1990年6月22日、カナダ、トロント。天気の良い午後〝6〟にて。スクリームは、頼りにする（しかし悪臭漂う）ダッジ製ワゴン車で、再び北米ツアーを開始する。始めに国境を越えたカナダで短いツアーがあって、俺が世界でも一番好きな2都市、モントリオールとトロントに行くことになっていた。

この何年かで、スクリームは、少ないながらも忠実なファンベースがカナダに出来ていた。素晴らしい友達の輪も広がり、行く度に、ロフトやアパートに泊めてもらうなど親切にしてもらった（しかも当時の俺たちの宿泊状況よりも断然居心地も良かった）。18歳で初めてツアーして以来、カナダに行くのは大好きだった。ハシシは良質だし、女の子はかわいいし、ライブもいつだってワイルドだったし、次の会場に問題なく行けるくらいは、お金を払ってくれる観客もいた。だけど、何よりあそこまで行く価値があると思えたのは、ライブ後のカナダの友達とのパーティーがずば抜けて最高だったからだ。ぶっちゃけカナダ人は、ファッキング最高だ。めちゃリラックスしているし、人間的に本物だし、マジ面白い。カナダで街を1ブロック歩けば、誰だって友達ができる。俺たちはいつでも変わり者集団の家族の一員のように歓迎されて、燻製肉のサンドイッチとかプーティン［カナダ料理］を探して真夜中をとっくにすぎたモントリオールを酔っ払って歩いたり、ハイになって『ナイト・ライド』（ちなみに『ナイト・ライド』は、今でも俺が一番好きなテレビ番組の一つで、車のダッシュボードにカメラを設置して、ジャズのフリューゲルホルンを流しながら、文字通り1時間夜の街を走り回る番組。笑っちゃうのがジャンルに〝スロー・テレビジョン〟と書かれているんだ

SCREAM

SCREAM

Spring Tour, 1989

March 31...Richmond, VA
April 4....Columbia, S.C.
5....Orlando, Fla.
6....Tallahassee
7....Miami
8....Gainesville
9....Atlanta, GA
10
11
12...Hattiesburg, Miss
13...Memphis, Tenn.
14...Fayetteville, Ark.
15...Little Rock
16...New Orleans, LA
17.
18.
19...Austin, TX
20...Houston
21...Dallas
22...Tulsa, OK
23...Oklahoma City
24...
25...Albuquerque, N.M.
26...Las Crusas
27...Tuscon, Ariz.
28...Phoenix
29...Los Angeles, Calif.
30...SanFrancisco
May 2....L.A.
3....L.A.
4...LasVegas, NE
5...Salt Lake City
6...Berkley, CA
7...
8
9...Chico
10...Arcadia
11...University of Oregon
12...Portland
13. .Seattle, WA
14...Vancouver

が、ちょっと吸って飲んで見たら、シュールリアルで、抽象的な瞑想みたいになる。刑務所の収容者の間でめちゃ人気……らしい）を日が昇るまで見たり、最高じゃなかった試しがない。

トロントにあるライブ会場の中でも、クイーン・ストリート・ウェストのザ・リボリは、街でも一番クールなクラブだった。アングラのツアー仲間の間では、一番イケてるバンドがライブをする会場として知られていて、キャパは250人だったから、ロイヤル・アルバート・ホールというわけにはいかないけど、俺たちみたいなバンドにはぴったりだった。いざライブが始まれば、何十倍もの攻撃力で間違いなくライブ会場をぶっ飛ばせた。

早い時間帯のサウンド・チェックに合わせ、機材を会場に入れて、小さいステージに楽器を出していたら、バーテンダーが、イギー・ポップの新作『ブリック・バイ・ブリック』のプロモ・ポスターを、ベタベタでニコチンのシミだらけの壁中に貼り付けていた。何か変だな、とは思いつつ俺たちのギグには関係なかったから、電源を入れ、エネルギー満タンのパンク・ロックンロールをかき鳴らし、PAやモニターのレベルを調整して、夜のライブにむけて準備を万端に整えた。当時のツアー・スタッフは、バリー・トーマス（もろカナダ人）というローディーが一人だけで、サウンド・エンジニアも照明エンジニアもいなくてバンド4人とバリーだけだったから、機材の配線は俺たちバンドのメンバーでやっていた。通常、ライブ開始は夜遅い時間だったから、サウンド・チェックは、午後の遅い時間の開場直前にやるものだが、どういうわけかこの日、ライブは午後9時からだったのに、普通よりやたら早い昼の12時に来るように言われた。普通じゃないけど、言われるままに従った。ドラムのチューニングをしていたら、イギーのポスターがさらにどんどん壁に貼られていって、これは絶対に何かあると密かに思い、手を休めてバーテンダーに訊いてみた。「ねえ、なんでこんなにポスターを貼ってるの？」

「イギーが君たちのライブの前に、ここでレコードのリリース・パーティーをするんだ」と、しらっと答え

This 1936 Studebaker bowling pin car was created by a Cleveland, OH, proprietor. National Bowling Hall of Fame & Museum, St. Louis, MO

HOWDY MOM – JUST HANGIN OUT AT THE BOWLING HALL OF FAME, EATING HOT DOGS AND BUYING T-SHIRTS. WE PULLED INTO ST. LOUIS AROUND 11:00 LAST NIGHT AFTER DRIVING FOR ALMOST 12 HOURS. THIS IS WHERE JENNIFER AND I SORT OF BECAME AN ITEM, SO ITS OUR LITTLE WALK DOWN MEMORY LANE. TODAY WE DRIVE TO OKLAHOMA CITY, PROBABLY ANOTHER 10-12 HOUR DRIVE. I'LL CALL YOU THIS WEEKEND.

XXXX OOOOO
XXXX OOOOO
LOVE
DAVID

#3041 Art Grossmann Photo © 1989

POST CARD

HOUSE OF MOM

USA 29
I pledge allegiance...

0 277315 5

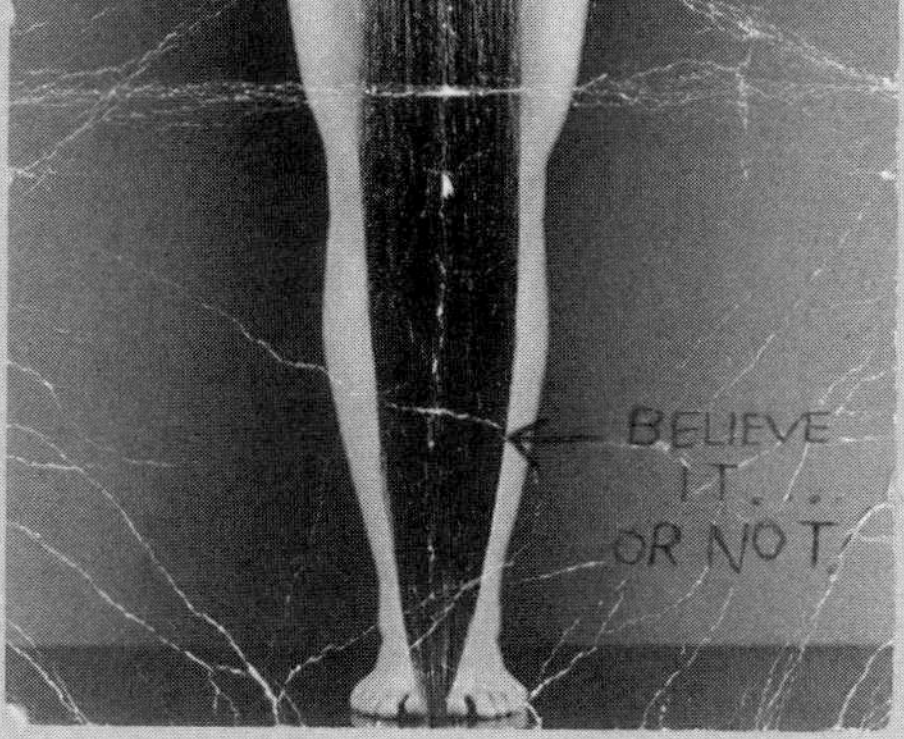

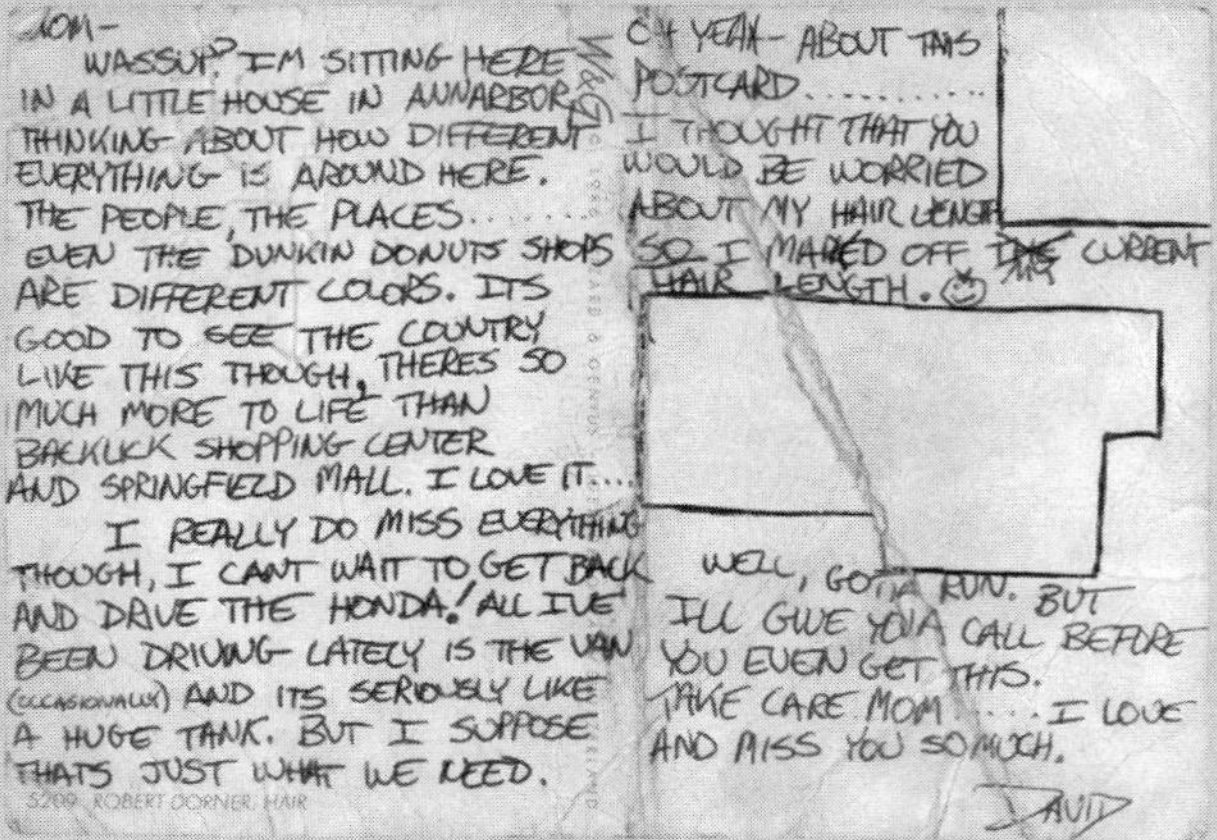
MOM-
WASSUP? I'M SITTING HERE IN A LITTLE HOUSE IN ANNARBOR THINKING ABOUT HOW DIFFERENT EVERYTHING IS AROUND HERE. THE PEOPLE, THE PLACES........ EVEN THE DUNKIN DONUTS SHOPS ARE DIFFERENT COLORS. ITS GOOD TO SEE THE COUNTRY LIKE THIS THOUGH, THERES SO MUCH MORE TO LIFE THAN BAILEYS SHOPPING CENTER AND SPRINGFIELD MALL. I LOVE IT....

I REALLY DO MISS EVERYTHING THOUGH, I CANT WAIT TO GET BACK AND DRIVE THE HONDA! ALL IVE BEEN DRIVING LATELY IS THE VAN (OCCASIONALLY) AND ITS SERIOUSLY LIKE A HUGE TANK. BUT I SUPPOSE THATS JUST WHAT WE NEED.

OH YEAH- ABOUT THIS POSTCARD..........
I THOUGHT THAT YOU WOULD BE WORRIED ABOUT MY HAIR LENGTH SO I MARKED OFF ~~THE~~ MY CURRENT HAIR LENGTH.

WELL, GOTTA RUN. BUT I'LL GIVE YOU A CALL BEFORE YOU EVEN GET THIS.
TAKE CARE MOM.....I LOVE AND MISS YOU SO MUCH.

DAVID

5209 ROBERT DORNER, HAIR

た。「それからパフォーマンスも」

俺の頭はマジでぶっ飛んだ。これは音楽の運命の神様が恵んでくれた奇跡だ！　いるべき場所にいるべきときにいた、とはこのこと！　間もなくパンクのゴッドファーザーであるイギー〝ファッキング〟ポップと、この薄汚れた小さな場所に一緒にいることになる！　元ジェームス・ニューウェル・オスターバーグ・Jr.と名乗ったこのアーティスト、この人こそ俺たちが今パンク・ロックと呼ぶもののアダムであるばかりかイブでもあり、彼はこのちっぽけなクラブを間もなく音楽のエデンの園に変えてくれるだろう！　〝生ける伝説〟なんて言葉では彼の重要性や意味はこれっぽちも語り尽くせない。だって、ファッキング・ステージ・ダイブを発明した人なんだぜ。それ以上ってないだろう！

「でも君たちには、サウンド・チェックが終わったら出て行ってもらう。レコード会社の人たちのみだから」

その瞬間、音楽のエニグマに会えるという夢は破壊された。懸命にお願いし、訴え、何千人ものザ・キュアーのファンのように涙を堪えながら脳味噌を猛烈に酷使して、俺たちがここにいなくちゃいけないありとあらゆる理由を考えてみた。

「え、だけど、だけど……機材はどうしよう？　誰かに盗まれないように見張らないといけない！」と、なんとか居残れないか言うだけ言ってみた。しかし「機材は大丈夫だ」と言われてしまった。「レコード会社関係の人たちしか来ないから」

失望で撃沈し、サウンド・チェックを終えたら、裏道に停めた古くて錆びた入れ物に退散。傷を舐めながら、大企業、メジャー・レーベルのレコード・リリース・パーティーを燃え上がる地獄の穴へと罵り落とした。一生に一度の経験から追放され、ピュアなハートブレイクと拒絶を味わった。これに匹敵する体験と言えば、高校のシニアのホームカミング・ダンスでフラれたときくらいだ（しかも船上でやったたから、岸に戻るまで何時間も十代の煉獄とでも言うべき場所に閉じ込められていた）。１９９０年に、〝ＦＯＭＯ［見逃すことの恐れ」〟という言葉があったなら、それはまさにこの瞬間のこと。俺たちは、そこから酒を探して街をぶらつくか、ピザを食ったりラジオを聴いたりしながらファッキング9時間も車の中に座ってるくらいしかやることがなかったが、前の晩から二日酔い気味だったので後者を選んだ。

車の中でのんびりし始めてから間もなく、黒のストレッチ・リムジンが現れた。ロックンロールのシークレット・サービスが到着したかのように、密かに裏道につけて停まり、トランクが開いたと同時にクラブの入り口も開き、運転手が持ってきた貴重な荷物を、セキュリティ・ガードがまるで現大統領に仕えるように詳細まで気を使った動きで、受け取るのを待っていた。俺たちはホームレス・シェルターかのような車の窓から覗き込み、ヒーローを生で見たい一心で大興奮して首を伸ばした。そこへ、そこへ、ダニエル〔『ダニエル書』は旧約聖書の一つで、キリスト教では『予言書』〕が見た幻の天使かのように……彼が現れた。俺たちの車が駐車しているところから、目と鼻の先で、彼が車から姿を現したんだ。古びたジーンズとTシャツ姿の5フィート7インチ〔約170センチ〕のロックの貴族がその全身を現したかと思うと、車のトランクからギター・ケースをつかみ、すぐに中に入っていった。

それは俺の人生で正真正銘のロック・スターに最も近づいた瞬間だった。彼の作品を何年も研究してきたから、彼の美しくも歪んだイメージは、脳味噌に焼きついていたが、今目の前にあるものは平面のアルバム・ジャケットとは違うし、ベッドルームに飾ったポスターでもなくて、生きて息をするクールを体現した生身の姿だった。しかし、あっけなく彼が中に入った瞬間、バックステージのドアは閉まってしまった。

俺は、これまでも生身の人間との交流から生まれる感動について何度も語ってきたが、それはとりわけ一次元のバーチャルな体験を三次元の実体ある経験にしてくれるライブ・ミュージックにこそ当てはまると思ってきた。というのも、究極的にはライブ・ミュージックこそが人生とはリアルなものであり、俺たちは一人じゃないんだと確信させてくれるものだから。だから、自分が子どもの頃から聴いてきて、アルバム・ジ

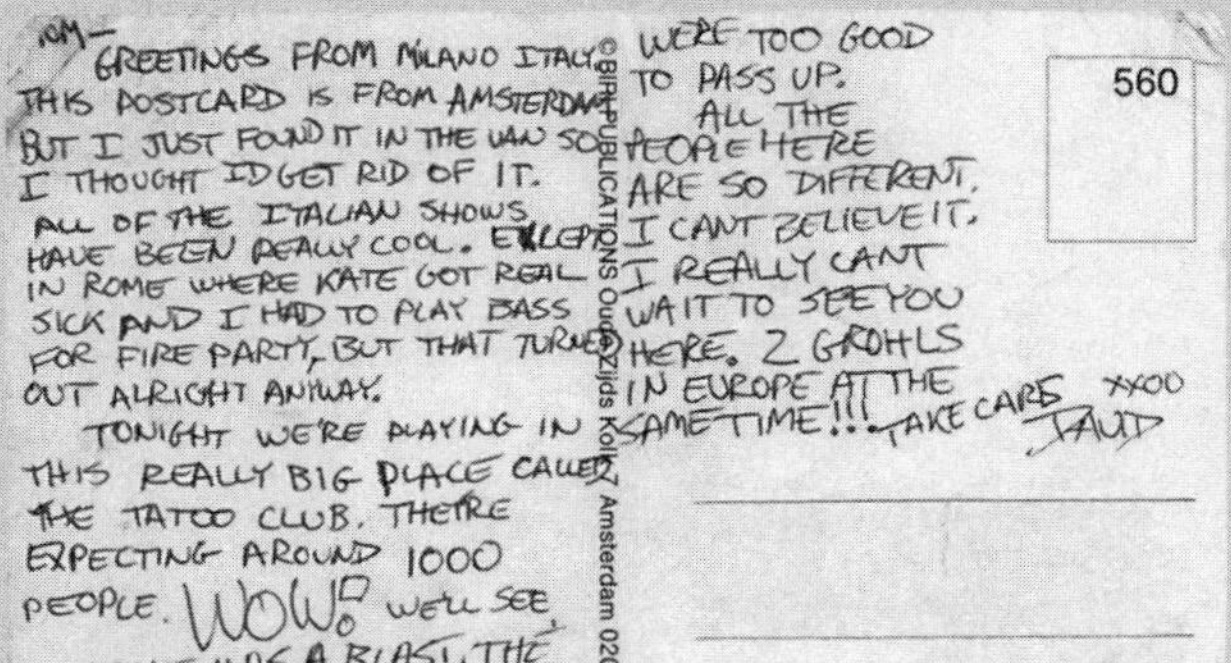
OM—
GREETINGS FROM MILANO ITALY.
THIS POSTCARD IS FROM AMSTERDAM
BUT I JUST FOUND IT IN THE VAN SO
I THOUGHT ID GET RID OF IT.
ALL OF THE ITALIAN SHOWS
HAVE BEEN REALLY COOL. EXCEPT
IN ROME WHERE KATE GOT REAL
SICK AND I HAD TO PLAY BASS
FOR FIRE PARTY, BUT THAT TURNED
OUT ALRIGHT ANYWAY.
TONIGHT WE'RE PLAYING IN
THIS REALLY BIG PLACE CALLED
THE TATOO CLUB. THEYRE
EXPECTING AROUND 1000
PEOPLE. WOW! WE'LL SEE
FRANCE WAS A BLAST, THE
LITTLE TOWNS WERE SO
BEAUTIFUL AND
ALL THE BAKERIES
WERE TOO GOOD
TO PASS UP.
ALL THE
PEOPLE HERE
ARE SO DIFFERENT.
I CANT BELIEVE IT.
I REALLY CANT
WAIT TO SEE YOU
HERE. 2 GROHLS
IN EUROPE AT THE
SAMETIME!!! TAKE CARE XXOO
DAVID

560

© BIP PUBLICATIONS Oudezijds Kolk 7, Amsterdam 020 - 226773

©Charles Hoogendijk
Acht/Eight 1962

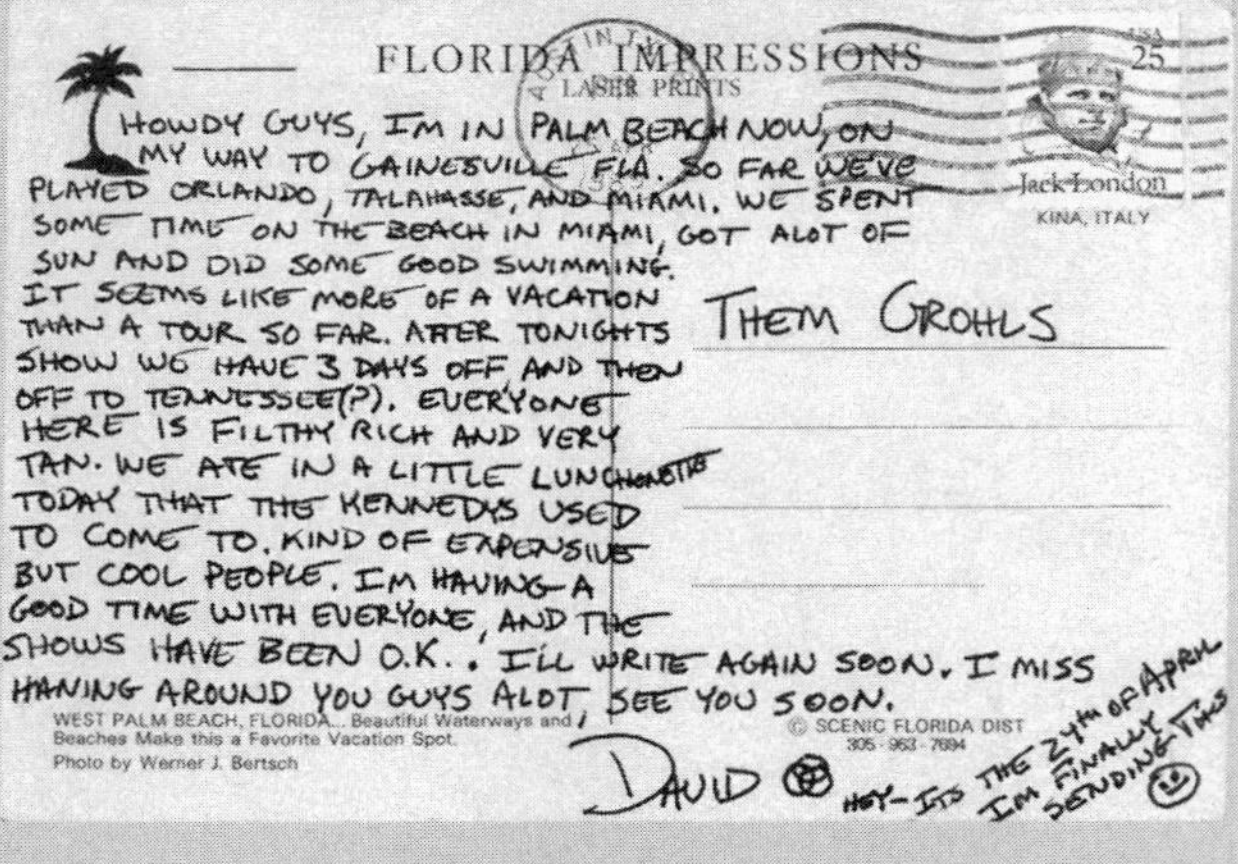

FLORIDA IMPRESSIONS
LASER PRINTS

HOWDY GUYS, I'M IN PALM BEACH NOW, ON MY WAY TO GAINESVILLE FLA. SO FAR WE'VE PLAYED ORLANDO, TALAHASSE, AND MIAMI. WE SPENT SOME TIME ON THE BEACH IN MIAMI, GOT ALOT OF SUN AND DID SOME GOOD SWIMMING. IT SEEMS LIKE MORE OF A VACATION THAN A TOUR SO FAR. AFTER TONIGHTS SHOW WE HAVE 3 DAYS OFF AND THEN OFF TO TENNESSEE(?). EVERYONE HERE IS FILTHY RICH AND VERY TAN. WE ATE IN A LITTLE LUNCHONETTE TODAY THAT THE KENNEDYS USED TO COME TO. KIND OF EXPENSIVE BUT COOL PEOPLE. I'M HAVING A GOOD TIME WITH EVERYONE, AND THE SHOWS HAVE BEEN O.K.. I'LL WRITE AGAIN SOON. I MISS HAVING AROUND YOU GUYS ALOT. SEE YOU SOON.

DAVID

HEY- ITS THE 24th OF APRIL I'M FINALLY SENDING THIS

THEM GROHLS

USA 25
Jack London
KINA, ITALY

WEST PALM BEACH, FLORIDA... Beautiful Waterways and Beaches Make this a Favorite Vacation Spot.
Photo by Werner J. Bertsch

© SCENIC FLORIDA DIST
305 · 963 · 7694

ャケットを何時間も見続け、彼らのトンがったトライバルなグループを聴きながらドラムを覚えたっていう、その人を見る機会があった日には、その確信はマックスに到達する。その夜のそれだけで十分だった。イギーが車から降りて、俺がさっき出てきたその同じ黒いドアへ入る短い距離を歩くのを見れただけで、俺の音楽への信念は報われた。俺の世界がおかげで少し明るくなったように思えた。でも、それはそこまでだった。

それからしばらくしてワゴン車の窓を叩く音がした。「ドラマーは誰だ？」

この33年間、プロのミュージシャンとしてツアーして学んだことがあるとするならば、そんな質問をされた後に良いことは待ってないということ。たいていは、その後警察に捕まるか、裁判所に出頭か、歯に速攻パンチを食らうかなので、家から８００マイル［約１２８７キロ］も離れた海外の、ゴミの散らかる裏道にいるときに聞きたくないことであるのは確かだ。

俺は、ワゴン車の後ろで寝袋で寝ていたけど、飛び起き、目は恐怖で見開き、いかなる罪で凄まじい天罰を食らう逮捕状を受け取ることになったのかと待った。そして、ショックで凍りつき、心臓はバクバクしながらも、これまでどんな後悔するような行いをしてこんな運命に至ったのかをすぐに思い出そうとした。サウンド・チェックのときにドラムの台座に火がついたままのタバコを置き忘れ、それが炎上し、イギー・ポップごと会場を全焼してしまったか？　またはどこかのファンジンで、地元のバンドについて生意気な発言をして、怒り葛藤する仲間のミュージシャンを動揺させてしまったか？　または、俺とつき合うために彼女にフラれた男が仕返しをしようと、この日が来るのを待っていたか？（この可能性は一番ない。何しろ俺はワゴン車に住んでいたから、マジで）。俺は恐る恐る手をあげ、震えながら半泣き状態で、「えええええええと……俺だけど？」と答えた。

「イギー・ポップとドラムを演奏する？」

これは〝いるべき場所に、いるべきときにいた〟を、またまったく別次元まで持っていった。

想像もしていなかった提案に混乱し、一瞬答えに詰まった。ミュージシャンならよくやると思うけど、俺もいつか自分の好きなバンドの誰かが何らかの理由でライブに出られなくなり、代わりにドラムを叩いてくれないか、と声をかけてもらえる日を夢に見ていた。スクリームにも、加入することになる前は、そう言われないかと夢見ていた。それが今本当に起きているわけだ。俺は大好きなバンドのレコードを聴いてドラムを覚えたから、どんなバンドのアルバムでも全音正確に演奏できるし、当然イギー&ストゥージズのアルバムも例外ではない。つまり、このチャンスはまさに夢が叶う、ということだった。とりあえずホッとして、重かった胃から心は解放され、簡易ベッドから飛び起きながら言った。「ファック・イエー！」。バンドメイトが驚愕の眼差しで見つめる中、急いで心を落ち着け、車のサイド・ドアから転がるように外に出て、興奮で大盛り上がりしながら、火でもついたような勢いで、バックステージのドアに走った。

中に入ると、爆音でディストーションのエレクトリック・ギターが原始的にかき鳴らされ、フィードバックは耳が聴こえなくなるような周波数で鳴っていた。角を曲がると、そこにイギーがギターを抱えて立っていた。『2001年宇宙の旅』のモノリスみたいにギッチリと積み重ねられたマーシャルに向かい、激しい不協和音を鳴らし、つまみを回しながら音の調整をしていた。第一印象は？ メガネをかけてる、だった。しかも、カッコいいファッキング・ロック・スターのメガネじゃなくて、あれは絶対に老眼鏡だったと思う。なんてありがたいことだ、と思った。おかげでステージにゆっくり進みながら抑えようにも襲いかかる緊張からすぐ解放された。ちゃんと自己紹介しようとしたら、寝袋でくつろいでいた俺を呼びにきた男が唐突に言った。「今夜、バンドでドラムを叩く奴です」。イギーはこちらを向き、手を差し出して言った。「ハイ、ジムだ」。俺はナーバスになりながら握手した。〈ラスト・フォー・ライフ〉から〈ノー・ファン〉〈サーチ・アンド・ディストロイ〉〈アイ・ワナ・ビー・ユア・ドッグ〉をはじめ、傑作の歌詞を書いてきた、その手だ。

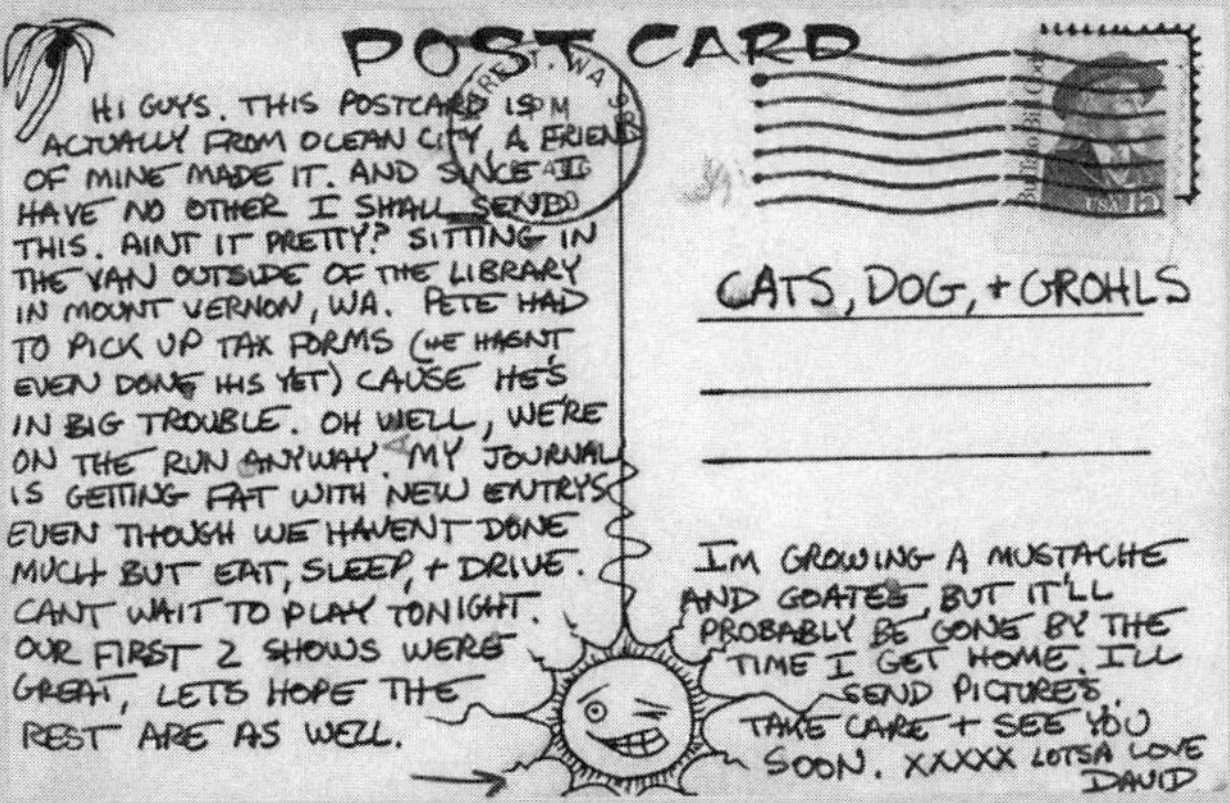

POST CARD

HI GUYS. THIS POSTCARD IS ACTUALLY FROM OCEAN CITY. A FRIEND OF MINE MADE IT. AND SINCE I HAVE NO OTHER I SHALL SEND THIS. AINT IT PRETTY? SITTING IN THE VAN OUTSIDE OF THE LIBRARY IN MOUNT VERNON, WA. PETE HAD TO PICK UP TAX FORMS (HE HASNT EVEN DONE HIS YET) CAUSE HE'S IN BIG TROUBLE. OH WELL, WE'RE ON THE RUN ANYWAY. MY JOURNAL IS GETTING FAT WITH NEW ENTRYS EVEN THOUGH WE HAVENT DONE MUCH BUT EAT, SLEEP, + DRIVE. CANT WAIT TO PLAY TONIGHT. OUR FIRST 2 SHOWS WERE GREAT, LETS HOPE THE REST ARE AS WELL.

CATS, DOG, + GROHLS

IM GROWING A MUSTACHE AND GOATEE, BUT IT'LL PROBABLY BE GONE BY THE TIME I GET HOME. I'LL SEND PICTURES. TAKE CARE + SEE YOU SOON. XXXXX LOTSA LOVE
DAVID

「ハイ、デイヴです」と、まるで学校初日に生徒が先生に挨拶しているみたいに言った。「俺の曲は知ってる?」と、あの馴染みのある中西部独特のゆっくりした話し方で訊いてきた。子どもの頃からバカな質問というのはない、と常々教えられてきたが、あまりに謙虚すぎる質問でイギーに「そんなの当たり前だろう」と言わんばかりのバカみたいな顔を思いっきり見せ、「はい、あなたの曲は知っています」と笑顔で答えた。そして「ジャムする?」と訊かれた。ストライク2だ。もちろん「はい」と答えた。ドラムのストゥールに這うように戻ると、イギー〝ファッキング〟ポップが、俺が家のペンキ塗りや芝刈りをして稼いだ金で買った黄色のタマのドラム・セットから、わずか6インチ［約15センチ］のところに立っていて、そしてジャムが始まった。〈1969〉の唸るようなリフが、すぐに誰もいない部屋を埋め尽くし、俺も続けて、あの有名なタムタムを1音1音レコードとまったく同じように叩き始めた。ギターとドラムだけで演奏した削ぎ落とされたそのバージョンは、傑作アルバムのバージョンよりさらに生々しい音になった（羨ましいか、ホワイト・ストライプス）。次は魔性の〈アイ・ワナ・ビー・ユア・ドッグ〉で、ストゥージズのデビュー作の中で恐らく俺が一番好きな曲だ。そして次は変化球で、俺がまだ聴いたこともない新作からの曲で、〈アイ・ウォント・クラップ・アウト〉。まるでスタジアムで歌っているかのような熱量で彼はこう歌い始めた。

影に立ち　世界を嫌悪
壁を作り　群衆を遮断
精神がイカれる場所で　瞬殺
ディックからコンクリートを削ぎ落とせ……

［イギー・ポップ〈アイ・ウォント・クラップ・アウト〉の歌詞より］

一度も聴いたことがない曲だったから、できる限り合わせてついていったが、でも誰も聴くわけでもないのに、なんでわざわざ面倒な思いをして俺に教えているんだろう、とは思った。実は彼は孤独で、誰かとジャムしたかったのかも？　または、あまりに優しい人で俺が一生語り継ぐと知っていて、一緒に演奏し、どこの馬の骨だか分からない子どもの夢を叶えてあげようとしたのかもしれない？　おかしいなあとは思いつつ、とにかく彼がギターをかき鳴らす手に意識を集中し、必死にアレンジして、ソールド・アウトしたスタジアムで演奏しているかのように、ドラムを叩きまくった。それで最後はどうだ、と言わんばかりの一撃を一緒に鳴らして演奏を終えた。

「最高」と、演奏し終わったときに彼が言った。「開始時間は6時だ」

待って、えっ何？　俺たちが？　これを？　今晩やると？　まさかこんな展開になるとはまったく思っていなかった。思いつきのジャム・セッションで、地下室とか、ガソリンの缶やガーデニングの道具がそこら中に置いてある埃だらけのガラージで、これまでも友達と何千回とやってきた単なるファッキング時間潰しだと思ってたから、これをまさか人前で演奏するなんて1秒たりとも思っていなかった。これが、ファッキング・オーディションだったなんて全然気付かなかったんだ！　開いた口がふさがらなくなり、信じられないような眼差しで、「今夜やるんですか？」と訊いた。イギーはそこに立ち、笑顔で、「ああそうだよ！」と言った。「えええええ……っと、ベースはいらないですかね？」と訊いた。「いるの？」と彼はむしろ驚いたような顔で言った。俺は、最高速度でワゴン車まで走り、ベーシストのスキーターをつかんだ。俺と同じくらいこのすごさが分かってくれるバンドメイトと、この人生が変わる体験が分かち合えるなんて楽しみすぎた。スキーターも、イギー＆ストゥージズの大ファンだったし（それに言うまでもなく、完璧なタイミングとフィーリングで演奏する偉大なベース・プレイヤーだ）、3人でリハーサルをして準備はすぐにできた。これで公式に俺たちはイギー・ポップのリズム・セクションとなった。たとえトロントで一晩だけだったとしても。

レコード会社の連中がやって来る間、俺たちはオフステージの小さな控え室で、イギーとつるんでいた。タバコを吸ったり、彼の伝説的なキャリアの話を聞いた。**ライブ・パフォーマンスでほとんど神のように崇められているあの狂った男は、ピーナッツ・バターを体中に塗りまくり、ガラスの破片で自分を切り、観客にペニスを露出したりするような人だが、感じが良くて、心が暖かくて、地に足がついたジェントルマン以外の何者でもなかった。**これ以上奇妙なこともないってくらいだが！　彼は心から俺たちを歓迎してくれたから、緊張していた俺たちも、期待で胸がいっぱいになった。しかも、ときどき誰かがドアをノックしては、レーベルの代表者が、「何か必要なものはありますか？」と聞いてくれた。スキーターと俺はすぐに俺たちがマジでイギーのバンド・メンバーなんだと思われていると分かった！　だから躊躇することなく、それでなくてもすでに想像を超える体験だったが、ここからどれくらい美味しい思いができるのかを試してみることにした。

「タバコ1箱？」、取得。「ビール1ケース？」、問題なし。「タバコ1カートン？」、もちろん。そこでなるほどと思ったのは、成功するってこういうことなんだ、ということ。凍えるようなバンで4人の男たちと一緒に眠ることもなく、ベニアのプラットフォームでイワシの缶詰のように寝袋を並べることもなく、日当7．5ドルをタコベルといけてないウィードだけに使うこともない。ツアーが終わって家に帰る度に、また仕事をさせてほしいとお願いすることもない。誰かが俺を高校中退の現実から連れ去ってくれるのを辛抱強く待つこともない。クズだらけの路地で、スターダムを想像しながら自分にそのチャンスを回ってくるのを待っていなくいい。この成功の感触は、駆け足で消え去ってしまうのが分かっていたから、俺はそれを味見をするのではなくて、口いっぱいに頬張った。

ステージに立つと、これまで経験したこともないような歓声に迎えられた。まさにイギー・ポップ・クラ

SUMMER IN HOLLAND
WINTER IN HOLLAND

HI GUYS. I'M JUST HANGIN OUT TRYING
TO GET SOME REST BEFORE ALL THE
SHOWS. WE PLAYED LAST NIGHT IN
ALKMAAR, IT WAS O.K. FOR A FIRST
SHOW. BUT EVERYONE IS VERY JET
LAGGED PRETTY BADLY.
THE VIDEO CAMERA IS BECOMING MY FAVORITE
TOY EVER. WE FILMED EVERYTHING FROM THE
TAKE-OFF TO THE LANDING AND MUCH MORE.
I CANT WAIT TO TAKE ALL THE TAPES
HOME + SHOW YOU GUYS THESE PEOPLE
AND PLACES. I THINK YOU'LL ENJOY IT.
OH WELL, THIS IS JUST A LITTLE CARD
SO I JUST WROTE A LITTLE BIT.
TALK TO YOU SUNDAY.
TUNS O' LUV –
DAVID
Love,
P.S. LISA,
WILL YOU WRITE?
YOURS TRULY,
BUNCH O' GROHLS
100
5
MIT LUFTPOST
PAR AVION
© Erno Tromp
Zomer in Holland / Winter in Holland /
Summer in Holland / Winter in Holland
DRUK B.V. GRAFISCHE BEDRIJVEN P4 DEN HAAG
P.O. Box 673
© Q.M.C. design
© EMU productions

スの歓声だった。「ファーーーーック・ユーーーーー!!!」。最初の曲〈1969〉をカウントしている最中にイギーがマイクに向かって叫ぶと、観衆はもう大暴れだった。バックステージで友達になったあの暖かくて地に足のついたジェントルマンの姿は、もうどこにもなかった。彼は一瞬にして、世界中のパンク・ファンに知られ、愛される、あのイギーに変貌していた。曲から曲へと駆け抜けたので、このあまりに最高な運命の意外な進展の全体像の本質をゆっくりと考えてみる暇もなかった。だから、とにかく突き進むことにして、その瞬間にひれ伏し、これが地球最後の日かという勢いで、デカい黄色のドラムを死に物狂いで叩きまくった。ときどき視線を上げて自分のベトベトした髪の間からあの端正な顔と歪んだ骨格が、これまで俺が何千回と見てきたあのアイコニックな一次元の写真やビデオと同じようにステージを歩き回るのが見えた。ただし、今回はそれが三次元だった。それは、人生というのは本当にリアルなものであり、俺は一人じゃないんだと再確認させてくれた。それは一瞬で終わってしまった。あまりに早すぎた。でも、ただでもらったタバコとビールを手に、イギーにお礼を言い、別れた。**たった1日のことだったとしても、俺はとうとう成功した。しかも、それは俺がいつも夢に描いていた通りだった。**最高すぎて信じられない。だからこれっぽちの失望もないし、それがどれだけ美しい経験だったのかと感謝した。俺がまた正しいときに、正しい場所にいるなんてことが起きると思うこと自体、妄想だった。それってどんな確率だと思う?

スクリームのツアーは続行したが、厄介な問題があった。西海岸に到着するために中西部でやることになっていたショーがキャンセルされてしまったのだ。ということは、ワシントン州オリンピアまで、4千マイル[約6437キロ]をタダでもらったタバコと今ある所持金だけで行かなくてはいけないってこと。それ以上失うものもなかったので、とにかく行くことにした。こんなに遠くまで来たんだし、アメリカ横断の長い旅をもう1回するくらい何なんだって?

それが俺たちの最後になるとは、まだ誰も知りもしなかった。

毎日が白紙

EVERY DAY IS A BLANK PAGE

「誰かスキーターを見たか?」

前の晩はローレル・キャニオンで大暴れして、少し二日酔いのまま、みんなが寝袋から起き始めた。老朽化したハリウッドのバンガローをハリウッド・トロピカーナの〝マッド・レスラー〟［ハリウッド・トロピカーナはLAのナイトクラブで、泥プールでセクシーな女性がレスリングをするイベントが行われていた］の出演者たちとシェアして暮らしていたので、リビング・ルームには人が多かった。頭数を数える。ピートはいる。フランツはいる。バリーもいる。でも、スキーターがどこにもいなかった。「でも、まだ時間はある」と思った。サウンド・チェックには、その日の遅くまで行かなくてよかった。居心地の良い寝袋に這って戻り、あと数時間眠ることにした。目をつぶって、お祈りした。まず何よりスキーターが無事でありますように。それからスキーターが、家から何千マイルも離れた場所で、家に帰る金もない俺たちを置き去りにして、ここでツアーを頓挫させることがありませんように。彼はこれまでにも消息不明になったことがあったから、これは真っ当な心配だった。

俺はスクリームのおかげで、1990年までにはルイジアナからリュブリャナ、メンフィスからミラノ、サンフランシスコからストックホルムまで行くことができた。だからこの時点では、すでにロードのベテランと言えるくらいに鍛えられていて、時として起きる危機や問題には慣れていた。メンバーが一人いなくなるのも、ツアー中には起こりえることだった。1日10ドル以下のバンでの生活も、特訓コースを受講したみたいなものでもう慣れたし、そのためのお決まりの簡単な手順も取得していた。彷徨《さまよ》える宿なしの生活にも楽に適応していたんだ。

ヨーロッパ・ツアーはとりわけ楽しかった。これまで夜のニュースでしか見たことなかったような国や、ほとんど開いたこともない教科書でしか見たことがない国に行けたわけだから。しかも、普通の人たちが海外旅行で訪れるような歴史的な観光名所ではなくて、アンダーグラウンドのパンク・ロック・シーンの怪しげな下腹部からそれを見物できた。スクリームは、俺が加入する前に一度ヨーロッパ・ツアーをしていたので、ネットワークはすでに培われていたし、家族のように扱ってくれる人たちもいて、泊めてくれたり、食事を出してくれたり、地元から楽器を運ぶ金がなければ、ツアーで使う機材を貸してくれたりもした。その多くはミュージシャンで、みんな廃墟ビルに身を潜めて住んでいて、パンクスやアナーキストばかりだった。たいていは生き延びるために、電気、ガス、水道などを市の敷設網から無断で使っていた。俺はまだ若くて外からの影響を受けやすい多感な時期だったから、そういうラジカルな人たちのコミュニティには好奇心をそそられたし、インスピレーションにもなった。その場しのぎのコミューンで、人間の最も基本的な要素のみで生きていたから、型にはまった当たり前の生活（商業主義、欲、社会的地位）などの罠に囚われることもなく、代わりに人生のためにプロテストし、自由を手に入れ、生き抜くために、全員がお互いを助け合わなくてはいけないと自覚していた。それが本当に美しいと思ったし、俺が地元に置き去りにしてきた郊外で〝白い囲い柵を持つ症候群〟［土地や家を所有するアメリカン・ドリームの実現］とは、天と地の差だった。温かいベッドと音楽を交換するというシンプルさが、自分がなぜミュージシャンなのか、それがなぜありがたいことなのか、という基本概念となった。今では人生がより複雑になり、津波に飲み込まれてどうすればいいのか分からなくなったりすることもあるけど、ここでの体験はいまだに客観性を持つための指針となっている。

ras
REAL AUTHENTIC SOUND

RAS RECORDS
P.O. Box 42517
Washington, D.C. 20015
(301) 564-1295

SCREAM
P.O. Box 4965
Falls Church, Virginia 22044-0965
U.S.A.

PETER MARC STAHL – *VOCALS*

SKEETER – *BASS*

DAVE GROHL – *DRUMS*

FRANZ STAHL – *GUITARS*

PHOTOS BY: TOMAS

For Bookings in the United States:

Doug Carin, Tripple XXX Entertainment
6715 Hollywood Blvd., Suite 287
Hollowood, California 90028
(213) 466-8730

SCREAM

For Bookings in Europe:

Tos Niewenhausen
P.O. Box 14570, 1001 LB
Amsterdam, Holland
Tel. 31-20-882-152

アムステルダムは、さまざまな理由により俺たちの拠点となった。まず明らかなのはウィード、それから単純に位置的な理由（北ヨーロッパに近接していた）。たいていは地元の退屈な仕事で懸命に金を貯めて、オランダの航空会社、マーティン・エアーの99ドルのキャンセル待ちチケットで飛行機に乗り、スキポール空港に着いたら、その日の夜に自転車を盗み、そこから数週間でツアーの準備をした。海賊版テレホンカードで電話をかけて、ギアを集め、数ヶ月間俺たちの家となるバンをレンタルする。さらに金を稼ぐために、夜店に空のボトルを持っていったり、バーにあるギャンブル・ゲームに挑戦してみたり、やりくりするためには、ここかしこと雑用をしたりもした。（小さいメール・オーダーのレコード会社でバイトしたこともあった。〝Konkurrent〟という名前で、アルバムを世界中に配送するために箱に詰め、ツアーが開始するまで、ウィードを吸う費用にした）。ギリギリの生活だったが、心優しい友達のもてなしと友情のおかげで、すごく豊かで贅沢な環境で生活しているように思えた。俺はやがてその街と恋に落ちて、あまりに好きになったからオランダ語を勉強しようと思ったくらいだった。しかし、オランダで生まれない限りは、絶対に話せない言葉だと確信した。

何より俺は自由だったし、街中に冒険が待ち構えていた。

アムステルダムでのある晩、みんなで大好きなパンク・ロック・バー、デ・ミュールの前の歩道で飲んでいたら、道の反対側にあったオランダの悪名高き反体制コミュニティ・ビル、ブランクライクで突然物凄いエネルギーが衝突するのを感じた。スキンヘッドと右翼ファシストの大群が、ビルを攻撃しようと小さなストリートに入ってきたので、ブランクライクの住人たちは戦いに備えていた。バルコニーからは目も眩《くら》むような投光照明が照らされ、バルコニーの窓の前に金網が張り巡らされ、建物からはパンクスが手製の武器と盾を持って溢れ出て、激しい暴動が始まった。俺たちもすぐに参加して、ビールのグラスを高々と投げては、カタパルトから暖かい麦芽の手榴弾でも発射するみたいに、爆発で粉々になったガラスの破片を怒りのファシストたちの上に大量に落とした。瞬く間に乱入者たちは降参して逃げ去ったので、俺たちはそのまま夜を楽しんだ。そこからはバイキングが無事帰還したかのように、その反乱を祝福したが、それはロックンロールと言えるようなものではなくて、中世のクソみたいなものだった。

そんなことが普通の火曜日に起きた。

ヨーロッパのあまりに美しい田舎を旅するのは、俺の一番好きな娯楽だった。アメリカの旅で長く単調な高速を走るよりも断然好きだったが、これはこれで独自の挑戦があった。国から国へと飛び回っていたから、週ごとに新たな言語と向き合うことになり、コミュニケーションは最も原始的な身振り手振りになって、バカみたいな物真似をするようなレベルになっていた。それでも、学校では絶対に体験できなかった言語やカルチャーを学んでいた。肉体的に、実際にそこに行けたことで、コミュニティとしての世界への理解が深まった。しかも、それは思っていた以上に小さいものだとも思った。ただ国境を越えるのはいつも面白かった……考えても見てほしい。若いパンクス集団の乗ったバンが、オランダのライセンス・プレートをつけて(注意信号)、ギターとアンプをいっぱいに詰め込んで(さらにデカい注意信号)止まったら。明らかにヤバいから、俺たちは犯罪人かのように道に並べられ、バンは壊される勢いで隅から隅まで、何か輸出入禁制品がないかを調べまくられた(この何年間で体腔検査されたことも一度じゃない)。だけど、1978年の映画『ミッドナイト・エクスプレス』を何度も観ていたから、暗い独房で衰弱死するのが怖くて、国境を越える前に持ってるウィードもハシシも各自責任を持って全て吸うことにしていた。でも奴を回避する方法もいくつもあった。スピーカーの棚に会場で売るスクリームのTシャツ(それでツアー中の生計を支えた)を詰め込んで、国から国を跨いだときの税金を回避したり、スキーターのドレッドロックスの中に少しのハシシを隠して、ショーに向かう間の長いドライブで吸うものを確保したり(バンドのベース・プレイヤーが国境で麻薬犬と戯れているのを見るのは、とにかく最高だった。彼の絡まったモップみたいな髪の中に香ばしい黒いハシシが何オンスも詰め込まれていると知っていたから）、うまく逃れるためには、やるべきことはやったけど、ヤバかったことも何度かあった。

あるとき、アムステルダムの路地を昔からの友達マルコ・ピサと歩いていた。彼はイタリア人のタトゥー・アーティストで、ボローニャで知り合ったんだが、彼のタトゥー・スタジオのペンキを塗ってあげて、代わりに左の肩に美しいブランディング・タトゥーをしてもらった。そのとき、二人のジャンキーが近づいて来て、ヘロインを売りつけようとした。俺たち二人ともヘロインは好きじゃなかったから（ジャンキーも好きじゃなかった）、マルコは丁寧に断りながらも、絶対に人を寄せつけない感じで、「あっちへ行け！」と言って歩き続けた。でも奴らはしつこくつきまとい、俺たちの肩を叩いてきたので、その瞬間にマルコがニンジャのごとき速さで飛び出しナイフを出し、再び「あっちへ行け！」と言った。ジャンキーたちは驚き、立ち去ろうとしたけど、一人が工事現場で見つけた鉄パイプを持って、俺の頭を全力で殴ろうとしているのが目の端で見えた。マルコと俺は弾丸の速さで逃げたが、叫び声を上げてゾンビたちは追いかけて来た。しかし、とうとう追いついて来られなくなったので、美しい運河沿いで美味しいタイ料理のランチを食べた。

そんな体験を一度しただけで、荷物をまとめて家の温かくて居心地の良いベッドに飛んで帰りたいと思ったりするのかもしれないけど、俺の場合はその危険な要素こそが、やり続けた理由だった。

今にも壊れそうなレンタカーで、アポカリプス的な光景のスカンジナビアの大雪の中を夜に走り抜けたり、寝ている間に部屋からパスポートが盗まれていたり、ギア［楽器］か何かを盗もうとする酔っ払いのクソ野郎と殴り合いのケンカをしたり、毎日が白紙で、何か書かれるのか待っていた。

どんなに酷く苛ついたり、空腹になったりしても、ツアー生活を放棄したいと考えたことは一度もなかった。だって、戻ったら何が待ってる？　家具の倉庫で1日10時間も有毒な3Mの化学物質でソファベッドをけばけばしく塗る仕事をお願いですからやらせてくださいってボスに一生懸命頼む？　ラッシュアワーの交通渋滞で生涯身動き取れない状態になって、曲がり角ごとにあるモールやファストフード・レストランの数を数える？　それよりも俺は、スペインの小さなアパートで精神錯乱状態のまま寝てる方がいいし、バルセロナの繁華街のラスランブルス通りからの騒音が聞こえる中で、インフルエンザになって弱り、びっしょり汗をかいて震えていた方がいい。または、ショーの後に誰かがドラッグ・オーバードーズで死にそうになって救急隊が駆けつけた後の、スウェーデン・リンシェーピングにある冷たいナイトクラブのステージの上で寝た方がいい。コミュニティ施設で演奏しようと車をとめてみたら、そこでは疥癬《かいせん》［ヒゼンダニが人の皮膚に寄生して起きる皮膚病］が感染拡大していたから、リネンを燃やす始末になる方がいい。または、俺たちがトイレを壊したからと、その復讐に地元プロモーターが俺たちに毒を盛ろうとしているから、彼らが用意したパスタは食べないようにと忠告される方がマシだ。

まさに、乗るか、死ぬか、だった。

だけど、この人生の不安定さこそが、スキーターが俺たちを初めて見捨てた理由だったのかもしれない。結果的にはそれが最後になってしまった俺のスクリームのヨーロッパ・ツアーは、1990年春に行われた。スキーターは何かしらの理由で、途中で飛行機に乗って家に帰ってしまい、おかげで俺たちは何千マイルも離れた別大陸で立ち往生することになった。幸い仲が良い友達のガイ・ピナスが代わりに何回かのショーで演奏してくれたからツアーは終えられたし、エル・アル航空のキャンセル待ちチケットでなんとか家に帰れるくらいの金も稼げた。だけどその頃から、スキーターのバンドへの思いは、ピートとも、フランツとも、俺のとも違うのかなと思い始めた。俺たちだったら車を無事走り続けさせるためなら、できることは何だってしたと思うから。

代わりのメンバーなんていなかったし、俺たち4人の相性の良さも否定しようがなかった。スキーターと俺だからこそのグルーブがあったし、それは何年も前のリハーサル初期の段階から培われたもので、代理のベーシストが演奏しても再現できないものだった。俺はスクリームに加入した当初は、荒馬みたいなもので、とにかくできる限り速攻で強烈に演奏し、聴こえる場所にいる人たち全員を感動させようとしていた。だから、メロディの終わりになると意味のないドラムを叩きまくっていた。

あるときスキーターが俺をあらためて呼び出した。彼はトイレで見つけたタンポンの紙に巻かれた巨大なジョイントを取り出し、それを巻いて、物が真っ直ぐ見えなくなるくらいに俺をファッキング・ハイにさせてから、こう言った。「よし、一つのリフ、同じリフを、30分間演奏しよう。その間お前は、1回もドラム・ロールは叩いちゃダメだ」と言われた。「簡単だ」と思った。キットに座り、彼がレゲエ的かつモータウン的な滑らかなベースラインを弾き始めたので、俺は自信満々で一緒に演奏し始めた。すると45秒も経たないうちにどうしてもドラム・ロールを叩きたくなった。でも彼は頭を振り、「やるな」と言うから、グル

ーブに合わせて叩き続けた。１分間経過したら、今度は音楽的トゥレット・シンドロームか、またはくしゃみを我慢しているかのごとく、どうしてもクレイジーなドラム・ロールを叩かずにはいられないという飽くなき必要性に駆られたが、スキーターはただ頭を振るだけだった。つまり、それはスキーターによる荒馬の調教で、シンプルさやグルーブのパワーを尊重する訓練であり、訳もなく狂ったように叩くのは控えるようにと教えてくれていた。そのおかげで俺は完全に違うドラマーになれた。恐らくそれは、俺の全人生において最も価値のある音楽レッスンだったと思う。だから彼には永遠に恩がある。

ツアーを続行するために、彼の代わりに演奏してくれた人たちはみんな素晴らしかったけど、スキーターが戻りたいと言えば、彼がまた突如消えてしまうかもと心配しつつも、ノーとは言えなかった。それに当時全てはバンドにとって良い方向に向かっているようにも思えたんだ。新曲をまとめてレコーディングしたばかりだったし、それを聴いた同じくパンク・ロッカーで、音楽業界の関係者が、より大きなレーベルを探してくれると申し出てくれた。

その人は友達の友達で、人格者でもあったから、パンク・ロック・シーンではかなり尊敬されていた。彼は、俺たちのテープを持って契約してくれるレーベルを探したいから、それをやって良いと許可をする契約書にサインしてほしいと言っていた。とうとうここまで来た、と思った。これこそが、長年住み慣れたジャンキーだらけの路地や疥癬《かいせん》が伝染するコミュニティ・ビルから抜け出すチケットだと思った。その場でサインしたい気持ちでいっぱいだったが、赤の他人を信じて人生を任せてしまう前に、少し考えてみることにした。

それから数ヶ月後、うだるような暑い日に、スポケーンでアメリカ横断ツアー中にショーがいくつかキャンセルされたから、デニーズの駐車場で立ち往生していた。そこであの契約書を取り出して、バンの後ろで読んでみた。俺たちに失うものなんてないじゃないかと思った。実際にその時点で本当に失うものなんてなかった。壁は四方塞がれたままだったし、どんなに懸命に頑張っても、いつも頑張りが足りないように思えた。だから法的代理人もなしに、死に物狂いかつナイーブで無謀な行為で、契約書にサインしてしまった。それが何年後かに俺のところに返ってきて、つき纏うことになる。その〝パンク・ロックの人格者〟が、21歳のガキだった俺を訴えたんだ。ニルヴァーナに加入したことで、俺に借りがあると言って。これぞ、レディース&ジェントルマン。俺の音楽産業への入門だった。

少なくとも俺たちはロサンゼルスに行く楽しみがあった。

ロサンゼルスに行くのは、どのツアーのときでも最高だった。

もちろんきらびやかな場所で数日過ごせる楽しみはあったわけだけど、それよりもそこには家族がいた。ピートとフランツの妹のサブリナがいたんだ。サブリナは最高に楽しい人で、弾けた性格だったし、見たこともないくらい美しい女性だった。彼女は、眠たいバージニア州の郊外と引き換えに、グラマーな80年代後半のLAを手に入れた。だからLAに行くと彼女の家に転がり込み、80年代のビデオに出て来るお喋りなシャペロン［社交界に初めて出る若い女性を介添えする女性］みたいに、街を案内してくれた。サンセット・ストリップの眩《まばゆ》い照明から、彼女の職場、〝ハリウッド・トロピカーナ〟まで。

サブリナはマッド・レスラーだったんだ。

あまりメジャーとは言えないスポーツだから念のため説明すると、それは、二人が泥の中でレスリングをする競技だ。ただそれは本物の泥でもなくて、シリー・ストリング［パーティーなどで使うおもちゃ。スプレー缶の中から合成樹脂が噴射して長い糸状になる］とか、料理用油（なぜかは俺に聞かないでくれ。やったことないから）だったりした。オリンピック委員会には（まだ）承認されていない、すごくカジュアルなもので、大概は一人の女性がビキニを着ている。要は、その蛍光色の水着を着たスーパーモデルに、身長5フィート11インチ［約180センチ］の酔っぱらったビジネスマンが、会社のクレジット・カードの娯楽用予算のほぼ全てを使って、負けにいくみたいなものなんだ。出てくる女性たちは、みんな大喜びで男性を容赦無く負かす。たいていの男は、破壊寸前かという痛みで性器を手で押さえながら大声を出して外に運び出される。それを観ている観衆は、コロシアムに集まったローマ人かというような獰猛《どうもう》な大声を上げる。ピートとフランツにとっては、自分の妹がツルツル滑る泥にまったく知らない人と入っていくのを見るのは辛かったはずだ。が、俺たちにすれば、そこに行けばみんなタダ酒にありつけたし、負けた人が一人ずつ運び去られるのを観ては、腹を抱えて吹き出していた。そんな容赦のない完敗を観た後で、ローレル・キャニオンのバンガローに戻った。サブリナは、その他の泥レスラーたちとそこをシェアして住んでいて、毎晩がパーティーだった。〝切り詰めた生活をする〟という感じではなかった。

ロサンゼルスは本当に感動的な場所だった。ヨーロッパの何世紀もの歴史にも感動したけど、それとはまた違う意味で、ここは何もかもがあまりに……信じられないように思えたんだ。ワシントンDCも通過地点の都市と捉えられていて、政権が変わる度に社会力学が劇的に変わった。でもLAは、1分毎に変化が訪れているようだった。長距離バス、グレイハウンドの世界一デカいバス停みたいな感じで、人はチャンスとその終焉の回転ドアに次々に入っては出てを繰り返し、自分たちの汚物を残していった。途切れることなく大きな人の波がやって来ては、みんな「我こそが次なるスターだ」と思い、それをかき分け通り抜けてくる。ここには悲しみがあるが、それが過剰さと耽溺の仮面に隠されていた。二日酔いで起きた朝に、それを飲んで紛らわせようとするのは、なかなか辛かった。そもそもマッド・レスラーの家の床の寝袋で起きて、自分のバンド・メンバーに、また見捨てられていませんようにと祈ることくらい、酔いが覚めるようなこともない。

夕方6時になっても、スキーターが姿を現す様子はなかったので、残念ながらその夜のギグはキャンセルせざるを得なかった。そこから現実が重くのしかかってきた。つまり、スキーターがいなければライブはできないし、ライブができなければ、金を稼げない。金を稼げなければ、飯も食えない。ツアーができなければ、家にも帰れない。アメリカのこの最も華やかな場所で、クソを切り抜けなくちゃいけない最新の犠牲者になってしまうとは。これまで何年も穴から抜け出さなくちゃいけないことは数えきれなくらいあったけど、今回の穴はとりわけ深く感じた。

それから何日も経過したが、マッド・レスラーたちが毎晩家に帰ってきては、財布に入ったドル札の束をリビング・ルームのカーペットに全て置いていってくれるチャリティのおかげで、野良犬のようになりながらもなんとか生き延びた。それでも食料は乏しくて、すぐに腹は減った。ローディーのバリー・ザ・カナダ人が、社会保障の小切手をここに届くようにしてくれたおかげで飢え死にせずに済んだけど、それも長くは続かなかった。俺は今日に至るまで、〝豆の缶ほどもない「取るに足らない」〟という表現を使ったことがないんだが、それは、そのとき台所で豆の缶詰を見つけたおかげで、マジで俺のファッキング命が救われたことがあったからだ。それは間違いなく最悪な時期だった。でも、これまで長年のツアーで数々の困難を乗り越えてきたし、何とか前向きに頑張った。しかし、それも簡単ではなかった。

そのうちにコスタ・メサのコーヒー屋で、小銭を稼ぐためにタイル貼りをする仕事をしたりした。でも時間が経てば経つほど、俺たちがすぐに家に帰れないことがより明らかになった。これが行き止まりだと分かったバリーは、やがてカナダに帰ってしまった。いたしかたない。俺も絶望的な気持ちになり始め、どんなに小さくてもいいから何かしらの安心材料や、ゆっくりと沈みかけた船の救助が必要だった。バンドの機材もサブリナの家の地下の車庫で埃をかぶり始めていた。1週間くらい経過したところで、その小さな車庫に、その他にも埃をかぶっているものがあるのに気付いた。1985年ホンダレブル250ccバイクだ。ハーレーダビッドソンの子どものおもちゃ版みたいなものだが、それでも輝かしい小さなマシーンには違いないし、廃車一歩手前ではあったが、街中を突っ走るには完璧だった。俺は、自分のバイクを持つのが夢だったので(マジで人生通して何度も夢に出てきた)、急いで上に駆け上がり、あのグラマーなミニ・バイクが誰のか訊いた。サブリナのルームメイトのマッド・レスラーが持ち主だった。彼女は「いいよ、あげる！ ガソリンは満タンにしなくちゃいけないけど、もらってくれていいよ！」と言ってくれた。

救命ボートが投げられた。

免許書もヘルメットもなかったから（当時、ヘルメットは義務化されていなかった）、日が暮れるのを待って、レブルの小さなタンクのガソリンを満タンにして、丘を抜けて出発した。警察に止められたくなかったから、主要道路は避けるようにした。というか、実はバイクの乗り方を知らなかったんだ。そのとき抱えていた問題は散らかったリビング・ルームのフロアに全て置き去りにして、サブリナのローレル・キャニオンの家の近所を目的もなくただ走り回り、裕福なハリウッド・ヒルズのくねくねした道を何時間も走って過ごした。見下ろせば街の光がキラキラとまばゆく輝き、見上げれば数えきれない豪華な家々が木々の中に気持ち良く建てられていて、いつの日か、あんな贅沢な家に住めたらいいなあと夢見た。間違いなく全ての家には、ロック・スターとか、映画スターとか、プロデューサー、映画監督などが住んでいて、みんな夢を追いかけ、そして金を掘り当てたんだと思う。それくらいの成功を手にするってどんな気分なんだろう、と思ったりした。そんな心地良い生活をするって、一体どんな気分なんだろう。食事の心配をしなくていいって、どんな気分なんだろうと思った。その幻想と俺の現実の間の溝はあまりに深く広すぎて、想像を絶していたから、じっくり考えてみる価値すらなくて、俺はその彼方でゆっくりと沈んでいく船から乗り移った救命ボートをただ漕ぐことにした。

毎晩走り抜けながら、自分がここまで来られた実績を評価し、ここまでの道のりを頭の中で再び辿り、何とか次なるステップを計画してみようとした。毎晩毎晩それを繰り返した。それでも毎朝、リビング・ルームのフロアの寝袋でキャニオンの道の埃と泥で腫れた目を覚ますと、そこにはマッド・レスラーが飼ってくれている野良犬な自分の現実が待っていた。

そのとき、俺の人生を永遠に変える5単語が聞こえた。「ニルヴァーナって知ってる？（Have

you heard of Nirvana?)」

昔からの友達から電話があった。ワシントン州アバディーンという小さな町の出身で、ニルヴァーナのメンバーと幼馴染の奴からだった。彼らのドラマーが今いないそうで、数週間前に、この不運なツアー中のスクリームのライブを観て、どうやら俺の演奏に感動したらしい。それで電話してくれと彼らの電話番号をもらった。もちろんニルヴァーナのことは知っていた。デビュー・アルバムの『ブリーチ』は、アンダーグラウンドの音楽シーンでは画期的な作品として位置づけられていたし、メタルとパンクと、ザ・ビートルズ的なメロディの融合が、11曲の傑作に詰まっていた。それはオルタナティブ音楽の風景を変えるものだった（しかも偶然にもその制作料は６０６ドルだった）。俺のコレクションの中でも即座に最も好きなアルバムとなり、それでいて、俺のコレクションの中のノイズ、ヘビー・パンク・レコードとは一線を画すものだった。それは曲があったからであり、あの声があったからだ……あんな声の持ち主はどこにもいなかった。

苛立ちと空腹の数日が経過した後、賽を投げて、ニルヴァーナのベース・プレイヤーのクリス（・ノヴォセリック）に電話し、ドラマーの件について訊いてみることにした。彼に会ったことはなかったので、自己紹介して、共通の友達から電話番号をもらったと言った。それで少し喋った後、クリスに、実は残念ながらドラマーはすでに彼らの仲の良い友達であるマッドハニーのダン・ピータースに決まってしまった、と言われた。それでも、とりあえず電話した価値はあったと思ったし、これが世界の終わり、というわけでもないと思った。俺のロサンゼルスの電話番号を伝えて、ＬＡに来ることがあったら、ぜひ連絡してほしいと言った。残念ながら、この天使の市が俺の当分の滞在先になりそうだったから。

その日の夜、家の電話が鳴った。クリスからだった。どうやら彼はもう少しじっくりと考えてみたようだった。「カート（・コバーン）と話した方がいいかもしれない」と言われた。ダニー・ピータースは、彼なりの最高のドラマーではあったけど、俺とはスタイルがかなり違っていて、より60年代な感触で、俺はよりシンプルかつ原始人的ディスコみたいなダイナミクスがあったので、よりニルヴァーナ的だった。さらにクリスもカートも、ダニーを自分たちが最も好きなバンドでもあるマッドハニーから取ってしまうのは申し訳ないとも思っていた。それですぐにカートに電話して、音楽についてしばらく語り合った。ＮＷＡからニール・ヤングに、ブラック・フラッグからザ・ビートルズ、ザ・クランプスからクリーデンス・クリアウォーター・リヴァイヴァルまで、音楽的に二人に共通する部分がいっぱいあった。だから、オーディションの価値はあるかもしれないということになった。「もしここまで来られることがあったら言ってくれ」と、今では世界中の人が知る、あのゆっくりした話し方で平然と言った。それでサヨナラと言い、俺はその時点で、人生でも最も難しい決断に直面した。

スクリームに加入したときから、みんなを家族のように感じていた。俺はピートやフランツやスキーターよりずっと若かったけど、みんなと同じように扱ってくれたし、ツアーがあろうとなかろうとほぼ毎日一緒に過ごしたから、みんなと親友にもなった。しかも、人生において自己形成の最も重要な時期を彼らと過ごしたんだ。その過程で音楽を発見し、世界を発見し、徐々に自分自身も発見した。だから踏ん切りをつけ、この沈みかけている船に乗っている彼らを残すと考えるだけで、これまで感じたこともないような心の痛みを感じた。それは高校中退したから縁を切ると言われて父にサヨナラと言ったとき以上の苦痛だった。俺たちはいつだって一緒にやってきた。一人が全員のために、全員が一人のために。そうやってあまりにたくさんの困難を克服してきた。だけど、今回直面した問題には俺の将来への疑問にも関係していたから、最終決断を迫られているような気がした。俺には、自分の将来に疑問を抱いたとき、理性的な意見が必要なとき、懸命なアドバイスが必要なとき、いつも電話する人がいる。その人はこれまでの人生で一度たりとも、俺に間違ったアドバイスをしたことがない人だ……。

俺の母だ。

オレンジ郡のレコード店の駐車場にあった公衆電話からコレクト・コールで電話して、泣きながら俺の抱えたジレンマを説明すると、母は完璧に理解してくれた。母は心の底では、ピートやフランツに対して俺と同じ思いを抱いていたんだ。俺たちは全員が何年もかけて本当に家族になっていったから。だから母にとっても彼らは俺のバンドメイト以上の存在で、俺の兄だと思っていた。今日に至るまで、人生で究極の道へ俺を導いてくれた、そのアドバイスを彼女がどんな声で言ったのか忘れられない。

「デヴィッド……あなたが友達を愛しているのは分かるけど、時に自分が必要とするものを、他の人のものより優先しなくちゃいけないことがある。自分を大事にしなくちゃいけない」。母は、これまでの人生その真逆で、まったく自分を優先してこなかった人だから、それはあまりに衝撃的だった。だけど母が賢明な人だと分かっていたから、電話を切った後、その結果どうなろうとも、彼女のアドバイスに従うことにした。

ダッフルバッグと寝袋とドラム・キットを引越し用の段ボールに詰めて、シアトルに向かうことにした。これまで一度しか行ったことがなくて、実質的に知っている人は誰もいない場所で、これまでの人生は置き去りにして、新たな人生を始めることにしたんだ。これまでに経験したこともないような喪失感を覚えて、家が恋しかったし、友達が恋しかったし、家族が恋しかった。今、本当に自分は一人きりになってしまった。振り出しに戻り、一からやり直しだ。だけど腹が減っていることには変わりがなかったし、自分が車を運転する側になったこともなかったけど、とにかく進み続けるしかなかった。それに、それでも、俺は自由の身だった。冒険が待っていた。

俺はいまだに、そのローレル・キャニオンの沈みかかった船だった古い家の前をほぼ毎日通る。時間の経過とともに、その家は家の重みで徐々に崩壊し、やがては下面に消えていったけど、俺がその時期に得た思い出や学んだことは、まるで色褪せることがない。だから、今でも何かを考え直すことがあって、夜にひと走りしなくちゃいけないようなときは、自分で救命ボートを出して、自分のこれまで歩んだ道を辿り、次の一歩を考えてみる。

なぜならいつだって毎日は白紙のままだ。何かが書かれるのを待っている。

永遠のもの

IT'S A FOREVER THING

「ちょっと休憩してもいいかな？　トライバル・タトゥーはやったことがないんだ」

それは黒インクの針を1秒に何千回と自分の肌に入れているような人から聞きたい言葉では絶対になかった。しかも俺が、生まれたての赤ん坊みたいに大泣きもしないで、永遠かに思える燃えるような痛みを必死に堪《こら》えていたときには。でも、数珠つながりの汗が彼の額から流れ落ちていたし、真っ赤になった目を細めたりしていたから、それは良い兆候とも思えなかった。痛かったけどペイパータオルでサッと拭いてもらって、椅子から立ち上がり、外に出て一服することにした。俺が自分で描いたデザインは複雑で（ジョン・ボーナムの有名な〝3つの輪〟のロゴを元にした）、極鋭い線じゃなくちゃいけなかったし、しかもその図形を完成させるのは、真っ直ぐ、かつ均等で、完璧な円が混じりあい、不気味なケルトのブレスレットみたいに、それが俺の右手首に巻きついているような感じにしたかった。熟練のプロでも、決して簡単な仕事じゃなかった。しかも彼があまりにうんざりして苛立っていたのが明らかだったから、こちらとしても安心できなかったが、それでもお願い通りにやってもらいたかったし、この時点ではもう引き返すこともできなかった。

つまるところ、これは永遠のものだった。

それは、1990年秋のワシントン州オリンピアでのことだった。ニルヴァーナの金が支払われて、メンバーとして初めての小切手を受け取った。しかも400ドルもあった。それは、その時点では間違いなくプロとして受け取った最高額だった。新しく雇ったマネージメント会社、ゴールド・マウンテンから受け取っ

た必要不可欠な前払い金だった。ちょうどニルヴァーナが全メジャー・レーベル・レコード会社からラブ・コールを送られるような、大々的ないわゆる入札合戦が繰り広げられているような最中だったけど、カートと俺は、マジで飢死寸前だったたし、完璧にみすぼらしい生活をしていた。114ペア・ストリートNEにあった俺たちのアパートは、ベッドルーム一つに、バスルーム一つ、小さなリビング一つと、掃除用具置き場くらいの大きさの台所があった（そして皮肉なことにワシントン州の宝くじビルから道を挟んだところにあった）。もちろんベルサイユ宮殿なわけはないが、〝不潔〟くらいでは、この家の修羅場を表現しようもなかった。これに比べたらチェルシー・ホテルもフォー・シーズンズ同様だったし、ホイットニー・ヒューストンのバスルームを逆さまにしたみたいな感じで、トレイラー・パークが竜巻で襲われたみたいに

灰皿と雑誌が散乱していた。こんな破滅的な住処に1歩たりとも足を踏み入れようなんて人はほとんどいなかったが、それでも俺たちにとっては小さいながらも我が家だった。カートがベッドルームを使っていたから、俺はタバコの灰が散らかった古い茶色のカウチに寝袋で寝ていた。それは俺の6フィート［約183センチ］の身長よりはるかに小さくて、カウチの角には古いテーブルがあり、そこには悪臭を放つテラリウムがあって、カートがペットのカメを飼っていた。真の動物愛好家だったカートはカメに魅了されていて、とりわけ自分を守るための甲羅が実は最も繊細であるという部分に何か比喩的な意味での敬意すら抱いていた。「つまり自分の脊柱が体の外にあるみたいなものなんだよ」と。それは確かに美しくて解剖学的に言うと詩的ですらあったかもしれないが、俺にとってはやがてそんなことどうでもよくなっていった。というのも、このクソ爬虫類は、俺たちが共同生活するこの汚い部屋から逃げ出したくて、毎晩何時間もガラスに頭を打ちつけてコツコツと音を鳴らし続けたから、俺はまったく眠れなかったんだ。ただ、だからって、このかわいそうなヤツに文句言うわけにもいかなかった。俺だって同じ心境だったから。

その当時、俺は道の向かい側にあるampmのガソリン・スタンドで売ってる3つで99セントのスペシャル・アメリカンドッグで、いかにサバイバルするのかを考えていた。策略としては、朝ごはん（12時）に1本食べて、2本目はリハーサル後の遅い夕食用にとっておく。それで、これ以上空腹に耐えられないところまで来たら、しわくちゃの1ドル札を持って、恥ずかしいと思いながら蛍光灯の輝くコンビニに戻った（今でも、あの衣がついたソーセージが尖った木の棒に刺さっているのを見ると身震いする）。最低限生命を維持するために、21歳のメタボリズムを回すにはそれでなんとか間に合った。もちろん真の栄養補給摂取は、悲しいかな欠落していたわけだけど。こんな栄養失調な食生活をしていた上に、俺は週5夜はドラムを叩かずにはいられない習性だったから、もともとガリガリだった体は、事実上浮浪者的な操り人形くらいに痩せてしまい、リビング・ルームの隅のダッフルバッグに入っていた昔の服がぶかぶかになってしまった。そこまで来たら誰だって、尻尾を巻いて母の作ってくれる家庭料理を食べに居心地の良い家に車で帰りたいと思うものだけど、実家のバージニア州スプリングフィールドは、そこから2786マイル［約4484キロ］も離れていたし、それに俺はここでは自由だった。

「若い頃、今になって分かったことが分かっていれば良かった」。ロニー・ウッドが、フェイセズのクラシックで1973年のヒット曲〈ウー・ラ・ラ〉で歌っている。ああ、ロニー……君に分かっていたなら。それ以上に正しいこともなかった。この400ドルは、人生でこれまで見たこともない大金だった！　自分の中では、今、ウォーレン・フィキング・バフェット［株式で巨額の富を築いた投資家］にでもなった気分だった！

俺はフェアファックス郡にある公立学校の先生の息子として生まれ、子ども時代は、軽率からはかけ離れ、可能な限りやりくりをするように頑張り、日々シンプルなことの中に幸せを見出してきた。音楽とか、友達とか、家族とか。贅沢な金を手にしたことがなかった。芝生を刈ったり、家のペンキ塗りをしたり、配達するトラックに家具を積んだり、ワシントンDCのダウンタウンにあったタワー・レコーズのレジをやったりしていたから、そんな報酬を手にしたこともなかった。だから俺からすればこれは大金持ちだった。つまり、賞金に当たったみたいなものだから、貯金してこれから毎日生き延びるためにこの大金を無駄遣いしない、なんてことはせずに、若いミュージシャンならみんな初めて小切手を手にしたらすることをした。つまり、くだらないものに全部使ってしまった。

振り返ってみて明らかなのは、なぜそこからフレッドメイヤー・デパートに直行して、BBガンと任天堂のゲーム機を買ったのかよく分かる。自分が子どものときに欲しいと夢に思っていたけど絶対に買ってもらえなかったものを、自分で贅沢して買ったわけだ。俺の子ども時代が幸せじゃなかったわけでも、恵まれない子どもだったわけでもないけど、でも、お金に少しでも余裕があれば、必要なものに使われていた。新しい靴とか、冬用のジャケットとか（一度だけ50ドルのミニバイクを買ってもらったことがあったけど、それはまた別の話だ）。疲れ知らずの母はいくつもの仕事を掛け持ちして家計をやりくりしていた。昼間は学校の先生をして、夜はデパートの事務をして、週末はカーペットのクリーニング・サービス会社サーブプロで見積もり書を書いていた。二人の子どもを食わせなくてはいけなかったシングルマザーは、俺たちを幸せで健康にするためだったらできることはなんだってした。おかげで俺たちは幸せだったし健康だった。母は、本物の利他主義者でもあり、おかげで俺も多くを必要とせずに生きられるように育ったし、それでいてすごく多くを与えてくれた。

母の職業道徳が俺に根深く染み込んでいたから、今日の俺があるのは間違いなく母のおかげだ。俺が夜遅くまで眠らず、朝も早くから起きて、何か生産的なことをしなくてはという気持ちになるのも、もとはと言えば、母が夜遅くまで古いランプをつけてリビング・ルームの机でテストの採点をしたり、日が出る前から起きて、俺と姉がちゃんと風呂に入り、服を着て、ご飯を食べてから出かけるように面倒みてくれたことにまで遡る。俺の仕事は教育者としての母の仕事とは明らかに比べものにもならないけど、懸命に働くことの大事さは母から教わった。つまり、爆音で不協和のロックンロールを演奏することで400ドルももらえるなんて？　ただで金を手にしたみたいなものだった！

すぐにオリンピアでの午後を、古い家の裏庭で遠くから卵の容器を射撃したり、日が昇るまでスーパーマリオをやって過ごすようになった。革命の名のもとに、道の向こうの宝くじビルを手当たり次第に撃ちにいったこともあったかもしれない。汚くてむさ苦しい住処は今では地獄からやって来た青春期のレクリエーション・センターみたいになっていたけど、俺に言わせれば、これぞベルサイユ宮殿で、先見の明もなければ、現実的な金の使い方をまるで考えていなかったから、金はすぐになくなった。それでとうとうバカな道楽をするための現金だけが残った。つまりそれをタトゥーに使ったわけだ。念のため言っておくと、それが初めてだったわけじゃない。違うんだ。最初のタトゥーは縫針と糸と黒のインク瓶で14歳のときに自分で苦しみながらやった傑作がある。ウーリ・エーデル監督の傑作『クリスチーネ』で、気骨のあるホームメイドのタトゥーのシーンを観てからというもの、自分も左の前腕部に、映画と同じようなＤＩＹなやり方で、当時大好きだったバンド、ブラック・フラッグのロゴを入れて魅惑しようとした。

家の散らかったガラクタが入った引き出しを探して必要なものをそろえてから、家族が眠るのを待った。ベッドルームを仮のタトゥー・スタジオにして、非道な作業を開始した。映画で観た通りに、ロウソクの火で縫針を消毒して、先の周りに注意深く細い糸を巻きつけた。それをインク瓶につけて、糸が濃い黒い液体にしっかりと浸かるのを確認した。それで安定した手つきで、突いて、突いて、突いて、突いた。針が刺さった痛みで脊柱が何度も何度も凍るような感覚を覚えたから、ときどき手を止めては、余分な液を拭いてぼんやりした着色を見て、どの程度のダメージを受けているのか見たりした。もちろんキャット・ボン・Ｄ「タトゥー・アーティスト」ではなかったが、辛抱できる限り辛抱しながら、痛みの限界まで針を深く刺し、この意味のある模様が絶対に消えないようにした。ブラック・フラッグのアイコニックなロゴがどんなのか知ってる人なら分かると思うが、棒状の太い黒い縦の線が互い違いになって4つ並んでいる。それは、見捨てられたティーンがほとんど使ったこともない母の裁縫セットでやるには、かなりの難題だった。それでも、「これ以上はもうファッッックだ！」と思うまで、なんとか4本中3本まで出来て、そこで止めた。想像していたような最高傑作にはならなかったけど、でもとりあえず完結したから心は完璧に満たされたし、それで力を得た。それは永遠のものだから。

そこから何年か経過し、体中にかなりたくさんのぼやけた思い出を集めてきた。ちょっとした印がここにあり、あそこにあり。だけど、とうとうイタリア人アーティストのアンドレア・ゴノラに、アムステルダムにある伝説の不法占拠地、ファン・ホールで、まっとうなタトゥーをしてもらう機会に恵まれた。そこは古い2階建ての工場だったビルを1987年終わりにオランダ、ドイツ、イタリアなどヨーロッパ中からやって来た少人数のパンク・ロッカーが占拠したもので、友達の結束が非常に固いコミュニティがあり、寒くて巨大洞窟のようなビルを彼らは我が家にしていた。下の階では、ライブ・ミュージックができるくらいの十分な設備もあり、偶然にもそこで俺の最初のライブ・レコード、『Live! At Van Hall, Amsterdam』を作った。俺が18歳の頃、そこがスクリームの実質的な本拠地だったんだ。アンドレアはファン・ホールの在住タトゥー・アーティストで、その住人たちはみんな彼にやってもらったタトゥーを見せびらかしていた。彼は真のアーティストと言える人だったけど、彼のスタジオは、世に認められたタトゥーの権威が使う殺菌された研究室のような環境とは違って、彼のベッドルームだった。しかも彼のタトゥーガンは、古い玄関のドアベルの装置で作ったものだった。俺たちはマリファナを吸い続け、パンクやメタルのレコードを聴き続け、笑い声と、タトゥーガンの鳴る音が部屋に響き渡った。今でも、初めての〝リアル〟なタトゥーをしたときのスリルは鮮明に覚えている。あの夜、彼からもらった宝を鏡で見る度に、あの強いイタリア訛りと甘いハシシの香りを思い出すんだ。それから33年経ったけど、その色はまるで褪せることがない。

そう時間も経たないうちに、ペア・ストリートでの俺の『金持ちと有名人のライフスタイル』[アメリカのTVシリーズ]との蜜月も終わり、決まった数のアメリカンドッグと毎晩毎晩絶え間なくコツコツならすテラリウムのカメを罵る生活に戻って、古いカウチで汚いクッションに頭を埋めていた。教訓は得た。季節が暗くなり出した頃から、ホームシックになり始めた。友達も、家族も、甘いバージニア州も置き去りにしたのに……この始末だった。残酷な太平洋岸北西部の冬の気候と日光不足のせいで憂鬱な気持ちがより深くどんよりとした影となって迫った。ただし、実家に逃げなくてよい理由が一つあった。それは音楽だった。当時のニルヴァーナはまだ機能不全だったとはいえ、楽器を手にし、アンプのライトがついた瞬間、無言の目標があった。**偉大なバンドになりたい。**または、カートは、あるとき音楽業界の役員の大物ダニー・アイナー［コロンビア・レコーズ元社長、チェアマン］に、ニューヨークの超高層ビルのオフィスでご機嫌伺いをされているとき、こう言った。「俺たちは世界一デカいバンドになりたいんだ」（俺は冗談だろ、と思っていたけど）。俺たちのリハーサル・スペースは、もともと納屋みたいな作りで、それをデモ制作スタジオに改装したものだった。タコマ郊外にあり、オリンピア北部へ車で30分の距離にあった。古くて湿気のある地下室から一歩上がったところにあり、暖房もあったし、小さいPAシステムもあり（かなり疑わしいケバケバしたカーペットも敷いてあった）、最低限必要なものは十分そろっていた。カートと俺はそこに週5回行くのをすごく楽しみにしていた。カートがお年寄りの女性にどういうわけかもらったダットサンB210は、タイヤがなんとか外れずに州間高速道路5に乗るのにやっとという状態ではあったが（実は一度外れた。真っ暗闇の砂利の道路でホイール・ボルトが飛び散った）。俺が流れついたこの新しい人生には欠点があったけど、でも音楽がそれを忘れさせてくれた。音楽のおかげで、その全ては価値があると思えたんだ。リハーサルはいつも、〝ノイズ・ジャム〟で始まった。それはダイナミクスにおける即興的な練習みたいなもので、詰まるところ、3人集まったときの本能を研ぎ澄ますものであり、曲作りをする際に言葉でアレンジしなくても良くするためのものでもあり、そういうことを何も考えずにできるようにした。例えば、冬になると黒い鳥の群れが、野原の上空で睡眠術的な満ち干きを繰り返す波のようになって優雅に舞っているみたいな感じだ。これは、インストで静粛と爆音を繰り返す方法でもあり、それで俺たちは有名にもなった。もちろん俺たちが発明したものではまったくなくて、俺たちのヒーローであるピクシーズのおかげだけど。彼らから多大なる影響を受けてのものだった。新曲の多くでも彼らのそのトレードマークはかなりたくさん取り入れた。タイトでシンプルなバースが爆発し、爆音でスクリームするメロディに変わる。それが音楽的に並列して、最も凶暴な結果が明らかに表れたものが、〈スメルズ・ライク・ティーン・スピリット〉だった。

長い冬が春になるまでには、数え切れないほどの時間をその間に合わせで作ったスタジオで過ごし、曲作りに励んだ。そこで作られていたアルバムが、後にこう名づけられ、知られるようになった——『ネヴァーマインド』だ。これまで所属していたバンドとは違い、ニルヴァーナは、頻繁にショーをやったりしなかった。それは地元の観客をうんざりさせたくなかったからで、代わりにそのエネルギーは、レーベルとプロデューサーを決めてから、レコーディングに注ぐことにしていた。カートは感動的なまでに多作な人で、毎週新しい曲のアイディアがあったから、クリエイティブな意味において煮詰まったり停滞したりすることはなくて、いつでも前進しているような気持ちになれた。夜になると、ベッドルームの扉を閉じた後で、彼の部屋から静かにギターを爪弾く音が聴こえ、汚い古いカウチから彼の部屋の電気が消えるまで眺めていたりしった。毎日、リハーサルに到着してプラグを入れた瞬間に、彼が新しい曲を作ってないか聴くのが待ちきれなかった。音楽を書いているにしろ、今ではあの有名な『ジャーナル』を書いているのにしろ、彼が何かを創作し続けなくては生きていけない姿を観るのは感動的だった。ただ、彼はそれを秘密にしていた。だから曲も秘密で書いていて、いきなり聴かされたから、いつも驚愕させられた。「あのさ、すげえ良い曲を書いたんだ！」なんて事前に通達されることは一度もなくて、曲はただ……いきなりそこにあった。

1990年9月にニルヴァーナに加入した時点で、バンドは前のドラマー、チャド・チャニングと新曲を何曲もレコーディングしていて、サブ・ポップからそれを発売する予定だった。〈イン・ブルーム〉〈Imodium（後の〝ブリード〟）〉〈リチウム〉〈ポリー〉は、すでにその年の始めに、ウィスコンシン州マディソン出身の若き注目のプロデューサー、ブッチ・ヴィグとレコーディングされていた。それはカートの進化し続けるソングライティングの才能を見せつけるものであり、とりわけそれらの曲では、彼のさらに新しくてより成長したメロディと歌詞のセンスが光っていた。それ以前の作品をすでに超えていたし、これからさらに偉大な作品の誕生を約束するものでもあった。簡単に言ってしまえば、それはニルヴァーナがニルヴァーナになっていく瞬間だった。それが、ブッチによる巨大なファッキング・ロック・サウンドと合わさることで出来た音源こそ、このバンドが業界でバズった大きな理由でもあり、後に熱狂的な関心を巻き起こす火つけ役となった。普通のバンドだったら、そこに出来ていた曲でもう十分な評価を得るくらい優れたものばかりだったが、カートが曲を書き続けたので、新曲が次々に出来た。〈カム・アズ・ユー・アー〉に、〈ドレイン・ユー〉〈オン・ア・プレイン〉〈テリトリアル・ピッシングス〉、それにもちろん〈スメルズ・ライク・ティーン・スピリット〉も。たいていはカートのリフに始まり、クリス・ノヴォセリックと俺がカートのリードにそれまで練習してきた直感に従って続き、カートの叫ぶビジョンのエンジンになるように努めた。というか、俺の仕事は簡単だった！　いつコーラスがやって来るのか簡単に分かったんだ。というのも、カートの汚いコンバースのスニーカーが、ディストーション・ペダルに徐々に近づいていくから、それさえ見ていれば良かった。彼がそのボタンを踏む直前に、全力でスネア・ドラムのシングル・ストローク・ロールを爆音で鳴らした。まるで爆弾の中心に向かって導火線が速攻で燃えていくみたいに変化の合図を出した。それに続いて起きる爆破はいつも感動的で、首の付け根までゾクッとするくらいで、3人が結集したサウンドは、否定しようもないパワーを生み出し、その小さな空間では、すでに大きすぎるくらいだった。**これらはすぐに俺たちだけの秘密ではなくなるだろう。**この曲をみんないきなり聴かされて、世界は驚愕するだろう。

デヴィッド・ゲフィン・カンパニーと契約するという決断は、考えるまでもないことだった。ニューヨークの伝説のノイズのヒーローであるソニック・ユースの歩みに従ったまでで、彼らのマネージャーのジョン・シルヴァも雇った。メジャー・レーベルでありながら、ソニック・ユースみたいなエクスペリメンタルなノー・ウェイブのブランドと契約する勇気がある会社なら、俺たちみたいなバンドにとっては絶対に安全な場所のはずだと信頼できた。パズルの完成に必要だった最後のピースは、この新曲をまっとうに完成させてくれるプロデューサーだった。そこで必要になったのは、俺たちが毎晩毎晩リハーサル室を埋め続けたあの生々しい音を維持したままで、新曲を次の次元に引き上げてくれる人だった。俺たちみんなニール・ヤングの作品は、生まれてからずっとファンだったから、ニール・ヤングで有名なデヴィッド・ブリッグスが候補に上がった。デヴィッドの洗練されすぎていない音を捉えるセンスが好きだった。人間のパフォーマンスから生まれる不完全なる要素こそが、俺たちの不調和サウンドに並ぶものだったから。それからドン・ディクソンも候補に上がった。俺たちが大好きだったREMやザ・スミザリーンズのアルバムを何枚も作っていて、彼の手掛けた作品はとりわけソングライティング、技巧、アレンジに否定しようもない注意を払っていることを誇りにしていた。それがカートの進化し続けるメロディと歌詞のセンスにはぴったりだった。しかし究極的には、ブッチ・ヴィグこそが俺たちにはふさわしかった。まず、ブッチ・ヴィグ以上に一緒にいて楽な人もいない。〝落ち着いた〟なんて言葉では、彼の中西部ならではは禅的な物腰は表現しきれなかった。とにかくファッキング・クールな人だったんだ。いつも音楽的要素を10倍くらいに拡大しているのに、まるで大変な仕事をしているように見せないから、俺の理解の範囲はすでに超えていたけど、スマート・スタジオで行ったニルヴァーナとの最初のセッションで、彼が捉えてくれた魔法こそが、その印だとするならば、俺たち自身も含めたあらゆる期待を超える作品になるのは確実に思えた。

新たな仲間となったジョン・シルヴァとDGCの素晴らしい人たちの協力を得て、レコーディング・セッションを開始する準備に取り掛かった。その当時ブッチは、シカゴ出身の若手バンド、スマッシング・パンプキンズのアルバムを手掛けていた。なので彼の手が空くまで、毎日納屋に通って、俺たちの番が来たときのために可能な限り練習に練習を重ね、準備を整えた。スタジオでのんびりするような時間も（金も）なくて、レコーディングは恐らく12日間くらいで終わらせないといけなかったから、どの曲も速攻でレコーディングするのが重要だった。それに、どちらにしても、ジェネシスのレコードを作っていたわけでもないし、バンドのエネルギーを1テイクで捉えるために、俺たちもしっかりやらなくちゃいけなかった。実際できた。待ってるのは辛かったけど――またアメリカンドッグとあのファッキング・カメとカウチで夜を過ごさなくちゃいけなかったわけだし――でも今は、このトンネルの先に光が見えたから。

やがてスタジオをどこにするのかという話し合いになった――それは最重要な要素か、そうでなかったとしても、アルバムの完成度を左右する決定的な要素だった。レコーディング・スタジオというのは恋人と同じで、二つとして同じものはないし、これぞ完璧というのもない。憎らしいけど好きなのもあり、どうしても好きになれないのもある。大事なのは、自分から何かを引き出してくれるスタジオを見つけることだった。シアトルにも素晴らしいスタジオはもちろんあったけど、カリフォルニア州バンバイズの話が上がった。そこには優れたドラムの部屋があって、クラシックなレコーディング・コンソールがあり、（最重要なことととして）死ぬほど安かった。それがサウンド・シティだ。伝説のアルバムが制作された場所として何十年も有名で、ザラついて無意味なこともない、アナログ的美学のアルバムを作るには完璧な場所に思えた。しかも、ハリウッドにあったゲフィン本部により近かった。セックス・ピストルズよろしく、偉大なロックンロールの金の巻き上げに合わないように、彼らが俺たちに目を見張っておきたかったというのも絶対にあったと思う（実際一度そうしようかとも思った）。マジで文句は言えない。その危険度から言ったら、俺たちのレーベル・メイトであるエディ・ブリケル＆ニュー・ボヘミアンズより一段高かったはずだから。だけど彼らが分かってなかったのは、俺たちは本気だったたってこと。

いざ日程が5月2〜19日に決定したら、ロサンゼルスまで千マイルも旅する最終準備に取り掛かった。あと数回リハーサルをして、さらに新曲数曲のアイディアを大型ポータブル・ラジカセでレコーディングして、出発の準備が完了した。正確には、ほぼ完了した。ガソリン代がなかったんだ。だから出発直前に急いでシアトルのダウンタウンにある小さいクラブ、OKホテルでギグをして、なんとかガソリン・タンクを満タンにできる金を稼ぎ、高速の路肩で止まることなくサウンド・シティまで辿り着けるようにと願った。

それは1991年4月17日のことだった。ありがたいことに、小さな場所は汗だくのキッズでぎゅうぎゅうに埋まり、大好きなニルヴァーナの曲を聴くのを待ち構えていた。〈スクール〉とか、〈ネガティヴ・クリープ〉とか、〈アバウト・ア・ガール〉とか、〈フロイド・ザ・バーバー〉とか――そういった曲は、ニルヴァーナのファースト・アルバム『ブリーチ』が好きだったダイハード・ファンの間では、お馴染みの曲だった。だから、俺たちは、いつものように熱狂に身を任せて、観客が全曲を一字一句歌う中で、彼らと数インチと離れていない場所で、楽器を叩きまくった。俺が出演したニルヴァーナのショーは全てそうだったが、それはとりわけ超絶的な体験だった。だけど、すでに信頼のある過去のカタログだけに固執せずに、来た人たちがこれまで聴いたことのない新曲を演奏してみることにした。タコマの小さくて寒い納屋で、この冬に作った新曲を。カートは、マイクに近づいてこう言った。「〈スメルズ・ライク・ティーン・スピリット〉という曲をやる」。会場はシーンとしてしまった。だけど、彼がオープニングのリフを弾いて、俺とクリスが曲に乱入した瞬間に会場が爆発したようになった。みんな飛び跳ね、人と人が重なり合い、デニムとビショビショになったフランネルが俺たちの前に飛び交った。控え目に言っても安心したが、そこまでの反応が返ってくるとはまったく期待してなかった（もちろん、そうだったら良いなあとは思っていたけど）。**これはただの新曲じゃない。**これはそれ以外の何かだった。もしかしたら、もしかしたらだけど、何ヶ月も餓死寸前で凍えて、バージニア州の友達や家族を恋しく思いながら、灰色の太平洋岸中西部の冬を汚い小さなアパートで苦しんでいたのも、俺の強さと忍耐力のテストだったのかもしれない。音楽だけが俺の唯一の慰めであり、報酬だった。本当にそれさえあれば十分だったのかもしれない。ステージのへりで海のように跳び交うデニムと汗だくになったフランネルさえあれは、俺はサバイバルできたのかもしれない。もしここで全てが終わったとしても、たぶん俺はこれまでとは違う男になってバージニア州に幸せに戻ったと思う。

ロサンゼルスに出発するために、カートと俺が古いダットサンに荷物を詰めながら、心の底では、もうここには戻って来ないことが分かっていた。ダッフルバッグを肩に担ぎ、この7ヶ月の間、我が家だった小さな部屋を、これが最後だと思ってしっかりと見つめ、何もかもを心に焼きつけようとした。ここでの思い出と、俺の人生にとってここで過ごした日々の偉大さを絶対に忘れたくなかったから。この先に何が待っていようとも、全てはここで培われたことは間違いなかった。ドアを閉めて立ち去ろうとしたときに、再び何かがここで完結した気持ちになり、胸が破裂しそうになった。針が俺の肌を突き刺すように、絶対に焦ることのないぼんやりした思い出を心に焼きつけた。ちょっとした印がここにあり、あそこにあり。それはその瞬間が去ったことの永遠の印だった。

つまるところ、これは永遠のものだった。

俺たちは取り囲まれ、逃げ道はなかった

WE WERE SURROUNDED AND THERE WAS NO WAY OUT

俺たちは取り囲まれ、逃げ道はなかった。

目に恐怖を浮かべた俺たちのツアー・マネージャー兼サウンドマン、モンティ・リー・ウィルケスがパニックになり、汗だくの頭を控室の扉から突き出して、ナーバスになりながら声高に言った。「外に奴らが大勢来ていて、君たちを殺す勢いだ。ドアに鍵をかけて、俺が戻ってくるまでここにいてくれ。分かったか？俺がノックしたらドアを開けて、外の路地で待ってるタクシーに急いで乗せるから」

1991年秋へようこそ。

テキサス州ダラス、ダウンタウンのディープ・エラム地区にあるツリーズというナイトクラブは、『ネヴァーマインド』北米ツアーで回った会場の一つだった。そのツアーは合理的で、たった40日間で疲弊しながら30箇所回るという、物凄い旅程だった。ここは新しい会場で、キャパのマックスが600人。今回のツアーでブッキングされたその他の会場同様に、ぎゅうぎゅう詰めになったし、ステージは低くて、PAシステムも照明設備も限られていた。裏にあった小さな控室で、カオスとなるパフォーマンスの準備をしたり（またはそれから回復したり）していた。後から考えてみれば、ツリーズは一見すごく小さく見えていたけど、実際はそのツアーでブッキングされた会場の中ではまだ大きい方だった。コネチカット州ニューヘブンのムーンみたいな会場で演奏することに慣れていたし、その数週間前には、物凄く小さくて天井の低い場所に、100人をぎゅうぎゅうに詰めてライブをやった。また、それから数日後には、フィラデルフィアのJ.

C．ダブスがソールド・アウトで、そこでチケット代を払ったのは125人だった。それから数日後のDCの9：30クラブでやったときは、公式キャパの199人以上の人たちが確実に入っていた。土曜の夜の小さくて、狭くて、すし詰め状態のクラブは、ニルヴァーナにとってはお決まりの場所だった。だから、いきなりアトランタのマスカレードとか、デトロイトのセイント・アンドリューズ・ホールみたいな600人から千人のキャパになり、今回のダラスのツリーズのようなことになると、アンドレ・ザ・ジャイアントのブリーフでもはかされたみたいな感じで、ナイーブなアソコにとっては少々大きすぎるように思えた。

新しくレンタルした乗用バンに、機材をパンパンに詰めたトレーラーを後ろにつなぎ、バンドと3人のスタッフは、運転したり、本を読んだり、音楽を聴いたり、きついベンチ型の椅子で時間を見つけては昼寝したりしていた。たいていは、前日のショーのせいで救いようがないくらい疲弊していたけど、ただ幸運だったのは、今回はホテルで宿泊できたこと。神様、ありがとう。スクリーム時代に比べると豪華なアップグレードだった。あの当時は、バンで眠るか、その何時間か前に自分たちがライブでロックしていた会場のビールで濡れたステージに寝袋を引いてゆっくりと眠ったこともあった（もちろん、自分のドラム・セットに添い寝したことも何度もあった）。さらに今回は、かなりの賃金値上げもあった。というか、2倍だった！スクリーム時代の日当は7・5ドルだったけど、ニルヴァーナではそれが15ドルだった。想像もしてなかった大金持ちの気分になった。だからと言って、高級住宅地ハンプトンの家の頭金を払うまではいかなかったけど、ディスカウントのタバコから、とうとう本当のマルボロを吸えるようになった。とんでもなく裕福な王様にでもなったような気分だった。22歳になってようやく待ちに待った人生の節目を迎えることができた。心地良い環境で世界中をツアーできたし、どのショーもソールド・アウトだったし、批評も激賞で、物凄い速さで人気も獲得した。ただ少し速すぎた、というのはあった。

ニルヴァーナの『ネヴァーマインド』は、1991年9月24日に発売された。それはツアー初日からわずか数日後だったが、それから1週間以内にすでに変化を感じた。ショーにやってくる観客の数だけではなくて、やって来る観客のタイプも変わっていった。サブ・ポップ・ファンとか、カレッジ・ラジオ・オタクで、バンドのファースト・アルバム『ブリーチ』から好きな曲を聴きにくる人たちだけではなくなり、突然、もう少し……メイン・ストリームよりな人がどんどん来るようになった。これまではサルベーション・アーミーで買ったフランネルとか、ドクター・マーチンを履いている人が主流だったのに、デザイナー・ブランドのジーンズとか、スポーツ・チームのジャージとか、俺が育ったスプリングフィールドの郊外のキッズたちが着ているような服を着た人が出現し始めた。

〈スメルズ・ライク・ティーン・スピリット〉のシングルがアルバムの2週間前に発売されたら、本来いた場所からすぐにより幅広い観客にまで広がってしまった。しかも、この騒ぎが一体何なのかを観たい人たちが、どんどんどんどん詰めかけ

て、観客は物凄いペースで増えていった。しかも、たいていは会場の中に入れた観客の数よりも、外にいる人たちの方が多かった。**秘密は暴かれてしまった。**

２０１３年に行われたサウス・バイ・サウスウェスト・ミュージック・コンファレンスのキーノート・スピーカーとして、俺はこの倫理上の岐路をこう語った。

> そこからどこへ向かえばいい？　アーティストとして、倫理的にはパンク・ロック・アンダーグラウンドで育ってきたので、あらゆる企業の影響や期待に服従することは拒否し、反発する習慣を身につけてきた。だから、ここからどこへ向かうべきなのか？　こういう成功にどうやって対処すればいいのか？　それから今いかにして成功を定義すればいいのか？　曲を最初から最後まで間違えずに演奏した報酬だとみなせば良いのか？　それとも、新しいコード進行を見つけることなのか？　または自分の抱えた問題を全て忘れさせてくれるような音階を見つけることなのか？　〝俺たち〟の一人から、〝彼ら〟の一人になることを、どのように飲み込めばいいのか？

このとき心の中で綱引きを感じた。少年時代は、母の車に乗ってＡＭラジオを聴きながらロックンロールを発見し、１９７０年代のトップ40の曲を一緒に歌っていたのに、今、心の中では、自分の曲がトップ40になることと葛藤していた。何年も〝パンク・ロッカー〟だったから、メイン・ストリームの音楽は放棄していたし、少しでもメイン・ストリームで成功したバンドを〝セルアウト〟だと嘆いていた。俺の音楽愛溢れる心は、皮肉な心に変わり、そこに混乱と批判の塊が生まれていた。荒んでいたし、批判的になっていたし、しかも、パンク・シーンのクールなカルチャーのルールの中で、何を〝好き〟と言ってよくて、何を〝嫌い〟

と言うべきなのか実はよく分かっていなかった（そうなんだ。ルールがあったんだ。自由の表現のために闘うシーンなはずなのに、実にバカげていると思うけど）。しかしながら、自分が愛し、すごく誇りを持って作り、演奏した音楽を、より多くの人たちが聴き、それを分かち合いたくてやって来てくれたことは、すごく嬉しかった。そこに倫理的なジレンマであり、バンドにとってはインスパイアされることでもあったけど、同時に破壊的なものでもあった。

俺よりもさらにカートにとっては、この岐路はさらに深い問題だった。彼は、ニューヨークの高層ビルのオフィスで、レコード会社の役員に「世界一デカいバンドになりたい」と大声で言った男でもあったわけだが、今それが真実になりつつあることで見えてきた未来への恐怖と対峙していた。もちろん、世界が俺たちのせいで変わるなんて期待していなかったが、（もちろん俺たちが世界のせいで変わることもなかったわけだが）、だけど日々、そうなっているように見えたから精神的に圧倒された。どんなに落ち着いた人でもこんなプレッシャーを感じたら砕けたと思う。

問題は、高校時代にみんなと着る服や聴く音楽が違うからと俺たちを「おかま」とか「ホモ」とか言っていじめたような奴らまでが、俺たちの音楽を好きになり始めたことだった。つまり、ファンベースがマッチョでモンスター・トラック好きの同性愛者差別者やビールとフットボールだけで世界が回っているようなバカ男たちも含むものに変わっていったんだ。俺たちはいつだって社会ののけ者だったし、いつだって変わり者できた。俺たちは奴らの仲間じゃないのに、なんで奴らが俺たちの仲間になってしまったんだ？

そこにビデオが発表された。

9月29日。アルバムの発売から数日後に、〈スメルズ・ライク・ティーン・スピリット〉のビデオがＭＴＶの『１２０ミニッツ』で初めて放送された。『１２０ミニッツ』は、深夜の番組でオルタナティブ・ミュージックを専門に紹介していたから、多くのアンダーグラウンド・バンドにとっては、キャリアのブレイクのきっかけとみなされていて、これまでにもピクシーズから、ソニック・ユース、ダイナソーJr.、ハスカー・ドゥなど、俺のヒーローたちが紹介されてきた。俺たちみたいなバンドがそんな高尚な位置にいるバンドと一緒に紹介してもらえるなんて、デカい、なんてものじゃなくて、それこそ、ターニング・ポイントであり、個人的な意味だけでなく、プロフェッショナルな意味においても、嬉しくなかったと言ったら嘘になる。

ニューヨークとフィラデルフィアのショーの間の夜に一晩の休暇があり、みんなでホテルの部屋で、初めてビデオが紹介されるのを待っていた。ツアー中、カートと俺は同じ部屋をシェアしていたから、並んだベッドに横になり、モリッシーから、ワンダー・スタッフ、トランスヴィジョン・バンプなどが放送される中、永遠かというくらい長く感じる時間を待っていた。１秒経過するごとに、その期待は痛々しいくらい膨らんだ。ダムドに、レッド・ホット・チリ・ペッパーズに、ナイン・インチ・ネイルズ。ビデオからまたビデオが続き、そしてとうとう……俺たちのだ！　まずは、１ヶ月前にイギリスのレディング・フェスティバルのバックステージで撮影した短いプロモ映像が紹介された。そこで俺たちはステージ裏にあった食事用のテントから不自然に「君たちが見てるのは、『１２０ミニッツ』です！」と言っていた。カートはその日、俺のドラムに狂ったようにダイブしたから、腕吊りを巻きつけていた。俺は、堅いベストウェスタンのベッドから大声を上げて、喜びとアシッドでトリップしすぎたのを同時に感じた（両立できるんだ）。「マジかよ！」と思った。「俺たちの見た目ってあんな感じ?」。そしてお待たせしました、あのタコマの薄汚くて小さいリハーサル・スペースでエコーし、聴き慣れたコードが、ドレッサーの上に乗っかったマグナボックス製テレビの小さいスピーカーから鳴り始めた。マジで始まった。俺は自分をＭＴＶで見た。それはマイケル・ジャクソンでもなければ、カーズでもなく、マドンナでもなければ、ブルース・スプリングスティーンでもなかった。違う。クリスと、カートと、俺が、あの納屋で書いた曲を演奏していた。ダリの溶けた時計だって、この最もシュールリアルな瞬間には敵わない。

大喜びでベッドサイドにあった電話から、部屋から部屋へとパジャマ・パーティーのガキみたいに大騒ぎしながら電話しまくった。「やってる！　今やってる！」。かわいそうなホテルの電話オペレーター。話し中の部屋から話し中の部屋へ、線をあっちにつないだり、こっちにつないだり。信じられなかったし、祝いたかったし、ショックだった。これぞ一生忘れられない瞬間で、今、目を閉じても、あの薄汚い海老茶色のカーペットから、欠けた木製の家具から、その部屋のどんな細かい部分も思い出せる。それは俺の人生を変えたばかりか、その当時の世界の音楽を変える事件だったから。

それから間もなくして、このビデオのおかげで津波が起きた。〈ティーン・スピリット〉のビデオは、1979年ジョナサン・カプラン監督、マット・ディロン主演映画『レベルポイント』に影響されて作ったもので、若き反抗のダークな肖像だった。撮影には、前日のハリウッドのロキシーでやったショーにいた本当のファンも来て、一緒に行った。監督はサミュエル・ベイヤーで、カートが頭に描いていたのは、高校の激励会が暴動に変わり、不満を抱えたティーンと、タトゥーをしたチアリーダーと、若きパンクスが、至福のモッシュ・ピットで体育館を全焼し、怒りと苛立ちを、積み重なった瓦礫とくすぶる灰と共に残して去る、という光景だった。**これは明らかに俺たちみんなが共感できる感情だったが、まさか全世代が同じように感じるとは誰も予想していなかった。**当初そのビデオクリップは、その晩に一度だけ放送された。MTVが、プライムタイムに放送するには物議を醸し出す恐れがあるという判断をしたためだったが、そう長くもしないうちに、普通のローテーションの中で放送されるようになった。一旦その中に入ったら、山火事のような速さで広まり、世界を焼き尽くしてしまった。

ニルヴァーナは、誰もが知るバンドに変貌しようとしていた。それから数週間以内には、バンドへの大騒ぎは狂乱に変わり、クールな叔母や叔父までが合唱できる曲を作った、この二十代初めの髪がぐちゃぐちゃの3人のフリークの、よく分からないバンドに注目が注がれるようになった。驚いたのは、このレンタルしたバンの中の小さくて臭くて安全な世界の変化は少しだけだったこと。ダッフルバッグに、カセット・テープに、ファストフードの容器に、空っぽになったタバコのパッケージ。俺たちみたいなバンドにとって、それは当たり前の光景だった。急速に変化したのは、外の世界だ。サインから、ラジオ・インタビューから、会場は人で溢れてはち切れんばかりとなり、何度も暴動寸前になった。ツリーズでのショーの数日前に予定されていた、セント・ルイスのミッシシッピ・ナイトのライブを放棄しなくちゃいけないほどだった。スラム・ダンスとか、ステージ・ダイブを知らない会場ではよく起きたことだが、地元のセキュリティがファンに荒すぎるとカートが言ったのに触発されて、観客がステージになだれ込んでしまったからだ。完全にカオスだった。そのとき俺は、シカゴでカートと一緒に俺のドラムを粉々に破壊してしまったから、前座のアージ・オーヴァーキルのドラムを借りていた。それで、キッズたちが波のようにフェンスを越えて、小さいステージになだれ込み、機材をつかんで、マイクに向かって叫び出したから、俺はアージ・オーヴァーキルの控え室に退却して大喜びしながら説明した。「暴動が起きてるよ！」と言った途端にドラマーのブラッキーが、「マジかよ！　俺のドラムは⁉」と言った。

ダラスに到着した頃には、もう何が起きるのか分からなかった。ただ、その夜の雰囲気はとりわけピリピリしていたし、異様にジメジメして湿度が高かったから、手製爆弾の短い導火線みたいに会場の緊迫感も高まっていた。演奏を開始しようとステージに足を踏み入れた段階で、すでに観客がフロア・モニターやカートとクリスのギター・ペダルの上まで溢れ出していた。バンドが1音も鳴らしてないのにその状態だったから、想像してみてほしい。壁を背中にして、その前には、６００人のアルコールとアドレナリン・ジャンキーたちが、俺たちと会場全体をぶっ壊してやろうと待ち構えている。それをさらに10倍にして見ると、その日の夜にニルヴァーナのメンバーが抱いていた心境に近い。さらに悪いことに、始まった瞬間に機材トラブルがあったから、ギアの調整をしている間に、〈ハバネラ〉［オペラ『カルメン』のアリア］のディストーシヨン版を皮肉な感じで演奏した。ギター・テックのニック・クロースは、ステージの端から端を半狂乱で走り回り、この絶望的な状況をなんとか救済しようとしていた。もうこのままやるしかないと分かったので、カートが少し何か言ってから、最初の曲を始めた。俺たちが大好きなスコットランドのバンド、ヴァセリンズのカバーで、〈ジーザス・ダズント・ウォント・ミー・フォー・ア・サンビーム〉だ。

その瞬間、会場は狂気となり、観客の精神異常とすら言える生々しいエネルギーが、1分ごとに物凄い勢いで膨らんでいった。セット開始から6曲目の〈スクール〉までいったときには、ステージまでなだれ込む観客の波が危険なレベルに達して、カートがマイクに向かって歌おうとすると、顔は蹴られるは、歯は殴られるはという状況だった。カートが苛立っているのが分かったし、カートが苛立ったとき何をするのかもよく分かっていた。**何かが破壊されるんだ。**それが彼のギターなのか、アンプなのか、俺のドラムなのかは分からないけど、絶対に何かが破壊される。カウントダウンの始まりだ……。

それから4曲後に、機材トラブルさえなければ本来は優しいアコギの曲〈ポリー〉を〝喧《やかま》しい機材トラブル破綻版〟でパフォーマンスした後に、カートが切れた。左を向いて、ギターを持ち上げ、モニター・エンジニアのサウンド・ボードを粉々に破壊し、何度も何度も叩きつけたから、スイッチもつまみも、破壊されたその破片も、ステージ中に飛び交っていた。カートは我慢の限界に達していた。このショーだけの問題ではなくて、この夜に至るまでの全てに対して。毎週毎週のカオスで、緊迫感は増し続け、とうとう爆発してしまった。カートのフラストレーションが、暴力的な怒りを生み出し、その激怒を表現することで発散された。観客は大喝采となり、大喜びした。それがエンターテイメントの一部だと思ったみたいだった。観客が分かってなかったのは、これはフリなんかではないってこと。それはリアルだったんだ。

こうなったら、もうどうなるか分からない。ドラムに座り、このアナーキー的状況が繰り広げられているのを見ながら、俺が考えていたことはただ一つだった。「非常口はどこだ?」だった。そんなことを考えながらパフォーマンスしている人は、それほど多くないはずだ。ただ、そもそも俺たちは、その他のパフォーマーとは同じでないことの方が多かったわけだけど。俺たちに起きていたことに、ルール・ブックはなかった。つまり、開拓時代のアメリカ西部みたいなもので、サバイバルするためには、その都度長く暗いトンネルの先にある光に向かって進むしかなかったんだ。スクリームでの日々もカオスで、違法占拠された場所で眠ったり、スキンヘッドやジャンキーに暗い路地を追いかけられたり、次の食事にありつけるのかまったく分からなかったけど、でもこの規模の大きさは当時と比べ物にならなかった。これは危険だった。

それでも、俺たちは頑張って演奏し続けた。笑えたのは、モニター・エンジニアがミキシング・デスクの上に木のパレットをつけていたこと。また破壊されることを恐れていたんだ。スピードを上げたこの電車は、すでに線路から外れていたし、全員と全てを乗せたまま衝突の道へまっしぐらだった。ここで再びショッキング・ブルーのカバー〈ラヴ・バズ〉（ニルヴァーナのファースト・シングル）を演奏するとカオスは続いた。人の体が次々にステージに降って来たし、ディストーションのコードを弾く度に、すでに汗でビショビショで液体になったとすら思える600人の皮膚1インチごとがさらにびしょ濡れになる度に、会場の温度は上昇していった。その曲の二つ目のコードを弾いた後で、カートがギターを持ったまま観客に飛び込み、クラウド・サーフィングして、ベトベトの髪の毛とタトゥーをした手足の上を旋回しながらギター・ソロを弾いた。彼はステージに降りながら、熱狂的に手足を振り回し、急に思い出したようにダンスし、巨大なセキュリティ・ガードの上に落ちた。そのセキュリティは、キッズをステージから追い払うように配置されたのだった。彼はなんとかカートを自分から下ろそうと、カートの小さい体に彼の腕力を振るったから、闘うか逃げるかみたいになってしまい、カートは即時に防御体制に入って、自分のギターをそのセキュリティ・ガードの頭でぶっ壊した。彼の頭がパカっと開き、血が出て、すぐに不吉なモヒカンに血が流れ始めた。呆気にとられながらも頭が切れていることに気付いて、カートが立ち上がった瞬間に、今度はその巨大なセキュリティがカートの顎を殴ったから、カートはそのまま床にぶっ倒れた。何の躊躇もなく、俺とクリスは楽器は投げ捨てて、友を救うべく間に割って入った。曲は突然終わって急停止だった。クリスはセキュリティを説き伏せようとし、シャツを脱いで彼の血を抑えて止めようとまでしていたが、観客はそんな最中でも、「ふざけんな！　ふざけんな！　ふざけんな！」とクラブ中に響きわたる声で叫んでいた。カートがフラフラしながらステージの反対側へ歩いていったので、俺は出口に向かった。もう終わりだと思ったんだ。

でも、これで終わりじゃなかった。

クラブの従業員に、セットを終わらせなかったら即座に暴動になる恐れがあるから、どうしても最後までやってほしいとお願いされた。だからまだ血で濡れたステージに戻って、最後まで演奏することにした。カートのギターは、セキュリティの頭蓋骨を酷く叩きつけたから、激しくチューニングが狂っていたけど、それくらいでは止めなかった。不協和音で狂ったサウンドが、会場の不穏な空気感をむしろ引き立たせていたとすら思う。最後に演奏したのは、俺たちの曲の中でも最速で最もパンク・ロック的なサウンドの〈テリトリアル・ピッシングス〉だった。そこでようやく楽器を下ろし、控室に向かった。その日の異様な展開はトラウマにすらなったと思う。カオスや無秩序に慣れていたとはいえ、これはまた別物だった。楽しくもなかったし、暗かった。でも、なんとか終わらせた。

しかし、血だらけのセキュリティと奴の社会不適合者の仲間が、俺たちを殺そうと外で待っているとは知るよしもなかった。いつの間にか、復讐の大虐殺までも街にもたらしてしまったようだ。奴らは仕返しに俺たちの血が見たかったんだ。でも会場を去る何百人もの観客の中に、奴らの計画を察知した人がいて、スタッフに伝えてくれた。俺たちは控え室で汗だくになったところから回復しようとしていたが、そこにすぐその情報が伝達された。モンティは、俺たちが追い込まれていると分かったので、脱出計画を考え、タクシーが裏出口に来たら、控室から路地の出口へ台所のネズミみたいに走った。カートが先頭で、クリスと俺が続いた。合図が来るのを待ち、扉が開いた瞬間にカートがタクシーの後部座席に飛び乗り、クリスが続いた。そこで誰かが叫ぶ声が突然聴こえた。「奴らだ！　あのマザーファッカーズをとっ捕まえろ!!」。もちろんそれはあのセキュリティとその仲間だった。燃えるような目をして、殺してやるんだと言わんばかりに突撃して来た。しかし俺がまだ車に乗る前に誰かが扉をバタンと閉めて走り去ってしまった。彼らは、残虐なチンピラの胡散臭い連中に夜中追いかけられ、土曜日の交通渋滞にはまり、エルム・ストリートで追いつかれて、乗客席の窓をぶち壊され、一撃を食らわされた……のかどうかは俺には分からない。クラブの前に置いてけぼりになって、ホテルに帰る術もなかったから（結局キュートな女の子が車で送ってくれることになったけど、向かう途中で交通事故にあったとかあってないとか）。

それでも、みんななんとかサバイバルできたから、この巡業サーカス団は次の都市へと向かった。このツアーも残り12日あったので、まだ車輪

が外れる時間は十分にあった。だけど、少なくとも俺たちは正しい方向へ向かっていた。我が家だ。

ハロウィーンに最後の地元ライブをするために戻って来た頃には、精神的にも、肉体的にも、完璧に疲弊していた。各地に俺たちの痕跡を残してきたとは思うが、その証拠に俺たちにも傷跡が残っていた。そのわずか40日間で、失うものは何もない髪がぐちゃぐちゃの3人の若者から、ゴールド・ディスクを獲得した髪がぐちゃぐちゃの若者になっていた。これで俺たちの世界は永遠に変わってしまった。そして君たちの世界も。でも、これはまだ始まりでしかなかった。

俺たちは取り囲まれて、逃げ道はなかった。

二人の間の溝

THE DIVIDE

「今日どこで泳ぐと思う?」。仲の良い友達のブライアン・ブラウンが興奮して言った。サンフェルナンド・バレーにあった、人が多く、エアコンはないピート・スタールの家の死にそうに暑いベッドルームから、俺は答えた。「分かんねえ……どこ?」

「シャロン・テイトがマンソン・ファミリーに殺された家だよ」。黙って電話を持ったまま、その身の毛もよだつ誘いについて少し考えてから答えた。「シエロ・ドライブの? マジか?」その場所のことは正確に知っていた。俺はアメリカの悪名高い残虐な集団殺人については詳しくて、ティーネイジャーの頃から、その不気味な世界に夢中だったから。キャニオン・ヒルからそのゲートにまで続く、長くて曲がりくねった道は頭で描けたし、ロサンゼルスのダウンタウンを見下ろす家の横の車道も、かつては血で〝PIG（ブタ）〟と書かれて汚された玄関までの道も、小さなロフトの下の暖炉の横で3人の無実の人たちが恐ろしい運命に見舞われたリビング・ルームも、豆型のプールも、それを挟んであった主屋とゲストハウスも。そこに、アビゲイル・フォルガーが泊まっていて、彼女は情け容赦なく虐殺されたことも知っていた。『Helter Skelter: The True Story of The Manson Murders』［ヴィンセント・ブリオシ、カート・ジェントリー著／74年刊］を読んだり、スパーン・ランチにいたチャールズ・マンソンのホームレスでヒッピーだった〝家族〟も粒子が粗いドキュメンタリーで見ていたから、殺人現場の青写真を頭で描けるくらいだった。

「行こう」

1992年は、散らかったホテルで目を覚ますと、当然とはいえ、とんでもない二日酔いで始まった。何しろ、その前の晩はサンフランシスコのカウ・パレスでレッド・ホット・チリ・ペッパーズと、ニルヴァーナと、パール・ジャムで1万6千人の観客と一緒に大晦日を祝ったんだ。ニルヴァーナは、大騒ぎになった記念碑的な年を西海岸の短いアリーナ・ツアーで締めくくった。どの会場も大入り満員で、何千人もの若いパンクスが集まり、間もなく音楽的革命を起こす若い注目の3バンドを目撃しようと集まってきた。観客は急激に増え、毎晩ステージから観ていても、ファンが歌詞の一字一句を耳が聴こえなくなるくらいの大声で歌っているのが分かったし、彼らのエネルギーや美学からも、ラジカルなカルチャーの変化が目の前で起きているのは明らかだった。これはすでにアンダーグラウンドのサウンドではなかったし、深夜のカレッジ・ラジオでもなかった。これはメイン・ストリームのポピュラー・カルチャーを守ってきたゲートを壊す破壊槌であり、この3バンドがそれを奪取する先陣を切っていた。

音楽シーンの波を変える以上に、シアトル西部にあった俺の小さなベッドルームの生活も変動し続けた。ニルヴァーナのすでにカオスと化した小さな世界に、毎日何かしらの新しくてとんでもない発展があったから。かつては小さなグループでしかなかったのに、それがどんどん物凄い速さで回転し始めてしまったから、オンボロの遊園地のジェットコースターに必死でしがみついているみたいだった。世界を変えてやろうなんてまったく思っていなかったのに、それがあまりに激しくなってしまって、もうどうにも収拾がつかなくなっていた。もう俺たちには、どうすることもできないレベルだった。どんなに阻止しようとしても、もう止められなかった。サウンド・シティというロサンゼルスの薄汚い古いスタジオで12日間で作ったアルバムは、1週間に30万枚売れていた。しかもビルボードのアルバム・チャートでマイケル・ジャクソンを1位から蹴落としたというニュースは、１９９２年1月11日、俺たちが初めて『サタデー・ナイト・ライブ』［米人気ＴＶ番組］に出演するのと同じ日に報じられた。

これこそが恐らく、俺の人生が永遠に変わってしまった瞬間だった。子どもの頃から、『サタデー・ナイト・ライブ』は、ダントツで好きなテレビ番組で、毎週末この番組を見たいがためにパジャマのまま遅くまで起きて、ヒーローたちが深夜のテレビ番組に出るのを心待ちにしていた。しかも、ダン・エイクロイドに、ギルダ・ラドナー、ジョン・ベルーシ、ラレイン・ニューマン、ビル・マーレイ、スティーヴ・マーティン、アンディ・カウフマンなどの天才コメディアンだけを待っていたわけではなくて、毎週出演する幅広い音楽ゲストもとりわけ楽しみだった。若いミュージシャンにとっては、それが教育の場ですらあり、世界で最も尖ってるアーティストたちがライブ・パフォーマンスに関する巨匠の授業をしてくれるようなものだった。その中でも飛び抜けて人生の新たな進路を示してくれたのは、１９８０年、B-52'sのヒット曲〈ロック・ロブスター〉のパフォーマンスだった。

その3分間と言ったら、単にバンドが曲を演奏しているなんてものではなくて、慣習に囚われ

て窒息しそうになっている人たちや、変わり者であることを恐れて堂々と表に出せないでいる人たちのための叫び声を上げてくれているようなものだった。あらゆる人たちが持つ美しさや奇妙さこそ、祝福していたんだ。

当時10歳だったから、俺の思想はそこまで複雑には発展していなかったが、今はそれが分かる。当時ですら、彼らがその奇妙さに誇りを持っているのを観ていて力が沸いたから。彼らの突飛で、熱量が高くて、なんだかよく分からないダンスを観ていたら、俺も殻をぶち壊して外に出たいと思った。ありきたりのことなんかに従いたくない。B-52'sみたいに集団から抜け出したいと思った。大衆からは離れた人生を送りたいと。どんな子どもたちでも、人生において、独立精神とアイデンティティが交差して人生の究極の道を決断する黄金の瞬間ってあると思うんだけど、俺にとってはこの瞬間がまさにそれだった。つまり俺は、音楽とコメディを愛するギターを持った社会ののけ者になりたいと思ったということ。驚きだろ。

ただ、ニルヴァーナが『サタデー・ナイト・ライブ』でパフォーマンスできることになったときは、バンドにとって複雑な時期だった。そもそもレッド・ホット・チリ・ペッパーズとパール・ジャムと西海岸ツアーを終えてからというもの顔を合わせていなかったし、その時点で75公演もやってあまりに疲弊していたし、3人ともバラバラだった。俺はバージニア州の実家に帰り、クリスはシアトルに戻り、カートはロサンゼルスの新居に行った。番組のためにニューヨークで会ったとき、倦怠感のようなものがあったし、とりわけカートには明らかにあった。俺としてはこれがバンドの勝利の再会みたいなものになってくれればと願っていたわけだけど、俺の人生を変えたテレビ番組へ出演するために集まったわけだし、でも何かがちょっと……外れていた。その時点でバンドの基盤が揺らぎ始めていたんだが、そのときとうとう亀裂が見え始めた。しかも、〝キング・オブ・ポップ〟［マイケル・ジャクソン］を王座から降ろしたどこの馬の骨だか分からないバンドを初めて見てやろうと、何百万人もの人たちがテレビの前で待っている中で、生演奏しなくちゃいけないときに限って、バンドの基盤の揺らぎは勘弁してほしかった。

「レディース&ジェントルメン……ニルヴァーナです」

カートが、〈スメルズ・ライク・ティーン・スピリット〉の前奏をかき鳴らし始めた瞬間に、この曲はこれまでも世界中の満員の会場で毎晩演奏してきたのに、人生が走馬灯のように駆け巡った。ここはB-52'sが立っていた場所であり、ディーヴォが立っていた場所であり、ボウイが立っていた場所であり、ボブ・ディランから、ミック・ジャガーから、全てのレジェンドが同じ場所に立ち、何百万人もの俺みたいな若いミュージシャンのために曲を演奏してくれた場所だ。みんないつもより夜更かしして、ヒーローが曲をパフォーマンスするのを観たおかげで人生が形成されたんだ。そう考えたらぶっ倒れそうだったし、吐きそうになったし、隠れたくなった。それで力の限りドラムを叩きまくり、なんと……スティックを折ってしまった。

ファック。

つまりタイヤ一つパンクした状態で3つのエンジンを運転しなくちゃいけないってことで、サンドイッチが一つ足りない状態でピクニックに行くようなものだった。長年の友人で、この番組ではドラム・テックをやってくれたジミーと目を見合わせて、恐怖で凍りついた。スクリームのショーで一度同じことがあったけど、そのときの観客は75人だったから、世界中の人が観ている前とは、まるでわけが違った。「とにかく叩き続けろ」と自分に言い聞かせて、人生最大の価値と目的を持って、ドラムを叩き続けた。ドラムが一瞬ない瞬間があったから、その隙に光速でもう1本のドラム・スティックをつかみ、なんとか曲を終えられた。馬1頭でも殺せそうなくらいのアドレナリンが放出されたが、でも生涯心に残る誇りになった。それに「俺たちがパフォーマンスしたことで、慣習で窒息しそうになりながら、変わり者である自分を堂々と宣言できないでいる新世代のキッズたちの叫び声を代弁し、人生の美しさや奇妙さをとうとう祝福して良いんだ、と自由を得てくれたかもしれない」と思った。

ああ、それから、その晩ウィアード・アル［アル・ヤンコビック］が直々に控え室に電話してきて、〈スメルズ・ライク・ティーン・スピリット〉をカバーしても良いか？と訊いてきたんだ。そのとき俺たちは正式に有名人に認定されたと言える。

力尽くで『サタデー・ナイト・ライブ』をやり切った後、3人はまたバラバラになった。そこから2週間後にまたロサンゼルスに集合して、〈カム・アズ・ユー・アー〉のビデオ撮影をして、その後、オーストラリアと日本へ3週間半のツアーに向かうことになっていた。それもまた、まさか生きている間に自分がこの目で見ることになるなんて、想像もしていなかったようなことだ。しかし、LAに到着したビデオの撮影初日に、カートの具合が良くないことに気付いた。脆《もろ》く見えたし、なんだか体が小さくなっているようにも見えた。さらに彼の目を見てすぐに、バンドと離れている間に彼がハイになっているのが分かった。

1991年1月、ロサンゼルスで友達の家に泊まっているときに、カートがヘロインをやっているのを初めて知った。ヘロインをやっている奴を知らなかったし、ヘロインについてほとんど知識がなかったから、物凄くショックだった。俺はわずか3ヶ月前にバンドに加入して、カートと小さなアパートで同居していたのに、俺の知識不足だったせいで、彼がそういうことをする人だと見抜けなかっただけかもしれない。俺にとってヘロインは汚いストリートのドラッグで、売春婦とかダウンタウンの暗い路地にたむろするジャンキーだけがやるものだった。世界的に大成功している心優しくて、親切で、愛されるアーティストがやるものではなかった。もちろん、これまでも数えきれないくらいのロック伝記本の中で、薬中で痩せこけた伝説のロック・スターたちの神話を、何かの勲章でも手に入れたかのように美化して書いている話は読んできたけど、実際に自分がその世界に関わることになるなんて、これっぽちも思っていなかった。ワシントンDCはヘロインの街ではなかったけど、でもシアトルは、ヘロインの中心地だった。

カートは、ヘロインをいつもやっているわけではなくて、一度やっただけだと、俺には断言していた。「針が嫌いなんだ」。だから、わざわざアメリカを横断して、ここまでやって来て、赤の他人と共同生活を始めたのに、ジャンキーのせいで俺が人生を棒に降るなんてことにはならないから、と納得させてくれた。俺はヘロインについて何も知らなかったから、彼が言っていることをそのまま信じた。そんな秘密を俺から隠し続けられるわけがないと思ったし、または俺がそう思っていただけだったのかもしれない。

ある晩、オリンピアで友達と飲みに行ったときに、誰かが処方箋の鎮痛剤を持っていた。「ビールと一緒に何錠か飲んでみて。すげえハイになるから」と聞いただけでナーバスになって、俺はカクテルだけを飲み続けた。だけどカートが酒と一緒に2、3錠飲んだところを見て、物凄く怖くなった。俺はいつも摂取しすぎたらどうなるか想像しただけで怖くなり、臆病になる性質だったが、バージニア州にいた頃も、どこまでできるか知りたくて限界に挑戦する友達が必ずいた。カートも、全てにおいてそのタイプなんだということが徐々に分かってきた。

そのせいでやがて二人の間に溝が出来るのを感じた。それをやる人と、やらない人の2種類なんだ。バンドの世界が壮大になっていく中で、俺たちの溝もどんどん大きくなっていった。ニルヴァーナというのは、3人の強烈な個性で形成されていて、それぞれに特質があり、奇癖があり、それこそが俺たちがいざ楽器を手にしたときに生み出す特別なサウンドの理由だった。だけど、音楽以外の場所では別々の人生を生きていた。3人ともまったく違う人生だったんだ。

ビデオの撮影をしているときのカートのか弱さがあまりにショックで、彼の健康状態が心配になったばかりか、これから始まるツアーにも不安を感じた。とりわけ、地球の反対側に行くようなツアーだったし、愛する人たちや会いたい人たちが完全に手の届かないような遠くに行くものだったから。彼のこの健康状態で、ショーからショーへ、空港から空港へ、ホテルからホテルへと目が回るようなツアーをサバイバルできるとはとても思えなかった。でも、そのまま続けた。今でも、当時のカートの状態を知っている身としては、〈カム・アズ・ユー・アー〉のビデオを観るのがすごく辛い。カメラの効果とスーパー8フィルム映像が粗いおかげで、俺たちの姿は鮮明じゃないし、ぼやけているけど、でも俺にははっきり見えるんだ。あのときこそが、3人がそれから何年か続く乱気流の時代に突入した瞬間だったということが。

オーストラリアの夏の暖かい太陽と、それ以上に暖かいオーストラリア人の性格がありがたかった。暗い冬からやって来た俺たちにとっては——あらゆる意味において——絶対に必要だったし、家に置いて来たものから脱出できた。あのとき、あの場所に行ったのは絶対に正解で、おかげでバンドは軌道修正できたと思えた。これまでアメリカ中、ヨーロッパ中を旅してきたけど、世界のこちら側に何があるのかまるで想像もつかなかった。だからバーベーキューに出現したハエのごとく、目の前の物には手当たり次第飛びついた。ボンディ・ビーチでサーフィンをして、コアラを抱っこして、カンガルーと一緒にキャンプした。ジェット・スキーもしたし、バンジー・ジャンプもしたし、おまけにヴァイオレント・ファムズと同じステージに立つ機会すらあって、それがこの旅のハイライトだった。カートはまだ脆《もろ》い感じではあったけど、でも強烈なライブを8回もやって暴れ回っている間に、濃い霧から抜け出したようにも見えた。どの会場もバンドの人気が爆発している時期としてはあまりに小さかったけど、それにもすぐ慣れた。俺たちは大丈夫だ、と希望を持ち始めた。カートも大丈夫だと思った。日本に向かうときが来た頃には、俺たちは無事に危機から脱出したと思っていた。

オーストラリアが、違う半球であったとするならば、日本は違う惑星に思えた。生活における何もかもが、巨大なカルチャーショックで、そのとき本当に家から何百マイルも離れたところに来てしまったんだなあと実感した。で、それが心の底から大好きだった。これまで日本みたいなところを見たことがなかったし、日本の人たちも俺たちみたいな奴らを見たことがなかったんだと思う。だから大阪での最初のショーの会場といったら、俺たちがこれまでライブしてきたようなビールの染みがついて、漂白剤で掃除された匂いが漂う典型的な場末のバーとは違い、いきなりケネディ・センターみたいな場所だった。美しいベルベットの席の上にはシャンデリアが吊り下げられていて、染み一つなかった。それはそれで奇妙ではあった。観客は席から立っても良かったけど、その場から動いてはいけなかった。しかも、通路に規則正しく立っている人たちは白い手袋をした軍事警察みたいで、観客が自分の指定の位置から動こうものなら、すぐにでも飛びかかる準備万端という感じだった。それを見て、俺たちはその夜、これまでなかったくらいに激しく曲を演奏しまくって、観客が大暴れしたくなるようなライブをやった。俺のドラムから見た限りでは、観客は指定の位置を突破してステージに来たそうに見えたし、叫び声を上げて爆発したいように見えた。つまり、変わり者である自分を堂々と宣言したがっているようだった。何曲かやる度に、席から離れてステージに向かって走ってくるようなファンもいたけど、その白い手袋に止められて、会場から外に出されてしまった。つまり〝俺たち対奴ら〟になったんだ、と俺は思っていた。だから、俺はさらに最強の演奏をした。

その夜のライブが終わりに近づいたときには、もう何をするのか正確に分かっていた……機材をめちゃくちゃに破壊することだった（そのときまでには俺たちのライブのお決まりになっていた）。観客が見守る中で、カート、クリス、そして俺は完璧に機材を破壊した。母と父に、「オヤツはなしです」と言われて、かんしゃくを起こした子どもみたいだった。つまり、代わりに俺たちが、観客にオヤツをあげたというわけだ。

破壊されたドラムと倒れたアンプと鳴り響くフィードバックを残したままステージを去った。そこで怖くてガタガタ震え、今にも涙を流しそうな若い日本人男性が俺の方にやって来た。「ドラムがお嫌いだったのでしょうか？？？」。すすり泣きながら震える声で訊いてきた。「違う、違う、違う……ドラムは最高だったよ！」と混乱しながらも答えた。世界中の日本以外の場所だったら、この日のパフォーマンスは大成功！と言われるようなものだった。だけど俺たちがいた場所は日本であり、ここは敬意と礼節を重んじる国だ。俺たちが今やった恥知らずの反抗的行いは、ここでは普通じゃないのだ。それに、この男性はタマ・ドラムの代表者だったから、彼らが俺のために用意してくれたドラムが気に食わなかったんじゃないかと恐れ慄いていたんだ。それで彼にしっかりと説明をすることにした。俺たちの反抗は、あの美しいドラムとはまったく関係のないことです。むしろ演奏させていただき光栄でした。これはむしろ祝福の行為だったのです。

家に戻る前、最後にハワイに行き、ホノルルのピンクス・ガラージという小さなクラブでショーをやった。当時人気の頂点だったから、その会場も俺たちには全然小さかった。そのショーを最後に家に帰り、長い休暇に入ることになっていたから、俺は終わった後も1週間滞在を延長することにしていた。バカみたいなオーシャン・ブルーのマツダ・ミアータのコンバーチブルをレンタルして、ムカつく観光客みたいに（実際そうだった）ビーチというビーチで喧《やかま》しい音を出していた。それは、俺のそれまでの全人生の中でも最も気の狂った年の収穫だった。バンドにおけるこの章が終わりを迎えることは、なんともほろ苦かった。行く場所全てで日々対峙したカオスが、むしろ大好きになっていたから。それに、あんなにハイになる体験もないから。バンドには亀裂が入り始めていたけど、でも、いつでも全身全霊を込めてライブをやったので、それが俺たちをつなぎとめていた。しかし俺ももう疲れていたから、家に帰って、リセットして、サバイバルするために何が一番大事なのか忘れないようにしなくていけないときが来た。つまり家族であり、友達であり、我が家だった。深呼吸して、一体今自分に何が起きたのかを考えてみる必要もあった。

「グロール様、お荷物が届いています」

ホノルルのホテルでチェックインしたら、すぐにカラフルなトロピカル・ドレスを着た明るいフロント・デスクの女性がフェデックスの封筒をくれた。なんだろうと思って開けながら、ツアー中に誰が俺に何を送って来るんだろうと驚いていた。しかも、こんなに永遠に終わらないツアーで世界中をジグザクしているときに、どうやってどこにいるのか分かったんだろう。母からの手紙かな？　マネージャーからのお祝いかな？　知らないうちに何かしらの犯罪でも犯して出頭命令かな？　違った。ずっと良いものだった。

生まれて初めてのクレジット・カードだった。

23歳にして、これまではクレジット・カードを作ったこともなければ、ATMカードすら持っていなかった。それどころか、100ドル（おばあちゃん、ありがとう）以上入った銀行口座だってなかった。つまり、これは俺の人生を一気に変える革新的なものだった。この4年間、俺はタバコと、ジャンクフードと、ビールで、その日のうちになくなる少ない日当でサバイバルしてきた。だからこれは最高すぎて信じられなかった！　確かにバンドは、100万枚は優に超える売り上げを記録していたけど、稼いだ金はまだ1ペニーたりとも使ってなかった。それどころか、自分が一体いくら稼いだかも関心がなかったから、これからそれが判明する。

フロント・デスクの横にはギフト・ショップがあったから、この〝モノポリー〟で手に入れたばかりの金を試してみたくて仕方なかった。レイを風でひらひらさせながらロビーを速攻で走り、サングラスがある棚に直行した。大喜びでブルー（当然マツダと色を合わせて）の反射するサングラスを手にした。ナーバスになりながらもレジに持って行き、カードを機械に通して承認されるのを待つ数秒が何時間にも感じた。でも彼女はレシートをレジから切り取って、サインをお願いしますと渡してきた。そこで波が変わったのを感じた。これでもう冷たい豆の缶詰とはおさらばだ。3本で1ドルのアメリカンドッグとはおさらばだ。〝糞かけ飯〟（カートの得意料理で、ツナ缶、胡椒、小麦粉、トースト）ともおさらばだ。これからすぐに日焼けするはずの鼻の上に誇らし気にサングラスを乗せて、駐車場の向こう側にあるレストラン、ベニハナに目をやった。

「おおおマジかよ」と思った。「今夜はご馳走だ……」

この後は、よく言うようにご存知の通りだ。

日焼けして、腹いっぱいで、幸せになって、ミスター・ロアークとタトゥーの『ファンタジー・アイランド』［70年代の米TVシリーズ］ばりに、子ども時代以来初となる〝休暇〟を過ごした後、バージニア州に直行した。しかし、この新たに手にした財政的な自由には、新たな責任が生まれた。想像もしていなかったことがとうとう起きたんだ。俺が金を持ってるなんて。これまでの人生では、母がいくつもの仕事を掛け持ちしてやりくりし、1ペニー残らず数えていたのを見てきたから、今の状況には心地良さがあった。でも、まだその規模を把握できていなかったから、質素な生活をしていた。それに父から（勘当は辞めにして）すぐに警告された。「こんなの長く続くわけがないのは分かってるよな？　だから全ての小切手をこれが最後だと思うようにしろ」。それは今日に至るまでにもらった最高のアドバイスだったかもしれない。それでも俺は、バイク・ディーラーに直行して、ジミーと俺におそろいのヤマハVMAXを買い、即座に破産したらどうしようと怖くなった。つまり押し並べて言えば、俺の人生は相対的には大して変わらなかった。

いつものようにバンドはバラバラになった。クリスはシアトルに戻り、暖かくて居心地の良い家を街の北にあるグリーン・レイクという地域に買った。カートはロサンゼルスに行って、ハリウッドの古いビルに素敵な小さいアパートを借りた。俺はシアトルにフルタイムで住む決心をしてなかったから、ノース・カロライナ州のカローラにある、ビーチから1ブロックのところに家を買った。そこはバージニア州北部からわずか数時間の場所にあったし、アウターバンクスは、不動産投資としても完璧だった。そこは大自然の美しさがある場所で、高い砂丘の自然のビーチには野生の馬が走っていた。しかも実家のすぐ近くだったから、つまり母と姉とも俺の報酬を分かち合える。

「怠惰は悪魔の遊び場」［本来は悪魔の〝仕事場〟］**とはよく言ったもので、または俺がそう聞いただけかもしれない。**

それぞれが新たな生活に落ち着いたら、再びバンドの分裂が見え始めた。もう狭いバンに一緒に乗ることもなくなったし、数ヶ月も続けて同じホテルの部屋をシェアせずによくなり、良くも悪くも、長年夢に描いてきたような人生を経験できる自由を手に入れた。世界が変わるのを目撃し、ぼんやり記憶に残るフラッシュを浴びながら、曲がり角が来る度に暴動寸前を体験したりした。だけど、その狂ったような嵐が過ぎ去った今、自分たちでリアリティを作らなくてはいけない。自分の好きなように。

俺は、バンドの中でも顔が知られていないドラマーだったおかげで、ほとんど誰にも気付かれずに街を歩けたのはすごくラッキーだった。人に声をかけられることもほとんどなかったし、あるとしたら、「デイヴ・ナヴァロですか？」と聞かれるくらいだった。だから世界の外から内側を眺めているような感じで、遠くから誰かがこの全ての体験をしているのを見守っている気分だった。だから〝成功した〟ことに対する答えを出さずして、その恩恵を楽しませてもらっていた。当然ながらカートはそういうわけにはいかなかった。彼の顔が全ての雑誌の表紙を飾り、全てのＭＴＶニュースのトピックに取り上げられ、東海岸から西海岸までアメリカ全土のＦＭラジオで彼の声が響き渡っていた。一体どう操作すればいいのか、その心構えをする間もなく終身刑を食らったみたいなものだった。だから隠れ家に避難し、傷をなめ、パンクがブレイクした年のページをめくった。

ニルヴァーナの次のツアーまでやることもなかったので、ノース・カロライナの暖水でサーフィンしていたところから一転跳び回り、ＤＣの馴染みの場所に行って昔からの友達に会ったり、シアトルでバレット・ジョーンズと地下室で未完成の曲をレコーディングしたり、ＬＡに飛んでスクリーム時代の古くからの友達ピートとフランツと再開したりした。彼らは、俺がニルヴァーナに加入するためシアトルに行って以来そこに留まり、スクリームは解散したが、新たな人生（と新しいバンド、ウール）を始めていた。バレーにあった彼らの小さな家の床で1週間滞在するつもりだったが、少なくとも1ヶ月になり、毎朝焦げるような夏の暑さの中で目を覚ました。エアコンもない家だったから、昼までには熱々のピザの窯の中みたいになった。つまり、その砂漠の暑さから逃れる唯一の方法が、プールを見つけて、人の家のオアシスで泳いで午後を過ごすことだった。ブライアン・ブラウンはそれを得意としていた。

シエロ・ドライブの家に車で坂を上りながら、期待が高くなりすぎて震えが来たくらいだった。かつては病的と言えるくらい夢中になっていたあの家の、呪われた壁の前に立てるんだという不気味な現実が間も無く実現しようとしていた。玄関のベルを鳴らし、車を寄せて外に降りると、そこにあった。俺が子どもの頃に好奇心いっぱいの目で見てきた犯行現場の写真全部とまったく同じだった。背筋がゾッとした。正面玄関に向かい――あの正面玄関だ――ノックした。中に通してもらったが、家の中を案内してもらうまでもなく、すでに来たことがあるような気がした。角を曲がってリビング・ルームに入ると、恐怖の衝撃波に打たれた。石で出来た暖炉から、木の梁、小さなロフト……それは1969年8月9日の恐怖の夜、そのままに思えた。唯一違ったのは、その部屋のど真ん中に、巨大なレコーディング・コンソールがあったことだ。

ナイン・インチ・ネイルズがレコードを作っていた。

ナイン・インチ・ネイルズとは個人的な知り合いではなかったけど、ライブは観ていたし、インダストリアル・ミュージックも好きで、スロッビング・グリッスルから、サイキックTVから、アインシュテュルツエンデ・ノイバウテン、それからカレント93も。どのバンドも俺の十代の頃のサウンドトラックだった。それにナイン・インチ・ネイルズの最初のアルバム『プリティ・ヘイト・マシーン』もかなり好きだったし、とりわけバンドの攻撃的なエレクトロによる緊迫感やダークな歌詞のテーマを考えると、次のアルバムをマンソンの家でレコーディングするのは当然だと思えた。最悪とも言えたけど、でも完璧だと思えた。実際、最も強烈な曲がそこでレコーディングされた。例えば〈マーチ・オブ・ザ・ピッグス〉〈ハート〉、それから〈クローサー〉。俺は常々レコーディングした場所が作品の結果に絶対に影響すると思ってきたから、それらの曲を聴く度に、思っていた通りだと思ったし、曲から感じる苦痛とか絶望は、この場に存在するスピリチュアルな何かが吹き込まれたからだと思った。または、トレント・レズナーの苦痛と絶望なのかもしれないけど、彼のことはよく知らなかった。もちろん優れたアーティストであり、優しい人だとも思ったけど。ただ彼は、自分の魂を蝕む悪魔を音楽を通じて表現する、俺がよく知るもう一人の優れたアーティストと似ていた。

しばらくすると、家に染み込んだバイブが、その場のエネルギーに暗い影を落として出し、そのダークさや、脆《もろ》さ、苦痛にはあまりに馴染みがあったから、どうしても同調したくなくて、プールに向かうことにした。暑さから逃れるためだけじゃなくて、その部屋から感じた気分を自分から洗い流したかったから。

サウンド的には、音楽のダークな面に常に惹かれてきたけど、俺自身がそういう人間かと言ったらそうではないことが分かった。俺にとって音楽は光と人生を象徴するものだった。喜びとすら言えるものだ。トンネルから脱出できたことの方を祝福したかったし、変わり者であることを堂々表現したかったし、それを隠したくはなかった。もちろん、違う方向に進み、未解決のトラウマを再訪したい人がいても理解できるけど、でも俺の場合は自分のトラウマからはとうとう解放され、自由になれたんだ。だから最高に気分が良かった。ノース・カロライナ州の砂丘にいても、バージニア州の退屈な郊外にいても、自分の中に心の平穏を見つけるのが大事だった。成功したおかげで新たな自由を見つけたわけだから、平穏を追求したかったんだ。

ロサンゼルスでの残りの日々は、レンタルした白いフォルクスワーゲン・カブリオレのコンバーチブル（そう。その当時はコンバーチブルがお気に入りだった）で街をあっちへ行ったりこっちへ行ったりしながら過ごした。知らない人の家のプールで泳いだり、友達とジャムしたり、飛行機会社に電話して、シアトル行きの飛行機のチケットを毎日延期したりした。ピートの家の灼熱の床で過ごす夏を少しずつ延長し、灰色の空の北へ向かうのを少しずつ延期した。たぶん心の底では、そこに何が待ってるのか分かっていたからだと思う。

それで、もうこれ以上延期できないというところまで来たら、所持品を全てカブリオレの後ろに投げ込んでとうとう出発の決意をし、どうか飛行機に間に合いますようにと思いながら、時間ギリギリにＬＡＸ空港まで走った。しかし、巨大都市の混み合っている上に交差する高速についてまったく分かってなかったから、かなり危険なスピードでバリーの道をやみくもに走り、そのままランプを上がっていけば入り口は一つなんだろうと思って角を曲がったら、もう目の前に空港があったから大声で出して、車を力の限り思い切り右に切ったけど……〝バン！〟

時速45マイル［約72キロ］で高い縁石に直撃した。フロントアクスルが車の下から出ていたばかりか、エアバッグが作動して（あるって知らなかったけど）、俺の顔から10インチ［約25センチ］のところで棒状のダイナマイトって勢いで爆発した。車から押し出されるように外に出て、アザはできるは打ちのめされるはで、顔をキャンバス地のバットで打たれたかのようになり、しかもその瞬間に煙たい粉まで出てきたので咳き込んでしまった。そこでレッカー車を呼んだ（レディース＆ジェントルメン、あの安全のためのコマーシャルに騙されちゃいけない。エアバッグは命を救ってはくれるが、シルクのように滑らかな枕ではない。マイク・タイソンの右アッパーカット並みに強打してくる）。トラックが到着して、運転手が車の損傷を調査した後、左目のミミズ腫れが巨大な風船かのごとく膨らみ始めた。そこで運転手が総額を告げた。

タクシーを呼び、ピートの家まで尻尾を丸めて逆戻りし、そのまま1週間滞在させてもらった。1日のレンタル費用たった12ドルだった完璧な状態のカブリオレ・コンバーチブルを完全に破壊してしまった。もう1週間ロサンゼルスに滞在したおかげで目のアザが治ったし、これからについて考えてみる時間もできた。俺たち3人を隔てる溝や、今回はそれを埋められるだろうかということも。世界はニルヴァーナに耳を傾けてくれた。俺たちは今世界に注目されている型にハマらない変わり者たちだった。果たしてサバイバルできるだろうか？

そんなときにカートがロサンゼルスのリハビリ施設に入ったという知らせが届いた。心配はしたけど驚きはしなかった。しかもそれは良い兆候だと思った。俺は街の反対側で昔の友達と親交を深めている間に、彼は彼なりに光と心の平穏を見つけようとしているんだと思っていた。リハビリに入ったことがある知り合いもいなかったから施設については無知で、きっと簡単に治るんだろうと思っていた。虫垂切除術とか、扁桃腺除去みたいなもので。俺の父はアルコールの問題を抱えてはいたけど、それ以外には中毒の本性がよく分かっていなかった。つまり、カートの問題の根深さについて正確には分かってなかったということ。こういう種類の病に捕まったら、そこから自分が解放されるくらい治すためには、一生かけて回復していかなくちゃいけないことは、まだこのとき気付いていなかった——それも、辛抱強く暗闇から逃れ続けられればの話だ。

それに、これからまだまだ楽しみにすることもあった。だって俺たちはまだ始まったばかりだったから。

PART THREE

THE MOMENT

あの瞬間〜フー・ファイターズでの再起

彼が亡くなった——カートとジミーのこと

HE'S GONE

「デイヴ、彼が亡くなった」

膝ごと崩れて、電話を落とし、ベッドルームの床に倒れて、顔を手で覆い、泣き始めた。彼が死んでしまった。シアトルの空港で初めて会ったときに、俺にリンゴをくれたあのシャイな若者が死んでしまった。オリンピアのあの小さなアパートをシェアした物静かで内向的なルームメイトが死んでしまった。毎晩ショーが始まる前に、バックステージで美しい赤ちゃんの娘さんと遊んでいた愛情深い父が亡くなってしまった。

俺はこれまで想像をしたこともない深い悲しみを乗り越えた。言葉を失い、思考も止まり、立ち上がれなくなり、息もできなかった。彼の顔しか目に浮かばなかった。彼に会うことはもう二度とないと分かっていながら。彼のあの変わった平たい指を見ることも、もうないし、あの細い肘を見ることもないし、あの突き刺さるような青い瞳を見ることもない。なぜなら彼は行ってしまったから。永遠に。

次の瞬間、また電話が鳴った。床に倒れたまま電話に出たけど、涙と過呼吸でほとんど話すこともできなかった。

「ちょっと待て……彼はまだ死んでない。まだ生きている……」

心臓がバクバク鳴りながら、柔らかいカーペットから飛び起きた。

「えっ……本当に？」。半狂乱で訊いた。

「うん……まだ病院にいるけど、でも助かるよ、デイヴ！　彼は死なないよ」

この5分の間で、人生で最も暗い日から、生まれ変わったような気分まで味わった。それで電話を切った。とにかくショックだったし、何も感じなくなっていたし、笑いたかったし、泣きたかったし、または完全な神経衰弱になるところだった。感情的に天国と地獄に放り出され、何を感じればいいのか分からなくなっていた。

俺にとって、これは死を初めて感じた瞬間だったから、完全に混乱した。ここで知ったことは、喪失がもたらしたバラバラに引き裂かれたような苦痛だった。ただ、それはゾッとするようないたずらをされたみたいに、すぐに脇に押しのけられたから、すごく短い間のことではあったけど。でもこの出来事のおかげで、人が亡くなったときの悲しみとの向き合い方が永遠に変わってしまった。自分に近しい人が亡くなると、「今のは全部間違えだったから助かるよ」と告げる電話を待ってしまうという、非常に厄介なものになってしまった。だけど、電話がかかってこなかったときは、「悲しみよ、湧いてこい」と請うようになってしまった。

人が突然亡くなるなんて予期できない。でも、中には何かしらの理由で亡くなるかもしれないと、心の準備をしておく人がいる。つまり愚かだけど、そうやって自分の心の周りに壁を作って、自分を守ろうとしているわけだ。それは予防的な防御機能みたいなもので、いざ電話がかかってきたときに何かしら心の準備が出来ている。感情的な病の予防接種であり、避けられない死が訪れたときのための、免疫を養っておくみたいな感じだ。

だけど、そんなことをしても無駄だった。

1994年3月3日。シアトルで目を覚ましたときに、カートがローマのホテルでオーバードーズをしたという知らせを聞いた。すぐにテレビをつけると、担架に縛りつけられたカートが、救急車で病院に担ぎ込まれる様子が映し出されていた。また半狂乱になったように片っ端からスタッフに電話して、何が起きているのか訊こうとした。これもまた前みたいな不慮の事故で起きたオーバードーズでありますように、と祈っていた。届くニュースは混乱していたし、矛盾する内容だった。恐ろしく苦痛を感じるものもあれば、励まされるようなものもあった。ただ、どれだけ彼のもとに行きたくても、自分が5千マイル［約8千キロ］の彼方にいるという事実に絶望を覚えるだけだった。悲劇的にも最後となってしまったニルヴァーナのショーで、二日前にカートを観たばかりだったのに。

そこから先は、自分の心の壁を史上最高の高さにした。

しかし、そこから36日後に、それは閉鎖された。

カートの死の知らせは、4月8日の早朝に届いた。しかも今回は現実だった。彼は死んでしまった。その知らせは間違えだったと訂正する2回目の電話はもうかかってこなかったんだ。悲劇は覆されなかったんだ。本当の終わりだった。電話を切った後、あのときみたいに膝から崩れ落ちるようなバラバラに切り裂かれたような苦痛に襲われるのを待った……が、それはやって来なかった。それは俺の心の奥深くに閉ざされたままになってしまった。1ヶ月くらい前に経験した精神的な葛藤と感情的な混乱で出来たトラウマが、それを遮断したんだ。その日のことはあまり覚えていない。ニュースを見て、彼の名前を何度も何度も耳にしたこと以外は。カート・コバーン。カート・コバーン。カート・コバーン。彼の名前を聞く度に自分の心を守る防具が少しずつ剥がれていくのが分かった。カート・コバーン。カート・コバーン。それが防護具に突き刺さり、再び床に崩れ落ちるのを待った。だけど自分がそうはさせなかった。抵抗したんだ。

あの痛みを再び感じるのが、あまりに怖かったから。カートは俺にとっては当然、名前だけ知っている人以上の存在だった。友であり、父であり、息子であり、アーティストであり、人間だった。そして時間とともに、俺の世界の中心となり、最終的に俺たちの全世界は彼を中心に回っていた。だけど彼は、まだ将来を楽しみにする若者でもあった。俺たちは、これからまだまだ楽しみにしていたことがたくさんあったんだ。

その夜、みんなで彼の家に集まり、お互いを慰め合おうとしたが、どうやっても慰めは見つけられなかった。彼はこれまでにも何度か死の淵に立つことがあったけど、まさかこんなことになるとは誰も想像もしてなかった。少なくとも俺は思ってなかった。その衝撃の後に絶望が来て、絶望の後に思い出が来て、思い出の後にまた衝撃に戻った。リビング・ルームに集まった数多くの人たちを見渡しては、彼がどれだけの人たちの人生に触れたのかを、それぞれがどのように違ったものだったのかを考えた。彼の家族や、長年の友人、最近になって友達になった人たち。それぞれが別々の方法で悲しみに暮れている。俺たち全員の人生はもう二度と同じではないし、俺たち全員がこの絶望的な出来事と心に残る傷によって永遠の絆を持つことになる。それから何年も、レイク・ワシントンにあった彼の家の1マイル〔約1・6キロ〕以内を車で走ると、深刻な不安とみんなの泣き声を思い出してガタガタと震えた。

その翌日、目を覚まし、台所に行き、コーヒーを作り始めた。そこで強烈な精神的打撃を受けた「彼はもう戻ってこない。彼は死んでしまった。それなのに……俺はまだここで生きている。また目を覚まし、次の日を生きる。それが良い日であれ悪い日であれ」。まったく意味が分からなかった。どうやって人が突然……消えてしまうんだ？ リアルに思えなかったし、それは不公平だった。

それからの人生はすぐに〝初めての〟長い連続となった。彼がいなくなってから初めて飲むコーヒー。彼がいなくなってから初めて食べる食事。初めての電話。初めての運転、などなど。俺が一歩踏み出す度に、彼が生きていた世界から一歩遠ざかるようであり、全てをまた一から覚えなくてはいけない瞬間の連続となった。**生きる術をまた学ばなくてはいけない。**

「人の気持ちを理解すること！」とカートは遺書に書いていた。時として俺はどうかカートが感じていたことを俺も感じられますようにと願ったこともあった。大泣きしたくて願ったりもした。だけど目から涙を絞り出そうとしても、心の壁を高く作りすぎてしまったせいで、どうしても泣けなかった。そのせいで俺が必死に感じたいと思っていることが感じられなくなった。彼は亡くなってなかったのに、亡くなったと告げられた、あの電話の声に呪われたんだ。あのせいで、本来空にしなくちゃいけない悲しみの源泉に辿り着く術を失い、感情的に混乱したままになっている。しかし、いくら俺の手の届かない深い場所に葬られていても、その重さはのしかかり、悲しみに蝕《むしば》まれていった。手術して治療しなくちゃいけないのに、ただ麻酔をかけられているだけのように感じた。

自分が何かを感じたいのに何も感じられなかったことを、あのときは恥ずかしく思った。だけど、悲しみ方には正しいも間違っているもないんだという事実を徐々に受け入れるようになった。教科書もなければ、どんなときに感情のガイドラインが必要か書かれたマニュアルもなかった。この過程はコントロールが効かないし、支配されたものに絶望的に従うしかなくて、醜い頭の背後が見えたらどんなに怖くても降参するしかなかった。何年もかけて俺はそれとも折り合いをつけた。今日に至るまで、俺はカートが死んだと初めて聞いて床に崩れ落ちたときに感じたものと、同じ深い悲しみを何度も乗り越えている。

誰かを失ったときに、自分の悲しみの深さに支配されるときは来るのか？　感情の大きさは、単純にその人と何日過ごしたかという数字だけで決められるのか？　俺がカートを知っていたその3年半は、俺の人生全体から言えば、実際すごく短い期間でしかない。だけど、それが今日の俺を形成し、ある意味でいまだに俺が誰なのかを定義している。俺は永遠に〝ニルヴァーナにいた奴〟であり、それを誇りに思っている。だけど、子どもの頃からの親友ジミー・スワンソンがいてくれなかったら、俺はシアトルまで辿り着けなかったと思う。そして彼が亡くなったことで人生にまたまったく別の穴が空いてしまった。

ジミーが亡くなったことは、２００８年7月18日の朝、オクラホマシティのホテルにいたときに、ベッドサイドの電話で知った。彼は、俺たちが子どもの頃に一緒に音楽の世界を発見したノース・スプリングフィールドの同じ家の、俺たちがＭＴＶを何時間も見続けた、そしていつの日か尊敬する有名なミュージシャンのライブを体験したいと夢見ていた、あの同じカウチの上で、眠っている間に亡くなった。

電話を切って、窓のシェードを開けて、空を見て、彼に話しかけた。かつては授業の合間に高校の廊下でメモを渡し合ったりしたけど、これからは精神や祈りでコミュニケーションをすることになる。

ジミーが亡くなったとき、俺の中の何かが死んだ。彼は単なる人間以上の存在で、俺の我が家であり、彼は俺の中にまだいるけど、でも彼と一緒にいた頃の自分は彼が亡くなったときに手放さなくてはいけなかった。再び〝初めて〟の手順が始まった。だけど、今回は前よりさらに困難だった。ジミーと俺は人生の〝初〟を、あまりにたくさん一緒に経験してきたから。まるで長年同じ体を共有してきた結合双生児が引き離されて、俺だけが取り残されたみたいな感じで、一人になってしまった自分は一体誰なのかと疑問を持つようになった。俺は彼を尊敬していたから、彼について行ったし、自分らしく生きたいように生きた彼を羨ましく思っていた。彼みたいな人は地球上のどこにもいなくて、ジミーは誰からも愛されていた。お互いに個性を見つけ合い、それぞれの違うところも受け入れた。二人とも音楽が大好きだったけど——ジミーも演奏しようとはしてたけど——俺みたいに本格的にやり続けようとはせず、背景に留まって、応援している方を好んだ。

心の底までジミーの不在を感じた。カートが亡くなったときは、俺はまだ25歳で、その後に続く挑戦を対処する準備は出来てなかった。だけどジミーが亡くなったとき俺は39歳で、そのときまでには人生についてもう少し広く理解できるようになっていた。だから死についても、より良い理解ができるようになっていた。そのとき、俺は夫になっていたし、父になっていたし、新しいバンドのリーダーにもなっていて、しかもそれに伴う数え切れないくらいの責任を背負っていた。ふさふさした髪と巨大なドラム・セットの後ろに隠れる痩せこけた男の子じゃなくなっていた。感情的にもより大人になり、より集中し、より情熱的にもなった。もう全てを押し殺して、何も感じさせないこともしなくなった。もう魔法の電話はかかってこないことも分かっていた。彼の死が本当の終わりだということも、もう分かっていた。そして、悲しみとの付き合いは長く、予期できないものでもあることも分かっていた。**ある意味、カートの死が、それから14年後のジミーの死の心の準備となった。**この二人との関係はまったく違うものではあったけど、でも二人とも同じくらい俺の人格形成に関わり、二人がいたから、今日の俺がいる。

　カートもジミーも二人とも俺の〝家族〟ではなかったけど、俺は二人を家族として招いていたし、彼らを招き入れたことで、その結びつきは本当に血がつながった親戚よりも親密なものになった。生物学的な義務もなかったわけだから、違う理由でつながりあっていたわけだ。似たような精神性だったこと、音楽への愛、お互いを尊敬して

いたこと。家族は選べないし、家族を失ったときには、生物学的に避けられない最初から組み込まれたような追悼を必然的にするものだが、友達の場合は、その人との関係性を自分で作るし、だから悲しみの形も自分で作り、友人が亡くなったときの悲しみの方が深く感じることもある。**そのルーツが深すぎて、引っ張ることができない場合もある。**

彼らの死は、人生を通して長いエコーのように俺の中に共鳴しているし、カートとジミーのことを考えない日は1日もない。それに、どこにでも彼らを思い出す要素がある。ジミーだったら古いオンボロのルノー車を運転しながらエアドラムをするだろうという曲がラジオから流れてきたり、カートが自分へのご褒美にガソリン・スタンドで買っていたピンク色のストロベリーミルクを見かけたり。安物のブルートのコロンの香りだったり。ジミーが毎朝誰のためでもなく、自分が好きだからと浴びるようにつけていた。またはエルマー・ファッドの帽子。カートが人から顔を隠すためによく被っていた。それから彼のトレードマークになった白い縁のジャッキーOのサングラスも。どこを向いても、必ず二人を思い出す何かがあった。でも今は、ようやくそれを見る度に心が張り裂けることもなくなり、なんとか折り合いをつけることができた。だから今ではそれを見ると笑顔になる。

でも、俺がカートを最も感じるのは、ドラム・セットに座ったときだ。一緒に演奏した曲をやることはほとんどないけど、でもストゥールに座ると今でも自分の目の前にカートが見える。ギターと格闘しながら、マイクに向かって肺から生々しい声で叫んでいる彼が。太陽を見つめると網膜に点が焼きつくように、俺がドラムから観客を観るとき、目の前に立つ彼の姿が俺の瞳の中に永遠に焼きつけられている。彼は永遠にそこにいる。

バージニア州に帰る度に、ジミーを感じる。子どもの頃に登った木のところにいるのが見えるし、毎朝小学校に通う道で追った歩道の割れ目とか、近所に行く近道だからと飛び越えたフェンス。俺が喋ることもあれば、彼が喋りかけることもあった。どちらも俺の声ではあったけど。彼が夢に出てくるとき、彼はまったく変わってなくて、今でも俺の親友だ。

二人とも、もうここにはいないけど、俺はどこに行くときも彼らを一緒に連れていく。

そして壁は、とうとうなくなった。

Coke

トム・ペティとフー・ファイターズ

THE HEARTBREAKER

「デイヴ、電話だよ」

スタジオ・エンジニアが、長いクルクル巻きの電話線を伸ばして、受話器を渡してきた。電話の相手は驚いたことに他でもないロン・ストーンだった。俺のマネージャーとも付き合いがある人で、いつも〝伝説の〟と呼ばれていた。ボニー・レイットからニール・ヤングなど伝説のアーティストたちと仕事してきた人だからだ。俺は一緒に仕事をしたことがなかったから、彼から直接電話がかかってくるというのはちょっと普通じゃない。ただ、もっと普通じゃなかったのは電話の内容だった。

「トム・ペティが、『サタデー・ナイト・ライブ（ＳＮＬ）』で君がドラムを叩いてくれるかどうか訊いてほしいと言っているんだけど……」

うろたえながら答えた。「えっ？　えっ？　なんで俺に？」。彼だったら世界中のどんなドラマーだって選べるのに、なんで俺を指名してくれたんだろう？　だってトム・ペティだぜ。アメリカが最も愛する、フロリダ出身の、草の根運動の権化にして、労働者階級のカッコ良さを体現した人であり、何十年にもおよぶクラッシック・ロックのヒット曲、〈ブレイクダウン〉〈アメリカン・ガール〉〈逃亡者〉〈フリー・フォーリン〉などを歌ってきた人だ。

彼の音楽を聴きながらみんなキスしたように、感情やグルーブに溢れる曲を書いてきた人だ。そんな彼が、ドラムの叩き方を二つしか知らない、つまり叩いているか叩いてないかしかない、俺に頼むなんてまったく意味が分からなかった。

その当時、トムはソロ作の中でも最も名高い『ワイルドフラワーズ』のリリースに向けて盛り上がっているところだった。オリジナルのザ・ハートブレイカーズのドラマー、スタン・リンチが脱退したばかりだったから、アルバムのプロモーションで出演する『サタデー・ナイト・ライブ』のパフォーマンスでドラム・ストゥールに座ってくれる人が必要だったんだ。俺の一番好きなテレビ番組『ＳＮＬ』の伝説のスタジオに行けるなら、どんな招待だって光栄だが（トリビア：これを書いている現在俺は14回行っていて、ミュージシャンの中で最多）、それでもなぜ俺なんだろうという思いが拭えなかった。ペティは俺が一番好きなアーティストの一人だし、俺みたいな郊外のはみ出しものの若者は何百万人もいるが、その若者たちにとって音楽的なヒーローだった。そんな人が、俺の名前を知ってくれているってだけで大事だ。それに言うまでもなく、ニルヴァーナが終わってからというもの、ドラムはほとんど触ってなかったし、ライブはなおのことやってなかった。だから口ごもりながら、「そんな光栄すぎるお願いにびっくりしています。なので一、二日考えさせていただけますでしょうか」と丁寧に言った。当時の俺の頭の中は、控え目に言っても、まったく別の世界に行っていたから、**一つ一つ、じっくりと考えなくちゃならなかった。**

この橋をいつか渡らなくちゃいけない日が来るのはずっと分かっていた。1年間、喪に服した後、前進しなくちゃいけない日が来ると分かっていたんだ。だけど、こういう刺激的な場所にいきなり戻る心の準備はしてなかった。スタジオのコントロール・ルームの電話を切り、俺はクビからギターをぶら下げて立っていたんだが、電話がかかってきたときに忙しくやっていた作業に戻った。そのときは、まだそれをどうするか決めてなかったけど、そのとき、後にフー・ファイターズのファースト・レコードに入る曲をレコーディングしていたんだ。

カートが亡くなってからというもの、俺は自分を見失っていた。それは、みんなそうだった。あんなふうに突然俺たちの世界が足元から奪われてしまった後で、しかもトラウマになるような方法だったから、そこから先に向かう場所はなかなか見つからなかった。莫大な悲しみと喪失の霧の中から俺たちを導く指針となる光を探すのはすごく難しかった。それにカートとクリスと俺は音楽でつながっていたから、音楽そのものがすでに苦しくもあり楽しくもあるという、非常に複雑なものになっていた。つまり俺の人生で最大の喜びが、俺の人生で最大の悲しみになってしまったというわけだ。俺はそのとき初めて音楽を拒絶した。心がもう一度粉々に破壊されるなんて、二度と耐えられなかったから。

彼が亡くなってから何ヶ月か過ぎていたが、俺は小さい器に閉じ込められた魚みたいになっていた。一日中行ったり来たり必死に泳いでいるのに、どこにも辿り着けていない感じがした。当時まだ25歳だったから人生先が長いはずだが、ある意味人生はすでに終わってしまったように思えた。だから、またステージに戻って、別の人の後ろでドラムを叩くっていう考え自体が魅力的に思えなかった。それどころか、そんなことをしたら完全に気分が落ち込むと思った。俺は徐々に消えていくにはまだ若すぎたが、またバンドを始めるには年を取りすぎていた。もちろん、他のバンドのドラムとして加入することはできたとは思う。でも、俺は永遠に〝ニルヴァーナにいた奴〟として知られることになる。それに心の底では、ニルヴァーナが世界に与えた贈り物を超えることは絶対にできないと分かっていた。ああいうことって一生に一度しか起きないことだから。

何ヶ月も何ヶ月も、内省的になって自分を見つめ、窒息しそうになる不快な時間を無駄に過ごした後で、シアトルから脱出して頭をすっきりさせなくちゃいけないと思った。それで、地球の端にある大好きな場所を旅することにした。風景がきれいで、自然の美がある場所だったから、自分の国では崩壊した人生を少しは癒してくれるはずだと思った。向かった先は〝リング・オブ・ケリー〟［ケリー周遊路］と呼ばれる、アイルランドの南西にある、あまりに見事な景色の人里離れた場所だった。リング・オブ・ケリーは、人間が永遠にコンクリートに変え混雑した道路を作ってしまう前は、地球はこんなところだったんだろうなと思えるような場所だ。何マイルも続く緑の大地から海岸沿いの風景と村が見渡せて、静けさと平穏があった。俺が人生を見直し、一からやり直しするのにどうしても必要なものだった。そこには、1992年にニルヴァーナのレディング・フェスティバルのショー（俺たちのUKでの最後のショー）の前に、母と姉と一度行ったことがあった。ダブリンからディングルまで車で1週間かけてドライブしたんだ。そこで見た風景に感じたつながりは、世界の他のどの場所でも感じたことがないものだった。もしかしたら母の祖先がアイルランド人だったからかもしれない。または彼らの人生を生きるペースに惹かれたのかもしれない。または子どもの頃に狩りなどをした、バージニア州の田舎と似ていたからかもしれない。理由が何であれ、その静かで人里離れた場所は、我が家にいるような感じがしたし、それを今欲していた。

ある日、レンタカーではるか遠くの田舎道を走っていた。道路のくぼみを避けて、深い轍を残しながら進んでいくと、若いヒッチハイカーが遠くにいるのが見えた。髪は長くてベトベトしていて、オーバーサイズのパーカーを着ていたから、彼がロッカーだとすぐに分かった。そこから最寄りの町まで何マイルもあったから、目的地まで絶対に車が必要なはず。彼に近づくにつれ、車に乗せてあげようと思った。だけど、ある物が見えてすぐに気が変わった。

彼がカート・コバーンのTシャツを着てたんだ。

電気イスに座ったみたいな衝撃で不安の波に打たれ、頭を下げたままスピードを上げた。どうか彼が俺に気付きませんようにと祈った。手は震え、体に異変が起きて、パニック発作になり、体が動かなくなり、めまいがした。数ヶ月前にひっくり返ってしまった人生を整理したくて、人里離れた場所に来て、人から身を隠していたのに、カートの顔が俺を見つめていた。それは俺がどんなに遠くまで逃げようとも、この過去から逃れることは絶対にできないんだと告げられているようだった。

この瞬間に全てが変わった。

アメリカに戻って、仕事に戻ることにした。バンドもなかったし、計画も何もなかったけど、自分にとって最も居心地の良い場所に避難することにした。それは自分で曲をレコーディングすることだった。12歳のときに、基本のやり方は学んだ。カセット・テープ・レコーダー2台と、古いギターと、鍋とかフライパンを使って。やり方はシンプルだった。まずギターを一つのカセットでレコーディングする。それを取り出して、二つ目のカセットをカセット・プレイヤーに入れて、プレイ・ボタンを押し、そのギターのバッキングに合わせて、もう一つのカセットで〝ドラム〟をレコーディングした。そうやって重ねていった。つまり知らないうちに、俺はマルチトラック・レコーディングをしていたってこと。自分の犬についてとか、学校についてとか、ロナルド・レーガンについてなどバカみたいな曲を書いていた。だけどその過程に感動して、かなり頻繁にやっていた。それが最高だったのは、誰にも知られなかったことだ。思春期前の金切声を誰かに聴かれるのが死ぬほど怖かったんだ。

友達のバレット・ジョーンズとつるむようになり、彼が持ってる8トラック・マシーンで彼のバージニア州の地下室にあるスタジオでレコーディングするようになった。子どもの頃にやっていたおかげで、楽器を全部自分で弾いて重ねていくという概念は熟知していたから、システマチックにギターとドラムとボーカルを重ねていった。ただし、レディオシャック［米電気店チェーン］製のカセット・プレイヤーからバレットのプロ仕様のオープンリール・デッキに代わりはした。無理にお願いしたくなかったから（それに彼にエンジニア代を払うお金もなかったから）、彼が他の人とのセッションを終えた頃に、恥ずかしがりながら訊いた。「テープの終わりに残りがあったりするかな？　試したいことがあるんだよね……」。これが図々しいお願いだと知っていたから（それに彼のウィードはほとんど吸ってしまったし）、一つの楽器からもう一つの楽器へと可能な限り速攻で替えて演奏したし、ドラムも1テイク、ギターも1テイク、ベースも1テイクにして、バレットの時間も優しさも無駄にしないようにした。それで家に帰って、このちっぽけな実験を何度も何度も聴き返して、もし15分以上レコーディングできるとしたら何をするかなと考えてみた。

あるとき、バレットがシアトルから引っ越していったから、一緒に家を見つけた。だから、彼のスタジオは、俺の地下室にあった。その近さを利用して曲を書き始め、まだ初期の段階だったから、世界に聴いてもらうようなものではまったくなかったんだが、それでも前よりは進化していた。その小さな地下室で雨の日に何曲もレコーディングした。例えば、〈アローン・アンド・イージー・ターゲット〉とか、〈フローティ〈ウィーニー・ビーニー〉〈エグゾウステッド〉、それから〈アイル・スティック・アラウンド〉なども、そのときにレコーディングしたものだ。そうやって少しずつ、やがてはフー・ファイターズのレパートリーとなるものを貯めていった。ニルヴァーナはその当時最高頂という時期で、ソングライティングにおいて、俺の助けは間違いなくいらなかったから、自分で書いた曲は自分用に取っておいて、古くからあるドラマーのジョークを思い出したりしていた。「ドラマーがバンドをクビになる前に最後に言ったことは何だったかな?『ねえ、俺も曲を書いたんだ。みんなで演奏するべきだよ!!』」

失うものは何もなかったし、逃げる場所もどこにもないと分かったから、アイルランドから戻ったら、リッチモンドビーチの俺の家からすぐのところにあった24トラックのスタジオ、ロバート・ラング・スタジオを6日間予約した。それはピュージェット湾を見下ろす、巨大な丘の上に建てられた最先端の施設だった。そこでレコーディングしたことがあったし、ニルヴァーナの最後のセッションもそこでやった。その年の始めにニルヴァーナの最後の曲となった〈ユー・ノウ・ユー・アー・ライト〉のレコーディングも、そのスタジオだったんだ。スタジオのオーナーは、趣味が広くて変わり者のロバート・ラングだった。彼は、70年代初期に自分の家の下にスタジオを作ると決めると、丘を15年もかけてどんどんどんどん深く掘り、トラックで土を何千回も運び出し、今となっては巨大なコンクリートの要塞としか言いようがないものを作って、ビンテージ・マイクの莫大なコレクションをそろえた。このスタジオと他のスタジオの最大の違いはトラッキング室の素材で、そこは大理石と石で出来ていた。普通は温もりがあり吸収力もある自然の木材を使うものだが、彼は音響効果を考えた上でも困惑するような、容赦ない反響のある硬い石を使った。それは〝ライブ〟サウンドのレコーディング向きとは言えた。ニルヴァーナがここでレコーディングするのを決めた理由は、中国製の深緑の大理石だった。初めてこのスタジオに来たとき、ボブが小さい一枚岩を見せてくれて、聖人のような姿も、光輪も、鳩のビジョンも描かれていたんだけど、彼はそれを復活した神の天下りであると信じていた。それを聴いてクリス・ノヴォセリックと俺は、「俺たちは絶対にここでレコーディングする……この人、マジすげえ」と言った。それに、ここは俺の家からも近くて、芝刈り機エンジン搭載のゴーカートでも来られる距離だった。

俺は1994年10月17日から22日までここを予約して、準備を開始した。バレットと俺が何年間もかけてレコーディングした数え切れない曲の中から、自分で一番良いと思った15曲を選んだ。それでギアをそろえて、計画を立てた。1日に4曲ずつ4日間でレコーディングすること。最後の二日間は、ボーカルとミキシングに使う。これまでみたいなペースでレコーディングして、楽器から楽器へと取り替えて、1テイクか2テイクで次の楽器に移れば、本当に完成させられる。カレンダーを作り、どの日にどの曲をレコーディングするかまで決めた。無駄にする時間なんてほとんどないと分かっていたから、狂ったようにリハーサルもした。スタジオで6日間も過ごすなんて、俺に取っては永遠かのように思えた。だけど、自分で決めた挑戦を実践できるんだと、自分に証明したかったんだ。それが、俺がこの新しいプロジェクトをやった理由の全てだった。

俺とバレットは月曜日の朝にギアを積んで、コーヒーを作り、曲もそろえ、スタジオに12時に行く準備を整えた。新曲の〈ディス・イズ・ア・コール〉を最初にレコーディングする曲に決めた。ドラムを爆音で叩き1テイクでキメると、すぐギターにストラップを付け、すぐにベースに替え、全部1テイクで録った。45分以内に楽器のレコーディングは終わってしまった。次は、〈アイル・スティック・アラウンド〉。同じことを繰り返して、ドラム、ギター、ベースとまた45分で終了。次は、〈ビッグ・ミー〉、そして、〈アローン・アンド・イージー・ターゲット〉……。初日の終わりまでには、1日4曲のノルマも達成して、少し時間が余るくらいだった。目標を高く設定したつもりだったが、それほど難しい挑戦でもなくて、むしろ……良い気分になれた。

これは俺にとって単なるレコーディング・セッションではなく、深いセラピーみたいな効果があったし、人生は続いていくんだ、ということだった。心臓を除細動［心臓の痙攣を止めること］しなくちゃいけなかったし、普通の生活リズムに戻らなくちゃいけなかったし、音楽への愛と信念を取り戻す電気パルスが必要だった。再び楽器を手にして、生産的かつ実り多く感じる以上に、車のバックミラーで後ろを見るのではなくて、フロント・ガラス越しに前を見られるようになった。

その週の終わりまでには、目標の15曲のレコーディングを全て終えたばかりか（ちなみに結果的にはアルバムの曲順通りにレコーディングしていた）、トム・ペティと『サタデー・ナイト・ライブ』で演奏することも決めた。それは元の生活に大きく戻るものではあったけど、でももう怖くなかった。今はトンネルの終わりに光が見えたから。この二つとも、俺が今後の人生で進む道だとは思ってなかったけど、それでも小さな前進だった。その時点では、次に何がやってくるのかというビジョンはまだ何も見えていなかったんだ。

バレットがラフ・ミックスしたもののマスター・テープを、シアトルのダウンタウンにあったテープをコピーしてくれるところに持っていき、この新しいプロジェクトをカセット100本分コピーした。友達とか家族とか、〝ニルヴァーナにいた奴〟がバンドが終わって今何をしているのか興味を持ってくれそうな人に渡そうと思った。これまでの人生、自分で作った曲はずっと秘密にしてきたけど、今は世界中に聴いてもらいたいと思えたし、何よりこれまで自分がレコーディングした曲の中でも一番誇りに思えた。ここには、バレットの素晴らしいプロダクション能力による音楽的要素が詰まっているだけじゃなくて、感情的にも満足できるものだった。水面下であまりに長く辛抱してきた人の大袈裟なあえぎ声のようなものだったんだ。

そのカセットでは楽器を全部自分で演奏していたけど（1曲だけは、友達でもあるアフガン・ウィグスのグレッグ・デュリがギターを演奏してくれた。あるとき彼がスタジオに来たのでギターを渡したんだ）、これを〝ソロ〟・プロジェクトとして考えるのは恐ろしすぎた。〝ザ・デイヴ・グロール・エクスペリエンス〟なんて名前で、人がレコード屋さんに走ってくれるとは想像もできなかったし、それに正直言って、リスナーはそれだとどうしてもニルヴァーナを思い出すから、ニルヴァーナと切り離して客観性を持って聴くのは無理だろうと思った。だから、ポリスのドラマーであるスチュワート・コープランドの１９８０年の〝ソロ〟・プロジェクト名、クラーク・ケントを参考にして、より匿名性のある名前にしたかった。あの当時、ポリスは新たに頭角を表したバンドだったから、スチュワートは、バンドのキャリアの邪魔をしないように、クラーク・ケントという匿名を使ってレコーディングし、俺みたいに自分で全楽器を演奏していた。それに、ミステリーがあるのも良いと思ったんだ。それで俺は、生まれたときからずっと熱狂的なＵＦＯの信者だったから、そのとき読んでいた本『Above Top Secret』［ティモシー・グッド著／87年刊］からシンプルなフレーズを取った。その本はＵＦＯが目撃された場所の報告書を集めたもので、40年代初期の軍のデータの報告書なども載っていた。その本の第二次世界大戦でヨーロッパと太平洋で目撃された未確認物体についての章で、軍が光の拡大する円形物体が何なのか説明できなくてニックネームをつけていたんだけど、それがミステリアスで良いと思った。しかも人の集まりのように聞こえたし、ギャングにも聞こえた。つまりそれがフー・ファイターズだったんだ。

カセット・テープと一緒に入れるシンプルな差し込みのデザインをした。フォントや紙の色を決めて、クレジットを書いて、曲のタイトルを書き、テープのコピーを作ってくれるところに出した。自分にとっての賞品みたいものが週の終わりまでには完成すると思ったら、自分の背が10フィート［約3メートル］は高くなったような気がした。天にも昇るような気持ちだった。これが完成すれば、俺は〝全てを自分でできた〟という報酬を得ることになる。

完成を待っている間、トム・ペティとのリハーサルのためにロサンゼルスに行く準備をした。番組で演奏することになっている曲が2曲届いていた。〈ユー・ドント・ノウ・ハウ・イット・フィールズ〉と〈ハニー・ビー〉だった。それを繰り返し聴いて、スティーヴ・フェローンならではの完璧な卓越したドラムの流れを丸暗記しようとした。ただ俺のスタイルは、彼のそのリラックしたグルーブとは世界観が天と地くらい違っていた。だからいつものアナーキーのような手法の中から、なんとか禅のような平静を見出せるように集中した。ただ俺は曲のせいだけじゃなくて、もうすぐ唯一無比のトム・ペティに会えると思うと物凄くナーバスになっていた。

ハリウッド郊外にあるサンフェルナンド・バレーの巨大なリハーサル・スペースに到着すると、ペイズリーとお香の神殿があり、部屋の突き当たりには巨大なトーテムポールがあった。バンドとスタッフは最も落ち着いた本物の優しい歓迎をしてくれた。ザ・ハートブレイカーズはカッコ良さの典型みたいな人たちだった。リラックスして自信のある態度と、かすかな南部訛りがあって、まるで我が家にいるような、敬意を払われているような気がした。

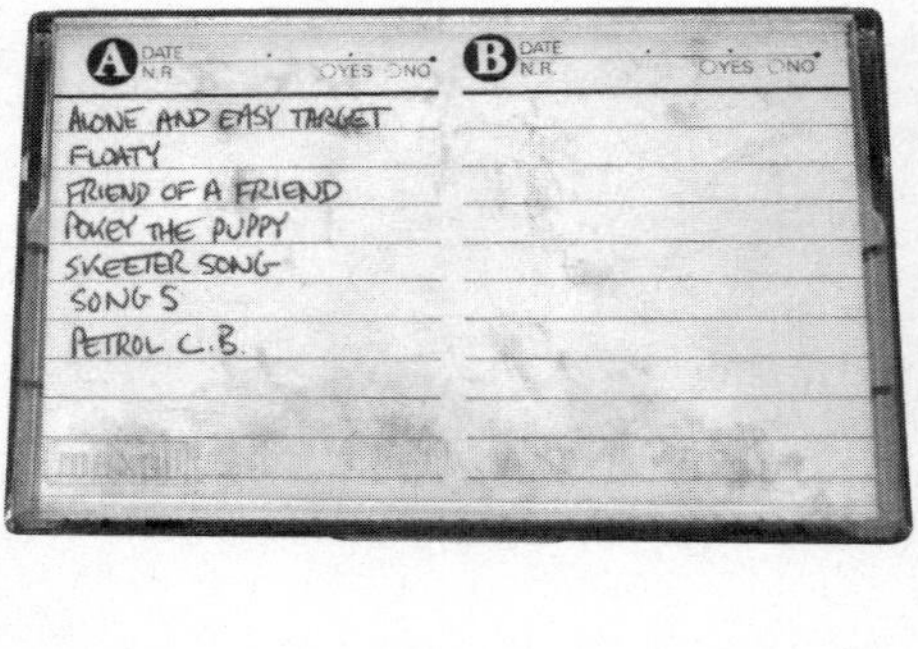

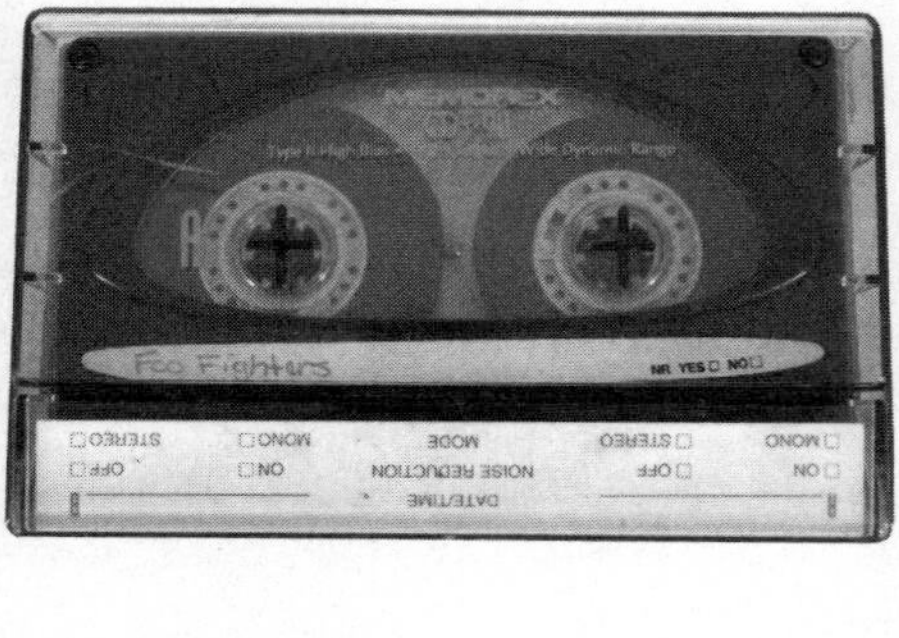

俺が間違いなくナーバスになっているのが分かって、それをなんとか和らげようとしてくれた。彼らは誰が見てもそう思うだろうけど、本物のロック・スターであり、でもそれだけじゃなくて、みんな本当に優しくて思いやりがあって、俺が居心地良いように気をつかってくれていた。みんなと話しながら、ひな壇にドラム・セットを設置して、キック・ドラムを強烈にピシャッと鳴らしたら、そのあまりの激しい音量にリハーサル・スペースにいた全員が飛び上がり、顔を見合わせて笑い出してしまった。「マジか。大変なことになってしまったのでは？」とでも言わんばかりだった。

そこにトムが現れた。彼は俺が想像した通りの人だった。完璧に落ち着いていて、なんの努力もせずにそのままでカッコ良かった。彼がハローと言っただけで、その声は何千もの高校のダンスが、濃厚な蜜のように彼の口から流れ出したみたいだった。数分もしないうちに、ロックンロールの夢の合宿を空想していたことによる緊張も消えて、一緒に演奏を開始した。あまりの嬉しさを隠すこともできなくて、いつも以上に力を込めて演奏していたんじゃないかと思う。というのもバンドが、俺の大砲レベルの音が出るドラムにほとんど縮み上がっていたから。午後はジャムして過ごしたり、みんなで話したりして、テイクの間にはカジュアルな感じでお互いを知り合って、その日の終わりまでにはハートブレイカーズの名誉メンバーになったような気持ちにさせてくれた。俺たちはバンドだって思えたんだ。その思いは、長い長い間感じてなかったものだった。

それから1週間後に『サタデー・ナイト・ライブ』のスタジオでサウンド・チェックの日に再会した。それは通常、木曜日に行われていた。その日は『SNL』のスタッフが音声レベルの調整をする日で、同時にカメラ割りも決める日だった。最初にサウンド・チェックをして、リハーサルをして、それぞれの曲を2、3回演奏して、ステージ・モニターの音を確認し、コントロール室で全ての音がよく聴こえるかを確認する。その後、昼飯の休憩があって、1時間後に戻ってきて、カメラ位置の確認をする。ディレクターはカメラ・

アングルのリハーサルをして、生放送が始まったときにどのように動くか確認する。これは通常、とてもシンプルな段取りだ。数回のテイクを重ねれば、みんな何十年もの経験を積んでいるので簡単に準備できる。だけど、カメラ位置の確認をする最初のリハーサルの後で、ステージ・ディレクターが俺の巨大なドラム・セットのところに来て、「あののの、デイヴ……ラック・タムを左へ数インチ動かしてもらえますか？　あなたの顔が全然見えないんです」。ヒーローたちの前でそんなこと言われて、物凄く怯えたし、恥ずかしくなって、なんて答えればいいのか分からなかった。俺は事を荒立てたくはなかったし、この最高級の乗り物に便乗させてもらった身分の低いゲストでしかなかったから、俺の顔なんて見えなくたってどうだっていいじゃないか?と思った。トム・ペティが主役なんだ！　それでどうすればいいか教えてもらいたくてトムの方を見たら、「彼らの言いなりになる必要なんかない。一歩も引くな」という顔をしていたので、ナーバスになりながらも「えええええ……できない。これはここじゃないといけないんだ。動かせない」。数秒のうちに、舞台係が現れて、ドラムのマイクをより小さいものに変えた。それで俺の顔をカメラがよりクリアに映せると思ったのだろう。それで曲をもう1回通しで演奏した。そこへステージ・ディレクターがまた現れた。だけど今度はトムの方へ行った。「すいません。ペティ様。右へ数フィート動いていただくことはできますでしょうか?」。これはあまりに厚かましいお願いだ。なんて根性の男なんだ。この伝説のステージが、針の落ちる音も聞こえるくらいシーンとなった。トムはこれまで、このステージに4回も花を添えているので、もちろんよく知っている場所だ。「それはできないな。今日1日かけて良いサウンドにしようと調整したところで、今本当に良いサウンドになっているんだ。もし今動かしたら全てが台無しになる」。それでもステージ・ディレクターはどうしてもとお願いし続けたから、トムがお手上げだという仕草をして優しくこう言った。「分かったよ。でも言っておくけど、全てが台無しになるよ……」

　彼らはトムのモニターとマイクを数フィート右へ動かした。それでもう1テイク演奏するためにカウントして、トムが曲の最初のラインを歌おうとマイクに近づいた瞬間、すぐに演奏を止めて耳を押さえてしまったくらい、耳をつんざくような〝キーー〟という物凄いフィードバックがした。「マジか、ファック……」と思った。さあ始まるぞ。

トムは怒っていたけど、それはトム・ペティにしかできない怒り方で、彼はどんなときでもカッコ良くて、一瞬たりとも落ち着きを失わなかった。ステージ・ディレクターを見て言った。「お前、来い」。そのかわいそうな男は、キャリアにおいても決定的な失敗をしたと思いながら、おずおずとステージに上がった。するとトムならではの、あの南部訛りのゆっくりとした話し方で、「さっきお前になんて言った?」と言うと、ディレクターは謝って、ギアを元あった場所に戻します、と言った。が、トムは続けた。「そうじゃなくて、俺がお前になんて言ったんだって訊いてるんだ」。そこでディレクターは、トムが警告したことを一言一言復唱した。そこでトムが、「その通り。元に戻せ」。それは怒鳴っているわけでもなく、辱めているのでもなく、自分が信じるもののために人生かけて闘ってきた男の姿だった。つまり、これまで数え切れないほどの逆境と意気消沈するような産業のクソに直面してきた人が、世界に俺をバカにするなと言っていた。俺はその瞬間、自分が彼のドラマーだったことをどれだけ誇りに思ったことか——その瞬間、俺は〝ニルヴァーナにいた奴〟ではなくて、トム・ペティのドラマーだったんだ。

番組は最高だった。2曲ともグルーブも緊迫感もある演奏ができたし、このわずか1週間半でお互いを知ることもできた。バンドの落ち着いた空気感には自分でもびっくりするほど慣れたし、それはニルヴァーナにいた3年半で感じたものとはほど遠いものだった。ニルヴァーナは、ぎくしゃくした機能不全な家族関係のおかげで、あのとてつもないノイズを世に放つことができたわけだけど、ザ・ハートブレイカーズ陣営にある本当の意味での家族とかコミュニティ意識は、もっと健康的だしカオスも少ない。これぞ俺の過去のトラウマを鎮めるのに必要だったものであり、それに音楽は喜びや人生の祝福も象徴できるんだ、ということを思い出させてくれた。おかげで立ち直ることができた、完璧な1回きりの機会だった、と思っていた。

そしたらトムに、また一緒にやらないかと訊かれた。

これはまた大革新と言えるお願いだ。まさかそんなことを言われるとは、まったく予期してなかった、運命の展開だ。そこまで言ってもらえればやった甲斐もあったと思えたけど、でも混乱もした。そもそも、こんなすごい機会にノーなんて言う人はいるんだろうか？　まさかこんなお願いをされる価値も能力もあるなんて、これまで夢にすら思ってなかった。だけど、マジか。そんなこと訊かれたら気分は最高だった。番組でのパフォーマンスが終わって、小さい控え室の前の狭い廊下に俺たちは立っていたから、「考えてみて」と言われた。俺は過剰なほどにお礼を言った。いまだにあのクラシック曲〈ランニン・ダウン・ア・ドリーム〉を書いた人と話したってだけでもぶっ飛びだった。だって、人生のクネクネと屈曲した道を、その先が一体どこに続くのか分からなくても、それに従えって曲を書いた人なんだぜ。

家に帰って、100本のカセット・テープが入った箱をピックアップした。テープがきれいに詰められたその箱を車に乗せるとき、まるで生まれたての赤ちゃんを病院から初めて家に連れて帰るような気持ちにすらなった。俺はトム・ペティとともに自分の心をニューヨークに置いてきたのだろうか？　または、それは出来たてのカセットが詰まった段ボールのどこかに入っているんだろうか？

俺は岐路に立っていた。

ザ・ハートブレイカーズとの経験は本当に実りが多かったし、居心地も良くて、何より俺にとってあのときまさに必要なものだった。だけど心の底では、俺は真のハートブレイカーにはなれないことも分かっていた。だって彼らは何十年という歴史でつながっていたわけだから。すごく優しくしてもらい、歓迎してもらい、厚くもてなしてもらったけど、でも俺はその中で永遠に〝ニルヴァーナにいた奴〟だったと思う。もちろんそれを誇りに思っているんだけど、でもそれが時に物凄く重荷に感じることがあった。

俺はトムの音楽が心から好きだから、彼の曲を毎晩毎晩演奏できるなら、おそらく最高の人生を過ごせるはずだ。でも……それは俺の曲じゃなかった。トムと電話でもう一度話して、彼らのツアーはすごく快適だし、俺は自分専用のバスを用意してもらえるし、スケジュールもすごく余裕があるから、俺のこれまでのバンでのツアーみたいに過酷じゃないと言ってもらえた。何もかもが完璧に聞こえた。完璧すぎですらあった。でも俺はまだ25歳で、まだ飢えていたし、〝確かなもの〟で落ち着いてしまう準備ができてなかった。ティーネイジャーみたいなじっとしていられないエネルギーがあったし、どんなに怖くても未知の世界に突き進みたいという衝動もあった。

だから丁寧にお断りした。俺のトラックの後ろに積んである段ボールが、俺の新たな人生への鍵だと決心した。それは間違いなく確かなものではなかったけど、でも確かなことなんてどこにもない。

そう俺は夢を追いかける
夢がやって来ることなんてないから
謎を追求して
連れていってくれる所へ
夢を追いかけるんだ

［トム・ペティ〈ランニン・ダウン・ア・ドリーム〉の歌詞より］

ＲＩＰ　トム・ペティ　１９５０－２０１７

心はバージニアに

SWEET VIRGINIA

「プライバシーが大事だから……絶対400エーカー以上は必要だ」と自信満々に言った。「ええっ！」。俺の不動産担当のコニーが驚いて言った。「そうなんですね！　調べて、どんな物件があるかすぐにお知らせします」。正直言って、彼女の声があまりにびっくりしていたのには不意を突かれた。だってそんなに理不尽なお願いをしているとは、とても思えなかったから。俺は自分が住む家と、バンド用のゲストハウスを探していただけだった。それと納屋を改造してレコーディング・スタジオにしたかった。そうすれば、この眠たいバージニア州の街で、幸せに人生を終える自給自足の夢を叶えることができる。

ただし、1エーカーがどれくらいデカいのか、よく分かってなかった。

シアトルで7年間生活して、あそこでの生活はとうとう自然消滅した。知っている人も誰もいないのに行って、汚くて惨めで感情的にも孤立した生活をして、それでも新しいバンドの中で自分なりのグルーブを見つけて、世界一デカいバンドになった。だけど、それが足元から全部奪われたから、また一からやり直しになった。あれだけでも、すでに一生分くらいの経験はした。あの街に何年も住んでいる間にできた友達も大好きだったけど、でも心はバージニア州に置き去りのままだった。そこが俺の永遠の我が家だから。なだらかな丘と高い樫の木に囲まれた郊外に育ち、ここ以外の場所に住むなんて思ってもみなかった。子どもの頃から、絶対にこの静かで退屈で何一つ新しいことのない街から脱出したいと思っていた。でも、この始まりの場所に必ず戻ってくるんだろうとも、いつも思っていた。

1996年秋に、ベア・クリークというシアトルの郊外にあるスタジオで、フー・ファイターズのセカンド・アルバム『ザ・カラー・アンド・ザ・シェイプ』（現在に至るまで最も人気のあるレコード）のレコーディングを開始したときに、俺の太平洋岸北西部で過ごす時間も終わりに近づいているなあと思った。いつまで経っても自分は訪問者みたいな気がしていたし、移植されても残してきた大切な根を猛烈に守っているような気がしていた。だけど、最初の結婚が臨終の喉声を上げたから、それが最後の苦闘となって、暗黒の冬がこれから先何ヶ月も続くというときに、深い森の中で行われたレコーディングに影を落とした（そのテーマは、このアルバム全体を通して歌詞に表れている）。シアトルが俺の心に灯してくれた火は間もなく消えようとしていて、その残り火をどれだけ俺が頑張って煽っても、昔みたいには燃え上がらせることはできなかった。「もう前進するときが来た」と思った。「ここはもう俺の居場所じゃない」

またはパット・スメアがかつて言ったように「亡霊が多すぎる」

だけど、俺の我が家である東海岸に戻る前に、ロサンゼルスで12ヶ月だけ一息つくことにした（つまり俺版の『失われた週末』だ）。脱出し損なうかに思えたマッド・レスラーがいっぱいの沈没船まで、あと1ブロックという場所に来たときに、自分が開放されていると実感できた。もう彼女たちが持って帰ってくれた1ドル札とか、ベイクドビーンズの缶詰でサバイバルする生活じゃない。自分の家（と食べ物）を持つという贅沢のできる金がある。

サンセット・ストリップからわずか2ブロックの快適な小さな2ベッドルームの家を借りた。そのときは、もうどこにも誰にも縛られていなかったし、あと先考えないで良かったから、それを最大限に利用することにした。フー・ファイターズは、一度きりのサイド・プロジェクト以上のバンドになっていた。ただし、セカンド・アルバムの制作が終わったとき、バンドの基盤は揺らいでいた（オリジナル・ドラマーのウィリアム・ゴールドスミスは、俺が彼のドラム・トラックをレコーディングしたら辞めてしまった。でも、ありがたいことにそれを引き継ぐには才能がありすぎるテイラー・ホーキンスがドラマーになってくれた。それからパット・スメアは、その後すぐ一時期的にバンドを脱退してしまった）。だけど、セカンド・アルバムを作る困難は克服できたから、そこで沸いた蒸気を思い切り発散させたかった。

ある意味すごく自由に感じたから、これまで長年抑えてきたもの全てを好きにやってみたいと思ったんだ。だからまったく抑制しなかった。これまで何年も重いヘーフェヴァイツェン［ドイツのビール］か、太平洋岸北西部の洗練された地ビールのピッチャーをがぶ飲みしていたんだが、より気軽でより致命的なクアーズ・ライトとテキーラという飲み合わせを、新しくできた親友、テイラー・ホーキンスに教わった。かつては、前髪を降ろしていたあの内気さは、パトロン［テキーラ］とライムを噛めば消えていた。その当時、スクリームのボーカルだったピート・スタールがバイパールームで仕事をしていた。そこは邪悪な快楽主義者たちの溜まり場で、なんと便利なことに俺の家から1ブロックのところにあった。俺は毎晩そこに出没するようになり、ラスト・オーダーの後も、世捨て人でいっぱいになったその小さな場所で、太陽が昇るまで飲み続けていた。その年は控え目に言っても良い時間だった。だけど12ヶ月もやりたい放題の道楽をしていたら、いい加減これが幸せに人生を終えるための目標じゃない、と気付いた。だからまた違う方向を目指すことにして、より歓迎してくれる地平線に向かった。それが、バージニア州の田舎というパラダイスだった。

東海岸に戻り、コニーに会って、古風で趣のある小さな町リーズバーグで家探しを始めた。そこはワシントンＤＣの国際的な喧騒からわずか1時間の場所だ。１７４０年に建てられ、どの街角にも、美しい歴史的なビルが建ち並び、くねくねした石垣が何マイルも続く郊外の町だった。俺にとっては自分の少年時代に戻るようなもので、子どもの頃、よく夏になるとこの田舎を歩き回っては、南北戦争時代の弾丸が落ちていないかと探したり、猛暑の中で鳩狩りをしたりした。冬になると、陽が昇る前に、硬く氷に覆われた泥の中に鴨を獲る罠を仕掛け、掘った穴の中から冷たい地上に鳥の群れが到着するのを待って、晩ご飯に持って帰れないかなと思っていた。そういう思い出が最初の物件を見に行く車の中で次々に蘇ってきた。

目的の場所に着いたら、コニーが免責条項を告げた。「最初の物件は、あなたが探している場所に比べると少し小さいです。だけど家そのものは美しくて、あなたが探しているゲストハウスも納屋もあります」。少しがっかりして、「どれだけ小さいの？」と聞いた。「約100エーカーです」。100エーカーだと？そんなの小さすぎる！と思った。たった100エーカーしかなかったら、どうやって世間の人たちから隠れて、バンドと明け方まで音楽を演奏できるんだよ？「そうだな…」と言った。「でも着いちゃったし、とりあえず見るだけ見るか……」

そこは元キツネ狩りのロッジで、築200年の豪邸だった。汚れ一つない玄関に立ったとき、頭上高くにそびえ立つ巨大な柱に自分が小人になったように感じた。しかも、その下に続く広大な青々とした敷地を見たら、俺が最初に電話したときにショックを受けていた理由が分かった。100エーカーってマジで農場だった。400エーカーって？そんなの郡全部じゃないか。つまり俺は、測量技師ではなかったってことだ。農業的知識がまるでなかったことをすごく恥ずかしく思った。でも、同時に目の前に広がる土地があまりに荘厳で美しかったため、謙虚な気持ちにもなった。周囲には木が植えてあって、それが自然の境界線になっていたし、遠くには小さい川まであった。「マジかよ！」と思った。「なんてことだ？」

その邸宅を見て（それはホワイトハウスにすごく似ていた。俺が絶対に住むわけがないと分かってる場所だ）、ゲストハウスに向かったときに、これは絶対に失敗だと思い始めた。俺はまだ30歳なのに、文字通り〝農場を買おう〟としていた。つまり、よく言われるように〝死ぬ〟と言う意味だ。これじゃまるで音楽や冒険で恵まれた人生が終わり、夕日の中で馬に乗って走り、歴史の幕を閉じて、もう二度と姿を見せることも、言葉を聞くこともありませんでしたってことじゃないか。しかも当然だけどゲストハウスは、ここからわずか1時間くらいの場所にある母と姉と俺が育った家の2倍はあった。その実家は、一生みんなで暮らしても良いと思える、小さいけど居心地の良い家だったんだ。ただ納屋は魅力的で、それは世界でも有数のレコーディング施設にできると思えた。天井は高かったし、スペースも巨大だったし、オーケストラ全部入るくらいの大きさはあった。だけど、こんなに快適な暮らしをしたいとはまだ思っていなかった。**もっとやらなくちゃいけないことがある。**

コニーがその他の物件もいくつか見せてくれた。全て250エーカーから400エーカーの物件だった。「敷地の境界線まで歩きますか?」と彼女に聞かれても、「いや、やめとく」と言った。でも、それは無駄ではなかった。というのも、おかげで俺は決心できたから。この夢物語にはまだ早すぎる。もう少し人生が落ち着いて、一緒にこれを分かち合う美しい家族を持てたら、この家庭的で田舎のアメリカーナ的なものを心から享受するだろう。だけど、まだ早い。

結局、歴史のある古い街アレクサンドリアの郊外にある1・5エーカーの、より合理的な家に決めた。俺が住んでいたところから、たった数マイルの距離だ。その地下室にこれからフー・ファイターズが何年もレコーディングすることになる地下室のレコーディング・スタジオの工事を開始した。バンドは最近キャピタル・レコーズとの契約から解放されたところでもあり、〝キーマン条項〟と呼ばれるものを尊重したおかげだった。それはキャピタル・レコーズの社長ゲイリー・ガーシュ(昔からの友人で、何年も前にニルヴァーナをゲフィンと契約させた人物)が退社することになったら、俺たちも契約を破棄する選択権があるというもので、俺たちの関係性が長いおかげで規定に書かれ、受理されていた。彼の退社は予期してなかった思いがけない幸運だった。俺たちは彼と一緒に会社を去る道を選び、おかげで完璧に独立した立場となった。これは、アルバム何枚かで契約したバンドが絶対に経験できない贅沢だった。

契約から開放されたことによる美点は、俺たちがバンドを続ける義務がなくなったこと。やらなくても良かったんだ。だけど、やりたかった。つまり俺たちがバンドをやっている意図が非常に純粋であることを、それが証明してくれた。ファースト・アルバムが出てからの何年間は大変な時期もあったけど、容赦なくツアーをしたし、環境に慣れるように頑張ったし、2枚目のジンクスを突破しようとした。その間に何人かのメンバーが辞めたりもした。でもいつだって、一緒に演奏したいという真の愛と目的を貫いてきた。ただ、一度だけもう諦めようかと思ったことがあった。それは1998年春に、ネイト（・メンデル）が24時間だけバンドを辞めたときだった。

バージニア州の母の家にいたときにネイトから電話がかかってきて、もうこのバンドには愛がなくなり、元いたバンドのサニー・デイ・リアル・エステイトが自分の居場所だと思う、と言われた。彼らはそのとき、復活する予定になっていたんだ。それには酷く堪《こた》えた。ウィリアム（・ゴールドスミス）は、もともとこのバンドの情熱や衝動とは合ってなかった。パット（・スメア）が辞めたときは単に「もう飽きた」って感じだった。フランツ（・スタール）は古くからの仲の良い友達だったけど、でもバンドとは上手く波長が合わなかった。だけどネイ

トは？　このバンドの全てを一緒に作り上げた人じゃないか？　彼にそう言われてしまったら、もう我慢できなくなり、怒ってこう返事した。「分かった。でも俺は新しいメンバーに曲をまた一から教えるのは耐えられないから、代わりの人を見つけたら、お前がそいつに教えてくれ」。それでサヨナラと言った。だけど心の底では、ネイトが辞めたらフー・ファイターズは終わりだと分かっていた。もうこれ以上の脱退に対処するのは無理だし、絶対にやりたくなかったはずのソロ・プロジェクトをしているようにも思えてきた。

その晩、親友のジミーと俺は、お気に入りの安いバーベキュー屋リブスターズに行き、大泣きしながら意識を失うくらいジャック・アンド・コークを飲んだ。だって、またして俺の人生最大の愛が台無しになったわけだから。家に帰り、ベッドルームで酔いつぶれると、頭はコマみたいにグルグルに回っていた。翌日、母が部屋のドアの前で優しくささやく声で目が覚めた。「デヴィッド？　ネイトから電話よ……」。混乱しながら、巨大なコードレス電話をつかんで、長いアンテナを伸ばしながら唸るように言った。「もしもしーーー……」。ネイトは謝り、一瞬理性を失ったが、やはりバンドを辞めたくないと説明した。安心したなんてものじゃなかった。俺は実質的にそこで生まれ変わったんだ。二人で泣いて、「アイ・ラブ・ユー」とお互い言い、そして電話を切った。それでベッドに這いつくばって戻ったら、前の晩、そこで小便していたことに気付いた。

新しい家の改装をしている間に、テイラーと俺で、ロサンゼルスからバージニアまでアメリカ横断の旅を企てた。それは単に、二人の若者が黒のシボレー・タホに乗って、危険レベルのボリュームでクラッシック・ロックを聴きながら高速をかっ飛ばし、西海岸から東海岸まで走るという、クレイジーで長い冒険の旅だった。テイラーと俺は、彼が1年前にバンドに加入したその日から離れられなくなったし、すぐに邪《よこしま》な親友となった。彼がフー・ファイターズのメンバーになるずっと前、アラニス・モリセットのドラマーをしていたときから、世界中のフェスティバルのバックステージでよく顔を合わせていた。俺たちがあまりに意気投合していたものだから、アラニス自身が彼に訊いたことがあったくらいだ。「デイヴにドラマーになってほしいって言われたら、どうするつもり?」と。俺たちはビーバス&バッドヘッドであり、ダム&ダマーでもあった。とにかくパーラメント・ライツをもくもく吸いながら、過剰に活動的で、どこに行ってもエア・ドラムをしていた。だから、ほとんど病的とも言える冒険旅行を一緒にするのはテイラー以外には考えられなかった。横断中にいくつか寄る場所も決めて、例えばテイラーの祖母のところとか、パンテラのストリップ・クラブとか(後者が俺たちの最優先事項)、でも、それ以外は俺の故郷へほぼ真っ直ぐ2600マイル［約4184キロ］突っ走る旅だった(到着した瞬間に、テイラーはブルース・スプリングスティーンの最高の物真似で、ボスのクラッシック・アンセム、タイトルもまさに〈マイ・ホームタウン(=俺の故郷)〉を優しくセレナーデしてくれた。それより笑えたのは、テイラーが混んでるコストコのど真ん中に置いてあったピアノで、『チアーズ』［米TV番組］のテーマ・ソングを弾いたときだった。

俺は最後のお別れパーティーをキャニオンにあったバンガローでやり、わずかばかりの所持品をU-ホールの箱に詰めて、引越しのトラックに乗せ、アメリカで最も魅惑的な都市の過剰さと死にものぐるいさにお別れをした。テイラーと俺が車を運転し始めて、ロサンゼルスがバックミラーの彼方に消えていくのを見て幸せな気持ちだった。ここでまた一つの章を閉じて前進したと思えたから。ただ、その章はその他に比べると、いまだにぼんやりとしか覚えていないんだが。

俺たちは、全能者パンテラ(文句なしにメタル界の王)に、その年の始めにイギリスで行われたオズフェストで会った。そのとき、直前になってKornの代わりに出てほしいと頼まれたんだが、そんな恐ろしいお願いもなかった。勘違いしないでほしいのは、俺は生まれながらの正真正銘ダイハードなメタル・ファンだ。バックパッチだって付けてたし、カセットだって集めてたし、ファンジンも定期購読してたし、心ではステージ・ダイブに一生を捧げていた。だけどオズフェストって?　フー・ファイターズが?　だって俺たちは筋金入りの、その他のメタル・バンドの中で言ったら、ロックンロール界の『ナーズ（＝オタク）の復讐』みたな存在だから。メンバーの髪の長さが襟より上にしかない人もいたくらいで、まったく意味不明だった。史上最高の場違いにして、いつ災害が起きてもおかしくない……。

さらに最悪なことに、俺たちの出番がパンテラの後だったこと。あの史上最強にヘビーで、タフで、グルーブがあって、カッコいいメタル・バンドだ。クロマニオン人並みの大虐殺の王。あのマザーファッキング『カウボーイズ・フロム・ヘル』のだぜ。「彼らが最後の音を弾いたらもう何も残ってないよ。絶対に」とマネージャーに言った。ステージは影も形もなくなってるだろうし、心もPAシステムもぶっ飛んでるだろうし、残ってるのはドロドロの会場と、聴こえなくなった耳と、溶けた脳味噌だけだ。だけど、どんな悪いアイディアだと思っても、ノーと言ったことがなかったので出演することにした。そこからミルトン・ケインズに照準を合わせた。ミルトン・ケインズにあるナショナル・ボウルという会場は、ロックンロールのスペクタクルが行われる会場として知られていたし、マイケル・ジャクソンから、メタリカ、クイーンからグリーン・デイ、ステイタス・クォーからプロディジーなど、自然に囲まれた会場で何十年にも渡って巨大なショーが開催されてきた（どうやら元はレンガ製造用の粘土採掘場だったようだ）。キャパは6万5千人で、ロンドンから北西へわずか50マイル［80キロ］の場所にあった。輝かしく陽の照った悲運の土曜日には、理想的な場所だった。しかもラインナップはあり得ないくらい最強だった。ブラック・サバス、スレイヤー、ソウルフライに……エヘン……俺たち。その日は、壮大な規模で巨大なメタル対決が繰り広げられることになっていた。バックステージ・エリアに到着すると、ツアー・バスの窓から外をじっと眺めてヒーローを見つけられるか探してみた。トム・アラヤだ！　スコット・イアンだ！　トニー・アイオミだ！　マックス・カバレラだ！　すごいメンツが歩き回っている。俺たちと同じように、いつか死ぬ運命の人間として。しかも陽が照っている最中に！　密かに、この暗黒の人々は夜にだけ姿を現し、昼間はコウモリのように巨大な墓で逆さ吊りになって、太陽を拒否する夜行性の生き物で、月の下で悪魔のアンセムを歌い、俺たちを威嚇するものだと思っていた（願っていた）けど、短パンを履き、炭酸ジュースを持ってる人もいた。でも関係ない。メタルよ、永遠に。

俺は食い物にされるのが恐ろしして、控え室に隠れていた。しかもステージから革と鋲でできた、うねるようなモッシュピットを見て、これから待っている自分たちの恐ろしい運命を覗き見することもできなかった。だからナーバスになりながらそこに座り、モーターヘッドよりで10ccよりではないセットリストになるように考えた。〝ラブ〟という言葉が歌詞に入っていないもの、ジョージ・ハリスン・スタイルのスライド・ギターのソロがない曲を、急いで自分たちのカタログの中から捜し回った。観客を感動させたい以上に、俺のハード・ロックのヒーローたちを感動させたかった。俺も心の中ではメタル・ヘッドなんだと気付いてくれますようにと思っていた。それで、とうとう勇気を出して蒸し暑いプレハブの控え室から会場に行ってみることにした。ステージの袖から目撃したのは、最高の、最も野蛮で、最もがさつな力の表示であり、これぞパンテラだった。想像していた通り、彼らはマジでステージを破壊していた。ヴィニー・ポールこそ師にして、伝説にして、山のようにそびえ立つドラムを凄まじい勢いで叩きまくっていた。フィル・アンセルモは、これまで制作された全エクソシスト映画の全ての悪霊が一つ残らず乗り移った男がごとく、血塗れの殺人者かのような叫び声を上げていた。レックス・ブラウンはステージを堂々と闊歩しながら、ベースを巨大な火災放射器のように観客に向けていた。そして、ダイムバッグ・ダレルは……神から授かったギターの腕前で、ショーの主役となり、しかもそれをあまりに軽々、自信満々でカッコ良くやってのけるから、もう開いた口が塞がらなくて顎は夏の泥沼に埋もれる勢いだった。しかも、その轟く爆音。ふとドラムの後ろを見ると精神錯乱したような上半身裸のファンがいて、ボトルを破壊しながら、一人でモッシュし、人生がかかっているかのように一字一句大合唱していた。これぞパンテラの真のファンだ。念のため言うと、会場にいる残りの6499 9人と違って、この男はドラム・セットからたった数フィートのところで、マジで狂ったようになっていた。しかもヴィニー・ポールが容赦なく叩きまくるから、ずれたシンバルのスタンドを直そうと、ドラムに屈んだりしていた。「おかしくないか?」とそこで思った。なんと、この精神錯乱した上半身裸でスラムダンスするファンは、ヴィニーのドラム・テックのカットだったんだ。言わせてくれ。これまで何年もツアーをしてきたけど、こんな最高にカッコいい奴を絶対絶対見たことがない。これはローディーの域を超えたギャング集団だった。だからこれはバンドなんてものを超えた自然力だったんだ。

一瞬、自分たちもその日ステージ立つんだったということを忘れたくらいだった。音楽を聴き入ってしまい、俺がこの歴史的とすら言えるパフォーマンスの後に、ポスト・グランジ・オルタナティブ・ロックで出演しなくちゃいけないことを忘れていた(そこで指を喉に入れて吐きそうになる)。瞑想する人もいるだろう。教会に行く人もいるだろう。この気持ちを味わうために、砂漠に行って小さなカエルを舐める人もいるだろう。だけど、この日の俺に必要だったのはパンテラだけだった。残念ながらこの多幸感も、彼らがライブを終えて、観客が猛烈な雄叫びを上げた瞬間に消えた。俺たちは一巻の終わりだった。

自分たちのセットのことはほとんど覚えていないけど(時にトラウマとなるような思い出は、抑圧されて意識の奥深く最もダークな場所に押し下げられる。それから何年か経って、非常に困難なセラピーを行うことのみで解禁されることがある)、でも俺たちのライブを他のバンドが観ていたのは覚えている。そのおかげで自分が場違いな人間ではなかったかもと少しは思えた。ヘビー・メタルのヒーローたちが、俺たちの歌を合唱してくれているのを観て、認められたように思えたんだ。しかもおかげ様で、小便の入ったボトルを顔に思い切り投げつけられることもなかったし、ギグを最後まで終えることができた。だから、それだけで自分の中では最高の成功だったと思うようにしている。あの怒れる軍団の叫び声は、さっきほど大きくはなかったけど、俺たちは手足を失うこともなく、小さな控え室に無事戻って来られた。ホッ。

ライブが終わった後で、光栄にもパンテラに会って話すことができた。ちなみに、これからパンテラに会う機会がある人に言っておくけど、これは気弱な人には向いてない。しかし、こんなに歓迎してくれるバンドも他にどこにもいない。パンテラ以上に手厚くもてなしてくれるバンドもいないし、落ち着いた人たちもいない。その人が誰なのか、何をする人なのか、どこの出身かなんて関係なく、心から歓迎してくれる。ビールを渡して、飲ませてくれて、こんなに笑ったことないってくらい笑わせてくれる。俺たちは一瞬で友達になり、酔っ払いながらサヨナラを言うと、ヴィニーがビジネス・カードをくれた。「ダラスに来ることがあったら、クラブハウスに寄ってくれよ」。カードを見ると、なんと仰天したことに（驚きはしなかったけど）、彼らはストリップクラブを経営していた。高級車を持つロック・スターもいる。城を持つ人もいる。珍しい動物を飼っている人もいる。だけど、ストリップクラブだと？それが優勝だ。それって俺がスターバックスを持っているみたいなもので、危険そのもの。

それから何ヶ月も後に、テイラーと俺は古くてボロボロの道路地図を見て、バージニア州に戻る旅の準備をした。そして、今こそパンテラの狂気の世界をこの目で見る、絶好の機会だと思った。それでこの旅の全行程を、クラブハウスに行くことを中心に据えて決めていった。いよいよ出発の時が来た。旅の初日、バーストーのガソリン・スタンドに寄って、膀胱を空っぽにしてから、ガソリンを満タンにした。窓は開けて、クラッシック・ロックを爆音で鳴らし、スピーカーが歪む中、時速90マイルで走った。親友である二人のドラマーの男たちが、何も考えずに高速を飛ばした。サングラスをかけて、髪をなびかせ、満面の笑みでタバコをくわえ、18輪トレーラーを、スピードを上げて追い越しながら、エア・ドラムする命知らずにして、砂漠を快走するかのごとくぶっ飛ばした。フレイヴァー・フレイヴ並みの巨大な携帯電話からテキサス州の友達に電話して、楽しいメッセージを残した。「今向かってるから、待ってろよ」

フェニックスの道なりにあったモーテルのカウンターに向かいながら、お気に入りの緑でマジック・テープとビニールの財布（冗談でフォート・ノックスの軍隊用と言われていたやつ）を取ろうと、後ろのポケットをいつものようにパンと触ったら、いつものようなガツンという感触がなかった。ポケットに何も入ってなかった。つまり財布がないってこと。ってことは、トラックの中に落ちているはずだ。カップ・ホルダーを見たり、周りのセンター・コンソールも確認したし、椅子の下も見たし、ダッシュボードのグローブ・ボックスも見たけどない。どこにもない。ゼロ。消えた。この日、俺たちが立ち寄ったのはバーストーのガソリン・スタンドだけ……ファック。それ以外に落とした場所ってどこだろう？バーストーって言ったら、ここから327・9マイル［約528キロ］も逆戻りすることになる！　所持品は全てあの古い財布の中に入ってた。免許書も、クレジット・カードも、タバコの金も、ダイムバッグ・ダレルのギター・ピックも……。全てなくした。

幸いテイラーがホテル代を出してくれたおかげで、この日はなんとかことなきを得た。シアトルにいる会計士に急いで電話して、新しいカードをすぐに発行してもらい、次に泊まる道沿いのモーテルに送ってもらう手配をした。もちろん、俺たちはこんな困難にも負けずに突き進む。てか、何があっても、クラブハウスには絶対に行ってみせるんだ……。

ちなみにアメリカの地理が分かっている人なら見当がつくと思うけど、ダラスは、LAからバージニアに向かうにあたり、〝その途中〟にあるとは言えない場所だ。実際、高速道路I－40で行くと、しっかり200マイル［約322キロ］の寄り道になる。でも、ここは心のままに従うまでだ。それに故郷に帰ってから、スプリングフィールドに住む昔からの友達にそこでの話ができると思うと、何百マイルくらいの寄り道なんて大したことないよな？　絶対にデヴィッド・リー・ロスですら興奮するような話で……キース・リチャーズですら不快になって耳を覆いたくなるような悪さの話ができるはずだ……レミーですら思わず笑ってくれるかもしれない……。

テイラーの親戚とテキサスの道沿いにある本格的なステーキハウスに行った後、さて出発だ。タホに飛び乗り、街の外れにあるクラブハウスへと近道で向かった。そこには、ユニコーンのキラキラとした飾りがついた虹色の綿菓子の波に乗って、ふわふわと浮かんでいったという可能性もなきにしもあらずなのだが、それは俺がロマンチックにそのときの記憶を書き換えているだけかもしれない（そういうことって、ときどきある）。どちらにしても、マジで行けるんだ。何ヶ月も何ヶ月も、起きたら毎日この日を今か今かと1分ごとに指折り数えた。ネオンと黒のライトがついたパンテラの城に入り、クアーズ・ライトとピーチの香りのボディソープの匂いに包まれ、DJが昔ながらのスコーピオンズを爆音でかけている場所へ。到着したらボックス席ではパンテラのメンバーがみんないて、俺たちを大歓迎し、そこでパール・ジャムみたいな［アルバム『テン』のジャケットのような］ハイタッチをするんだ。頭の中で全ての計画はすでに描いていた。それは、『グッドフェローズ』の台所のシーン×LSDみたいなものだった。それが今目の前に迫っている。

「IDを見せてください」

暗闇で光るスタンプを押す準備をしたドアマンが言って、あの信頼のおけるフォート・ノックスの財布を急いで取り出す前にやるように、昔ながらの後ろのポケットをパンとする仕草を誰もが待っていた。俺はテイラーを見て、あまりのショックで目を見開いた。彼の顔もパニックになっていた。体中の血は全部顔に集まり、目には涙がこみ上げ、恐怖で震えてきた。なんとか思いついた唯一の言葉をモゴモゴと言った。「ババババババババーストー……バーストーで財布を落としたんです」。沈黙。そこで俺が死神に会うより恐れていた言葉を、そのドアマンが冷笑しながら吐いた。「悪いがIDがないと入れない」。そこでテイラーがすかさず割り込んでお願いした。「でも、でも、でも……俺たちパンテラの友達なんだ！」。その男は、冷たい死んだような目で俺たちを見て、怒ったように言った。「誰もがパンテラの友達だから。悪いが」

それで……これは終わりだった。3日間かけて1400マイル［約2253キロ］走り、辿り着いたこの夢は、ダラスの工場地帯の駐車場で、汚い古いパーラメントライトみたいに踏み潰された。このときの心情をそのまま語るとすると、俺の魂がファッキング粉々に打ち砕かれた、だった。フレイヴァー・フレイヴみたいな電話からいくつか連絡したけど誰も出てくれないし、駐車場でタバコを何本か吸ってから、タホにゆっくりと戻って行った。頭はがっくりしてうなだれ、心は砕けて、完全に落ち込んでいた。友達のパンテラと遊ぶこともない。テイラーは絶対一生俺を許してくれないはずだ。

でも、少なくとも俺は自分の家に向かっていた。

それから10年経って、カリフォルニア州オックスナードで赤ちゃんだった娘のバイオレットにサングラスを買おうとして、港にあった地元のサーフ・ショップに寄った。レジに行くと感じの良い女の子が「こんにちは」と挨拶して、俺が買ったものをレジに打ち込んでいた。俺を見て一瞬止まり、目を細めながら「もしかしてデイヴ・グロール？」と訊いてきた。「ああ、そうだよ」と笑顔で答えると、また目を細めて「1998年にバーストーで財布を失くした？」と言った。

そんな。ファッキング。バカな。

「失くした!!!」と驚いて答えた。彼女は笑って言った。「あれは私の両親のガソリン・スタンドだったんだけど、二人はまだあなたの財布を持ってるよ」

俺は、もうずいぶん昔に運命とか宿命なんてものを理解しようとするのを止めたんだが、でも、まぐれの運ってのが俺の得意技みたいだ。驚いたことに、それから間もなくして俺の財布が戻ってきた。しかもまったくの無傷で、何年も前に埋めたタイムカプセルを開けたみたいだった。人生の輝かしき時代の甘い思い出が詰まっていた。まだ若くて、自由で、再出発しようとしていたときの。

うん、俺の昔の免許証もそのまま入っていた。

それから1週間後にバージニア州へ向けて到着した。何日間もクラシック・ロックを聴き続けたせいで耳鳴りはしていたし、ゆっくりとシャワーも浴びたかった。新しい家に入った途端、ここが我が家だと思えた。そこは父の昔のアパートから数ブロックの距離で、毎週火曜日と木曜日はカトリック学校に行った後に歩いていたような場所だ。それから母の家からも車ですぐのところだった。つまり、俺の人格形成してくれた場所への帰還であり、シアトルやロサンゼルスと違って、ここが俺の居場所と思えた。もう見知らぬ人の家のカウチにお邪魔する放浪者って感じはしなかったし、一時的な訪問者でもなかった。俺は永遠の我が家に戻ったんだ。ここを一度も離れたことすらなかったようにも思えた。とりわけ、一番古い親友であるジミー・スワンソンと、この家に一緒に住むことになったから。

ジミーと俺は、小学6年生のときからいつでも一緒で、シャム双生児みたいだった。いつも肩を並べて人生を歩んできた。だから成長期の人格形成に大事な経験は全て二人で並んで行い、鏡合わせみたいなものだった。兄弟みたいな感じで、何もかも一緒に発見してきたし、会わない日もなかったくらいだ。ジミーは、俺より1歳年上で、背が高くてスカンジナビア人的な体系で、青い目をふわふわして整ったくすんだ金髪の間にいつも隠していた。しかも、後ろのポケットにはプラスチックのクシを入れて、髪を乱れないようにいつもチェックしていた。完璧にロッカーで、生まれながれの反逆者だった。駐車場でたむろするクールなヘビー・メタルを絵に描いたような人だったし、でも皮肉がなかった。彼はマジで本物の才能の持ち主だったんだ。ジミーの行く道に俺も従った。心の底ではジミーみたいになりたいと思っていたんだ。彼も俺も、はなから卒業生総代の〝ホームカミング・キング〟とかに選ばれるようなタイプではなかったから、自分たちで小さなのけ者の世界を創り、彼のベッドルームの大型ラジカセの前で縮こまって、メタルからパンク・ロック、ウィードも一緒に体験した。あまりに仲が良かったから、言葉がなくても、コミュニケーションできたくらいだった。二人のテレパシーだけを感じていれば良かったんだ。

ここで大事だったのは、ジミーが重度の吃音だったこと。それが彼にとっては生涯、社会生活を営む上ですごく影響していたから、内輪の友達だけの秘密にしていた。いつだってすごく優しくて、礼儀正しくて、使い古しのジーンズを着た騎士みたいだった。そして俺にとって彼は、俺が育った家と同じくらい我が家と思える人だった。つまり、俺たちはこれまで人生の全てを分かち合ってきたわけだから、新居を彼と分かち合うのも当然に思えた。連絡が途切れたことはなかったけど（ジミーは、ニルヴァーナともフー・ファイターズとも、何年にもわたって一緒にツアーした）、もう長い間、「よお、あと5分で着くから……」と言えるくらいの距離にはいなかったし、俺たちだけの小さな世界で一緒に過ごしたりもしてなかった。だから、彼の元に戻るってことは、自分に戻るみたいにも思えて、この再会こそが必要だった。

これまでレコーディング・スタジオを作った経験がまるでなかったから、機材とか、デザインとか、素材とかのリサーチを開始し、才能あるエンジニアの友達とか、プロデューサーの友達に連絡して、いかにしてこの薄汚い小さい地下室を次のアビー・ロードにできるのかアドバイスしてもらうことにした。そのうちの一人がアダム・キャスパーで、切れもののプロデューサーにして、シアトルにいたときからの友達で、これまでに一緒に仕事をしたこともある。例えば有名なのは、１９９4年1月に行ったニルヴァーナの最後のセッション。いたずらなユーモアのセンスもあるし、あくせくしてないし、アナログ・スタイルでレコーディングする人だ。だから、彼にシンプルな地下室のスタジオ作りを助けてもらいつつ、次のアルバムのプロデューサーをお願いするのが完璧なように思えた。

『ザ・カラー・アンド・ザ・シェイプ』のプロデューサーはギル・ノートンで、彼はピクシーズのクラッシック・ヒットを作った重要人物だった。しかし、彼との制作は、長くて根気のいるもので、超技術的なものでもあり、しかもそれをシアトル郊外の森の中で何ヶ月も葛藤しながらやったから、バンドは大きな打撃を受けた。ギルは人に厳しく仕事をさせることでも有名で、徹底的に詳細にまでこだわるので、結果的にはその甲斐のある作品になったとはいえ、全曲を30回から40回やり直しさせるから、みんなの鋭気は挫かれた。だから、もう二度とあんな苦痛を伴うレコーディングはしないと誓ったんだ。それで、バージニアに戻り、自分の家でアダム・キャスパーとシンプルな小さいレコーディング・スタジオを作るっていうのは、すごく魅力的に思えた。24トラック・マシーンが1台、ビンテージのミキシング・コンソールが1台、マイクが何本かと、コンプレッサーが数台、必要なものはこれで全部。地下室を防音装置つきのロックができる部屋にしている間、ギアを探してそろえることにした。

母がよく立ち寄り進行状況を見にきたので、部屋から部屋を見せて、スタジオ作りに欠かせない細かな音響デザインの仕組みをできる限り説明した(実は俺は何も分かっていなかったんだが、年季の入ったクソアーティストだったから、母は俺が言ったこと全てを鵜呑みにしていた)。でも思うに母は、俺が長年そばにいなかったから、来たいときに俺の家に寄り、俺の顔が見られるのが嬉しかったんだと思う。

それで母が週一の見学に来ているときに、部屋中の散らかった瓦礫の山のどこからか、子猫が小さい声で静かに助けてくれとミャーミャー鳴いているのが聞こえてきた。ハッとして、スタジオの隅から隅まで狂ったように子猫を探し始めた。でも、子猫の声は動いていた。「こっちだ!」と俺が言って、母がスタジオのそちら側に行くと、声がしない。「いや、こっちよ!」と母が言って、スタジオの彼女がいる方に俺が行くと、また声がしない。そうやって何分も行ったり来たりしながら、子猫がスタジオの全ての場所から小さな鳴き声を出していたので困惑した。それで動くのを止めて、子猫が怯えて逃げないようにした。母に静かに「もしかしたら壁の中にいるのかもしれない」と囁いた。それで膝を床について、汚い床をゆっくりと這い、ペンキ塗り立ての壁に耳をあてて、このかわいそうな小動物がどこにいるのか見つけてあげようとした。母がゆっくりと俺の横にやって来て、また消え入りそうなミャーが聴こえた。「シーーーー!」と言って、母が俺にまた1歩近づいた。ミャー。近づいていると思った。俺の真横にいる母も壁に近づいて聴こうとしたら、また……ミャー。そこで母のサンダルを見て、「ねえ母さん……体重を一瞬右足にかけてみてくれる?」

しまう。

ミャー。

この45分間、スタジオ中を追いかけ回していた子猫はなんと母が歩く度に右サンダルから鳴る「ミャー」だった。二人とも床に転げて大笑いして、息もできないくらいだった。ありがたいことに、二人でバカみたいなことをやっているのは他の誰にも目撃されなかった。二人ともそれを思い出しては、今でも大笑いしてしまう。

スタジオが完成したのは春で、バージニアの一番好きな季節だった。寒い枯れ葉と枯れ木の数ヶ月を過ごした後、太陽が出ると自然はすぐに真っ盛りとなって、それが偶然にもバンドの再生とどこか詩的に重なった。だから窓を全開にして、この新章を歓迎した。俺は、最高水準のレコーディング施設を想像していたけど、結果的には必要最小限で余計なものは何もない設備となった。音響処理のためには、発泡スチロールから、枕、寝袋が無作為に壁に釘付けにされていた。だけど、俺からしたらこれぞDIYの定義であり、ワシントンDCのパンク・シーンにいた頃に学んだ精神だったし、それにいつでも従いたいと思っていた。ショーのブッキングから、自分たちでレコード・レーベルを創設し、シンプルにレコーディングしたものをバイナルで発売する。自分で全てやった方が、いつだってその報酬はより甘いものだ。それから何年も経って、こうして1歩1歩自分たちでどうすればいいのか考えて、最も洗練されていないやり方で、これ以上ないくらい幸せに未熟な方法でやった。中でも一番大事だったのは、音楽産業のどんな期待からも隠れていたことだった。だから自分たちの装置を使い、俺たちが真にどんなバンドなのかを見つければ良かったんだ。

日課はシンプルだった。バンドはジミーと俺と一緒にこの家に住んでいたから、家事から始まった。溢れそうになっている灰皿を空にしたり、半分残った生温いクワーズ・ライトの缶を片づけたり。汚れたスウェットパンツ姿で、地獄からやって来たやつれたメイドみたいになって、堅木の床にモップがけをしたりした。やがてメンバーが一人ずつ起きてきて、コーヒー・ポットをボーッと見つめながら、クラック常用者がパイプを待ってるみたいに、コーヒーがゆっくりと出来上がるのを待っていた。テイラーが自分の部屋の窓の外にいる〝アヒル〟（本当はカラス）の文句を言ったりするのを聞きながら、みんな徐々に目が覚めて、台所のテーブルでその日やることを決めた。ランチを食べる前にバスケをちょっとやったりした後、地下室に行き、前の晩のレコーディングをみんなで聴き直した。それで1日作業して、ビールを何本か飲み、外でバーベキューした。グリルの周りには蛍が飛び回っていた。リビング・ルームでジミーがお気に入りの椅子で水パイプを何度も吸い、俺はテレビを見ながらそこで爆睡していた。それが俺たちの日課だった。このリラックスした雰囲気こそが、このときのアルバムが俺たちの全カタログの中でも、最も自然なサウンドのアルバムになった理由だった。それから、スタジオにあった機材が技術的に最低限のものだったから、俺たちができることにも限りがあったのも手伝って、このアルバムは最もシンプルで生々しくて、正直な作品になった。

さらに、そのとき俺が〝AMゴールド〟ミュージック（70年代のソフト・ロックのヒット曲）に夢中だったことも影響している。それは恐らく俺がここに戻ってきたことで、子どもの頃に、この同じ道を車に乗りながら、ラジオでその魔法のような時代の音楽を聴いていたことを思い出して、あの頃を再訪したいと思ったからかもしれない。それから言うまでもなく、アンドリュー・ゴールドに、ジェリー・ラファティ、ピーター・フランプトン、ヘレン・レディ、フィービ・スノウなど、彼らの豊かでメランコリックなメロディが新作にも影響した。

あの当時のポピュラー・ロック・ミュージックは、新たなジャンルのニュー・メタルが全盛で、俺はそれを評価はしていたけど、そのアンチテーゼとなりたくて意図的に反対方向を目指した。ニュー・メタルの多くには、輝かしきメロディが欠落していたから、俺のメロディへの愛が炸裂して（子どもの頃からザ・ビートルズに影響された結果だ）、より優しい曲を書くようになった。それにバージニアの春が招いた再生に感動したことも相待って、〈エイント・イット・ザ・ライフ〉から、〈ラーン・トゥ・フライ〉〈オーロラ〉〈ジェネレーター〉のような曲につながっていった。どの曲も、男がとうとう自分の環境を居心地良く思えるようになったことについて書いたものであり、自分の居場所がどこなのかと、もう悩んでいない曲だ。6月にセッションを終える頃には、今でも俺の最高のアルバムと思える作品が完成した。それにぴったりなタイトルがついた。『ゼア・イズ・ナッシング・レフト・トゥ・ルーズ』［失うものは何もない］だ。

新しいスタジオを〝スタジオ606〟と名づけて、それから何年もよく働いてもらった。

それから1年半後に、グラミー賞で最優秀ロック・アルバム賞を受け取るために登壇したとき、ミュージシャンや音楽産業の有力者たちが、ダイヤモンドから最新ファッションに身を包んで埋め尽くされているのを見て、このアルバムを自分たちだけで作ったこと、そして、この全てのハリウッドのギラギラした輝きから離れて作ったことに、とてつもない誇りを感じた。おかげで、俺たちが初めて受け取ったグラミー賞の報酬はより甘いものになった。俺たちが、本当にトロフィーを自分たちの手で勝ち取ったと思える瞬間があったとすれば、それがこの瞬間だった。俺が子どもの頃に登っていた木のすぐそばに建てた、今にも壊れそうな小さな地下室のスタジオで、バージニアの荘厳なる春がもたらしてくれた再生と復興をサウンドで捉えたばかりか、本当の自分たちが誰だったのかを再び見つけることができたんだ。

何年もの逆境、死、離婚、それからバンド・メンバーの相次ぐ入れ替わりを経験しながらも、なんとか前に突き進み、負けることなく頑張り、より強くなって反対側に辿り着いた。ただ、まだ農場を買うには早すぎる。まだまだやらなくちゃいけないことがあった。この新しいトロフィーは俺たちの復活の象徴であり、そして一つ明確になったことがあった。

やりたくなかったら辞めて良かった。でも永遠にやり続けたかったんだ。

俺が欲しかったもの

THIS IS WHAT I WANTED

「母さん……女の子が生まれる」

母が泣き出して、声が震え、「まあデヴィッド……」と囁き、「なんて素晴らしいの……」と言った。そこで長い沈黙があり、母は電話を置いて嬉し涙をぬぐい、俺は自分の口から出たその言葉に自分でも突然心打たれて、その言葉の意味を理解しようとしていた。俺に娘が生まれる。母は大喜びで、俺も衝撃を受けていた。

いつか父になると、いつも思っていた。でも俺の頭の中では、このツアーで旅する生活が終わった後の、ずっと先になると思っていた。何年も前、父に「こんなこと長く続かないのは分かってるよな?」と言われたように、音楽人生はいつか止まるもので、その後に、人前に顔を出すこともない家庭的な新しい人生が始まるんだと思っていた。ツアーをしながら子どもたちを育てようとするミュージシャンも見てきたけど(教えてくれ、スティーブ・ペリー!)、俺は古風な育てられ方をしたので、そういう安定感のないやり方は、ふらふらしすぎていて現実的ではないと思っていた。ベビーベッドとおむつ台の横に、ビールとかイエーガーマイスターがいっぱい乗ったテーブルがある光景には、いつもゾッとした。

だけど、2000年にニール・ヤングが主催する〝ブリッジ・スクール・ベネフィット〟にフー・ファイターズが招待されたとき、この二つの世界が共存できることが分かった。ブリッジ・スクール・ベネフィットとは、ニールとペギー・ヤングが、ブリッジ・スクールの寄付を募るために始めた、毎年恒例の週末を通して行われるコンサートだ。それはペギーが、二人の息子さんのベンが通う学校のために始めた非営利団体で、息子さんは脳性麻痺だったため、彼や深刻な言語や身体的な欠陥のある子どもたちは、言語とコミュニケーションの助けが必要だった。毎年コンサートはサンフランシスコの外れにあるショアライン・アンフィシアターで開催されていて、いつも最高のラインナップがそろった。スプリングスティーンに、ディラン、マッカートニーに、ペティ、ザ・ビーチ・ボーイズ、パール・ジャム、メタリカ（いくつかあげると）、生徒たちはステージの後ろに座り、その前で、みんなアコースティックで演奏した。このショーのおかげで何百万ドルの資金が集まったし、それ以上にこれまで感じたこともないような愛や喜びが感じられるのが何より最高だった。参加している人全員が子どもたちのために集まっていたから、これだけポジティビティを持った人たちが集まって生み出すエネルギーには、それだけで癒しのエネルギーがあると確信した。

その週末は、いつもニールの家のブロークン・アロウ・ランチのバーベキューに始まった。そこは1970年代に彼が買った、レッドウッド・シティにある広大で素朴な140エーカーのパラダイスで、コンサートの前の晩にパフォーマンスする人たち全員が招待された。彼の家に向かう曲がりくねった山道は、アメリカスギの森の中を通る。その道を走りながら、「このイベントはきっと、すごくかしこまった食事が用意され、テーブルクロスが敷かれていて、キラキラ光る銀食器をロックンロールの王族たちがカタカタと鳴らしながら、往年の神話的な伝説なんかを披露する場なんだろう」と想像していた。でも、実際はそれとはほど遠かった。ゲートに到着すると、「馬を怖がらせないで」というペンキで手書きの看板が、まったく手入れされてないフェンスにぶら下げられていた。『ハリー・ポッター』的でもあり、『スイスのロビンソン』的でもあり、ツリーハウス好きで頭のおかしいサバイバリストが作ったように見えた。しかも庭には背の高いテントがあって、バレーパーキングもなければ、受け付けもいなくて、ただ……そこに入ればよかった。

キッチンに恥ずかしがりながら入ると、ペギーの暖かいハグで歓迎された。彼女は流しで野菜を切っていた。外が寒くなったときのためにと言って、玄関の衣服かけからコートを渡してくれると、「ポケットにネズミが入ってないか見てみて」と言われた。デヴィッド・クロスビーが暖炉の近くに座っていた。ブライアン・ウィルソンが妻を探してウロウロしていた。トム・ペティのバンドはポーチにいた。ニールの子どもたちも俺たちみんなと一緒にいた。これは堅苦しいロックンロールのイベントなんかじゃなかった。これは家庭であり、家族だった。

俺が欲しかったのはこれじゃないか。それが可能なんだと目撃した。

母は孫娘が生まれると聞いた後に、落ち着きを取り戻したので説明した。俺はいつの日か親になるのは分かっていたけど、女の子を授かるとは思ってもみなかった、と。俺は葉巻をくわえたり、NASCARを見たり、日曜日の午後になると口先だけでスポーツ評論をやっているタイプの男ではなかったけど、でもなんで

娘を授かれたんだろうか？　キック・ドラムのチューニングの仕方を教えて、スレイヤーのブートレッグの一覧を娘に渡すべきか？　途方に暮れた。そのとき母がいつものように、自分で勝ち得た知恵を授けてくれた。それは毎回、俺の人生における議論の余地のない真実だった。「父と娘の関係性は、どんな女の子の人生にとっても最も特別な関係性になりうるものだから」と教えてくれた。母は自分の父との関係性から、それが分かっていたんだ。母の父は軍出身の魅力的な人で賢い笑いのセンスもあり、みんなに心から愛されていた。母が二十代のときに早く亡くなってしまったので、残念ながら俺は祖父に会う機会はなかった。でも彼は素晴らしい人で、母とは特別に仲が良かった。俺はまだ怖かったけど、でも少しだけ安心した。娘とスレイヤーのブートレッグの一覧を一緒に作れば楽しいかもしれない。

何ヶ月かあっという前に過ぎて、ジョーディンと俺は赤ちゃんが生まれる準備を始め、娘の部屋を作ったり、必要なものを買いそろえたりした。そして名前はバイオレットにすることにした（母の母の名前、バイオレット・ハンロンにちなんで）。それから大量の本が渡されて、眠るトレーニングから（これはちょっと笑えた。というのも、結局は子どもたちに俺たちが眠りのトレーニングをさせられるから。赤ちゃんが生まれた後は一生朝6時に起きなくちゃいけなくなる）、新生児の布の包み方から（俺はジョイントを丸めるのだってできないのに、どうやって子どもを包めるんだろう?）、おむつの替え方（今では史上最速記録保持者の可能性すらある）まで学習した。

ある日、ジョーディンの妊娠も最終期になった頃、マネージャーから電話がかかってきて訊かれた。「ジョン・フォガティと曲を書きたい?」と。70年代育ちのロックンロール好きだったら全員そうだと思うが、答えは大興奮の「当たりめえだろ」だった。それから数日後、丘の上にあるジョンの自宅で本人に会って、ソングライティングのセッションをしようと言われた。彼の家のスタジオの扉を開けると、レジェンドが俺の目の前に立っていた。彼は想像していた通りの人だった。つまりフランネルのシャツに、ジーンズ、ワークブーツ姿だった。少し喋って、ジョークを言い合い、大変だった過去の恐ろしい話もして、ギターがとうとう出てきて、彼は何も見ないで俺たちが今話したばかりの親密な会話を元に歌詞を歌い出した。彼のトレードマークになっている声、生々しくて、ソウルフルで、それが俺の真ん前にいた。でも、それはあまりにパワフルで、スタジアムのPAから出ているようだった。彼がなぜアメリカの宝と言われているのか、すぐに分かる美しい瞬間だった。彼はリアルだったんだ。

少しジャムした後、キッチンに行って、ミネストローネとサンチップスを食べた（そこにジョン・フォガティが座ってなかったら、具合が悪いから学校は休むと連絡したと思う）。だけど、俺は4時半には出なくちゃいけなかったから、時計を何度も見ていた。ランチが終わってから、「えっと……もう少しジャムする?」と訊かれたけど、残念ながら今妊娠中の妻と行かなくちゃいけない場所があるので帰らないといけないんです、と言った。「どこに行くの?」と訊かれた。「母乳のクラスです」と少し恥ずかしがりながら答えると、彼は笑って、「俺も行っていいかな?」と言った。

毎晩毎晩、俺はお腹にいるバイオレットに話しかけた（気持ち悪いと言う人がいたとしても）。妻のパジャマに頭のおかしい人みたいに話しかけるんじゃなくて、娘を自分の手で抱く日が待ちきれなかった。そして、その日がとうとう来た。ナーバスになりながら病院に向かおうと車に荷物を詰めていたら、頭の上に巨大な虹が出た。ロサンゼルスでそんなことは千年に一度あるかないかってくらいだった。だから、それを見たらすぐに心が落ち着いた。もちろん、吐き気がしそうなくらいロマンチックってことは分かってるけど、でも、本当に、本当なんだ。俺はそれを良い兆候だと思った。

出産は長くかかって大変だったけど、バイオレットはザ・ビートルズの音を聴きながら誕生した。彼女は、生まれ持ったボーカルのキャパを示すがごとく、叫び声を上げながら生まれ、その声はフー・ファイターズがカーペンターズに聴こえるほどだった。彼女はきれいにしてもらった後、アービーズのヒート・ランプがついたみたいなベッドに置かれた。俺は彼女に顔を近づけて、その大きな青い瞳を見つめ、「ヘイ、バイオレット、父さんだよ」と言うと、彼女はすぐに叫ぶのを止めて俺の目をじっと見た。彼女には俺の声が分かったんだ。それでお互い黙ったままじっと見つめ合った。それが初の顔合わせだった。俺は笑顔で、自分が生まれたときから彼女を知っているかのごとく話しかけた。幸せなのは、今でも二人でじっと目を見合わせると、そのときとまったく同じ気持ちになること。

これは俺がこれまでに体験したことがない愛だった。有名ミュージシャンになると、愛に関して疑問を抱いてしまうという、絶対に避けられない不安な気持ちがつきまとうものだ。彼らは俺を愛しているのか？　または〝それを〟愛しているだけなのか？　表面的な愛とアドレナリンを常に浴びると、シュガー・ハイ［糖分の過剰摂取による一時的な興奮状態］になったようになる。だけど、そのハイの快感が消えた瞬間に、心が打ち砕かれてしまう。ミュージシャンは楽器を持っていない状態でも、人間として見てもらえるんだろうか？　それとも楽器を持っている人だからこそ、みんなが愛してくれるんだろうか？　どちらにしても、ここで愛に疑問を抱くと、すごく危険な道に進むことになる。ただ一つだけ間違いないのは、親と子どもたちの間の無条件の愛以上にピュアなものはないってこと。

出産が終わると、その夜は病室で過ごすことになった。ジョーディンが物凄くお腹を空かせていたので、カフェテリアに行って彼女が食べられるようなものを探した。彼女が食べたいと思うようなものがないか探したけど、何も見つけられずに病室に戻り、病院の向かいにあるジェリーズ・デリから何かオーダーしようと思った。それでスタッフ・ステーションに行くと、当番の看護師が一人いて、ハルク・ホーガン並みにガタイのいい大きな女性が、強いヨーロッパ訛りで怒鳴るように言った。「どうしましたか？」。「えっと……あの、ジェリーズ・デリはここにデリバリーしてくれますかね？」。彼女は氷のように冷たい目で俺を見て、唸るように言った。「私には、ここで誰がデリバリー〔出産〕するのかという情報を公開する権利はありません」。俺は笑って、彼女が質問を誤解していると思い、「ハハハ……そうじゃなくて……ジェリーズ・デリは、ここにデリバリーしてくれますかね？」。するとコンピューターを飛び越えて、その巨大なプロレスの手で俺の首を締めるんじゃないかという勢いで、声を大にして繰り返した。「言いましたよね！　ここで誰がデリバリーするのかという情報を公開する権利がありません!!!」。あまりに怖かったので、小走りに去り、道を渡ってジョーディンのサンドイッチをオーダーすると、横にはジェニファー・ロペスが立っていた。

ありがちなロサンゼルスの一夜だった。

母が言っていることは正しかった。娘の父親というのは、俺の人生でも最も特別な関係性だった。すぐに滲まないで、きれいにペディキュアを塗る技術にも精通するようになったし、完璧なポニーテールも結べるようになったし、ドレスの色だけでディズニーのプリンセスを識別できるようにもなった。簡単じゃないかと、と思った。

だけど、その後が大変だった。この新しい人生と、これまでの人生のバランスをいかに取るのか、

ということ。

ツアーを開始するから初めてバイオレットと離れなくてはいけなくなった日が忘れられない。彼女が眠っている間にベビーベッドの前に立ち、泣き出してしまった。こんな小さな奇跡を置いていけるわけがないだろう？　身が引き裂かれる思いでそこを去った。それからというもの、心の半分を家に置き去りにする人生が始まった。この時点で、バンド・メンバー全員がウサギみたいに子作りをしていたから、俺たちのツアー・スケジュールは、まだ固形食も噛めない人たちによって決められていた。なので、これまで6週間で行っていたツアーは、一番長くて2週間に減少された。ロック・バンドでツアーすることは、間違いなく世界一の仕事だと思っているが、疲弊もする。でも何週間かして家に戻った途端に、泣き叫ぶ赤ちゃんを渡されて、今度は公式に1日24時間×7日間、休む間もなく父親業に専念することになる。これはもちろん、自分が親友達とビールの一気飲みをしている間も（ここ少し怒るところ）、朝から晩まで母親業をやって疲れ切っている妻をひと息つかせてあげるという意味もある。でも、それよりも自分がいなかった後ろめたさの埋め合わせをしようとしているんだと思う。つまり自分が子どもから離れていた時間が、子どもに一生心理的な影響を与えることになるんじゃないかという恐怖に永遠に取り憑かれる。だから家に帰ったら、完全に家にいること。でも、ツアー、家、ツアー、家、ツアー、家……という生活を数年繰り返したら、バランスを見つけられるようになった。この二つの世界は共存できると分かった。それならもう一度やってみよう。

「今度は男の子だ」と思った。

すでに〝『リトル・マーメイド』の全曲の全歌詞を完璧に覚えた父〟の役割はマスターできたので、息子を育てる準備ができていた。もう名前も決めていた。ハーパー・ボーンブレイク・グロール。ハーパー・ボーンブレイク（バズおじさんと呼んでいたけど）という、父のおじさんにちなんでつけた名前だ。ボーンブレイク一家の家系は、1642年2月9日にスイスで洗礼を授けられたヨハン・クリスチャン・

ベインブレックにまで遡り、彼は後に移民としてドイツに移り住み、11人の子どもを授かった。彼の孫のダニエル・ベインブレックが勇敢にもアメリカまで船で旅をして、1762年9月にペンシルバニア州ヨーク周辺のピジョン・ヒルと呼ばれる荒地に落ち着いた。

何人もの子どもが生まれ、何度か綴りが変わって（パインブレックとか、ボンブライトとか）、とうとう最高の〝ボーンブレイク〟という異名を取る、ダニエルの息子のピーターが誕生する。彼はアメリカ独立革命の兵士であり、彼自身も9人の子どもを授かった。〝ボーンブレイク〟の名前は1768年に不変のものとなり、1909年に生まれた俺の祖母のルース・バイオラ・ボーンブレイクやバズおじさんにも引き継がれた。ちなみにルースの両親の名前はハーパーとエマだ。同様に、俺の父はジェームス・ハーパー・グロールという名前だった。だから、その伝統を引き継ぐために、俺も息子をハーパーと名づけることにした（俺たちの家系には、南北戦争の貢献により米議会名誉勲章受賞者ヘンリー・G・グロールがいるので、それを誇りに思っているし、ロサンゼルスのパンクのレジェンド、XのドラマーであるD．J．ボーンブレイクも同じ家系なん

225　俺が欲しかったもの

だ）。

「母さん……また女の子が生まれる」

はっきりしておきたいのは、俺は本当にどちらかの性別の子どもが欲しいというのはまったくなくて、ただどうしても子どもにハーパー・ボーンブレイク・グロールという名前をつけたかったんだ。だから娘をハーパーと名づけた（ボーンブレイクは最終的には残らなかった）。彼女はバイオレットの3歳の誕生日のたった2日後に生まれた。そこでまた親になる抱えきれないくらいの嬉しさが更新された。これからは二人の娘のご機嫌を取ることになる。バイオレットはすでに歩いていたし、年齢よりはるかに言葉の発達も早かった。ハーパーは（俺に生き写しで）、俺の膝で「あーうー」と言いながら、いつでも笑っていた。これが我が家だった。これが家族だった。これが俺が欲しかったものだ。

子どもたちの成長の一歩一歩を目撃すると、自分の両親も同じことをしていたんだと思わずにはいられなかった。自分がそれくらいの年だった頃の思い出はあまりないけど、でも思い出は母とのもので、母はいつだって無条件の愛を示してくれた。だけど、父との思い出はあまりなかった。俺が6歳のときに両親は離婚して、俺は母に育てられた。自分が父になった今、その離別をしっかりと理解するのはかなり難しい。父はどうして俺を一日中膝でぴょんぴょん跳ねさせたいと思わなかったんだろう。ブランコで押してあげたいと思わなかったんだろう。毎晩眠る前に本を読んであげたいと思わなかったんだろう。それともやりたくなかったのか？　またはどうすればいいのか分からなかったか？　たぶんこれが、自分が〝不在の親〟になる恐怖の理由であり、長く留守にして家に帰ると過大な償いをしなくちゃいけないと思う理由なんだと思う。つまり、子どもの頃に父との関係が崩壊し、父が不在だったことが、いかに一生続く心理的な影響を与えたのか身をもって分かっているからだ。だから絶対に自分の子どもたちには、そうしないようにしたかったんだ。

それで、娘たちも一緒に世界を旅するようになったし、もう子どもたちがバックステージにたくさんいるのも奇妙だとは思わなくなった（ちなみに子どもたちには専用の控え室を作って、ビールとイエーガーマイスターの隣で遊ぶこともない）。これなら世界のどこにいようとも俺たちは常に一緒で、そこが我が家になった。父から長くは続かないと警告された人生は、ニール・ヤングの家であの晩、俺が目撃したものとなって花開いていた。つまり、音楽と家族は織り合わさっていた。それは可能だったんだ。

それなら、もう一度やってみよう。

今度は、聞くまでもなく絶対に女の子だと思っていた。また子どもが生まれると分かった頃には、『アナと雪の女王』の歌詞が全部歌えるようになっていたし、そればかりか、コンシェルジュも、ボディガードも、セラピストも、炊事係も、パーソナル・スタイリストもできるようになっていた。男の子が生まれたら何をすればいいんだろう？　何から始めればいいのかも分からなかった。だけど3人目というのは、ちょっと違っていた。ジョーディンと俺は、公式にこの子で最後と決めていた。マジで大変なことになってきたから。

オフィーリアは、俺がかつてクロックスを履き、ベイ

ビーブルーのスクラブを着たスロバキア人のハルク・ホーガンから命からがら逃げた、あのホールからすぐのところで生まれた。彼女が生まれてから数日後、ポール・マッカートニーと奥さんのナンシーに赤ちゃんを見にきてほしいと言って、家に招待した。これは、100万個以上の理由で記念碑的な瞬間だった。

だけど一つ永遠に忘れられないことがある。バイオレットとハーパーはもちろん、ポールがザ・ビートルズという名前のバンドにいるミュージシャンだということは分かっていたけど、まだ幼い子どもだから、あらゆる神を祭る音楽史において、それがどんな意味を持つのか、まったく分かっていなかった。二人にとって、ポールはミュージシャン友達のポールでしかなかった。だから彼らへの神話的先入観が消えたら、純粋な精神と無条件の愛のみがあった。俺はといえば、彼らが到着する何時間も前から家中にある山のようなビートルズ関連のものを隠した（ビートルズが家に来ることになるまで、自分がどれだけたくさんのビートルズの記念品を持っているのか気付かないものだ）。でも、子どもたちは、彼がどんな人物なのかという膨れ上がった概念はまるで持っていなかった。

それで彼らが帰ろうとしてサヨナラをしているときに、ポールが玄関の先にピアノがあるのに気付き、抵抗できなかったようで、そこに座って、〈レディ・マドンナ〉を弾き始めた。あの世界が愛してやまない声が家族で満たされた俺の家に響き渡ったから、ショックで立ち尽くしていた。そこでハーパーが突然消えて、コーヒーカップに小銭をいっぱいに入れて、ピアノの上にサー・ポールへのチップとして置いた。みんな部屋中で笑い転げた。そこで彼は娘をベンチの隣に座らせて、彼女に初のピアノ・レッスンをしてくれた。キーを教えて、どれがどの音なのか一つ一つ教えて、ポールが「一緒に演奏……一緒に演奏……」と歌いながら、二人で演奏していた。

翌朝、台所で朝ご飯を作っていたら、またピアノが聴こえてきた。前の晩にポールとハーパーが弾いていたのと同じメロディだった。こっそりと角からのぞいたら、ハーパーが一人でベンチに座って、小さい手で昨日と同じコードを完璧なタイミングで弾いていた。彼女が感じていたことが、俺には正確に分かった。つまり、ポールにインスパイアされたんだ。俺もかつて同じことを感じたから。ただし彼女との違いは、俺はベッドルームの床にあった小さなターン・テーブルからその声を聴いていたから、彼が俺の隣に座って一緒にピアノを弾いていたわけではなかった。

これで人生の円が完結した。

これが我が家だった。これが家族だった。これが俺が欲しかったものだ。

それから数日後に父が亡くなった。彼の晩年は連絡が途絶えていたけど、オフィーリアが生まれる前の月に彼の病状を聞いて、彼に会いにバージニアに飛んだ。父に会うのはこれが最後だと分かっていた。俺が生まれたオハイオ州ウォーレンのその同じ病院で、座って話をした。俺より長くなった彼の長い白い髪と髭を褒めながら、人生の近況報告をした。俺がもうすぐまた父親になると言うと、おめでとうと言ってくれた。幸運を祈ると。それでもう帰らなくてはいけない時間が来たから父の手にキスをして、「じゃあな、父さん。またな。アイ・ラブ・ユー」と言った。

彼は笑って言った。「アイ・ラブ・ユー・トゥー、デヴィッド」

PART FOUR

CRUISING

巡航〜栄光と成熟の果てに

ワシントンへの橋を渡る

CROSSING THE BRIDGE TO WASHINGTON

「じゃあ、あとで会おうな、デュード！［男性を指すカジュアルな言葉］」

ホワイトハウスの1階にある長い廊下を背にしながら、自分の耳が信じられなくて、腰を抜かしそうになった。

アメリカ大統領のジョージ・W・ブッシュが、たった今俺のことを〝デュード〟と呼んだなんて。ショックのあまり凍りながら、彼がシークレット・サービスに連れていかれるところへ礼儀正しく手を振った。それから、コートルームを探して出産を間近に控える妻のコートを見つけ、ケネディ・センター名誉賞会場へ向かわないといけない。そこで名曲〈フー・アー・ユー〉をスター勢ぞろいのザ・フーのトリビュートで演奏することになっていた。それをブッシュ大統領がバルコニーの真ん中の席で鑑賞するんだ。

一体どうやって、俺はこんなところに辿り着いたんだ？

1978年以来、ケネディ・センター名誉賞は、アメリカで最も権威の高いパフォーミング・アーツの受賞式であり、音楽、ダンス、演劇、オペラ、映画、テレビの分野で、アメリカの文化に生涯貢献をした人を祝福するものだ。だから控え目に言っても、どんな形であれ参加できるだけで名誉なことだ。イベントには、ワシントンDCの誰もが知る有力者たちが集結し、その週末にはいくつもの集まりが行われる。受賞式はホワイトハウスのイースト・ルームでショーのある日の午後に行われるが、その前の晩には国務省で晩餐会がある。だが、祝典はいつもホテルで行われる理事長の昼食会に始まる。それは、いとこの結婚式のビュッフェ形式のブランチと大して変わらない、まったく堅苦しくないイベントなんだが、ただサラダを取ったトングを渡す相手が頭のおかしい親戚のおじさんではなくて、元国務長官のマデレーン・オルブライトで、彼女にバトンを渡すみたいになる。その経験があまりにシュールだから、その不条理さに気付かないふりをするのはかなり無理があった。地球上で最も重要な決断を下しているような人たちが、スモークサーモンをベーグルにうまく乗せられなかったりするのを見ると、笑いを堪《こら》えるのが大変だった。俺はこの受賞式で出席した一連のイベントで、どこに行っても招待されてないのにパーティーに押しかけたみたいな人に思えて、あと一杯でも酒を飲んだら、セキュリティにつかまって駐車場に追い出されるような気がしていた。ただ、どんなに自分が場違いな人間と分かっていても、最も縁のなさそうな人に遠慮なく話しかけてみたりした。

セキュリティ上の理由で、パフォーマンスする人たちは全員、いつもはワシントンDCの名所を訪れる観光客でいっぱいになるような巨大なバスに乗って、ケネディ・センターとの往復をしなくちゃいけなかった。ただこの日のバスに乗っていたのは、中西部からやってきた髪を青く染めた年配の人たちでなくて、アメリカでも最も有名なアーティストたちだった。たいてい誰かが、〈99 Bottles of Beer on the Wall〉［車、バスなどの旅で子どもたちによく歌われる歌］を怒鳴るように歌い出す（この目で見たから信じてほしいんだけど、あの歌はスティーヴン・タイラーやハービー・ハンコック、ジョナス・ブラザーズによって歌われると完全に別物になる）。パフォーマンスする会場までは決して長い道のりではないけど、有名な人たちと会話して、伝説的な話を聞かせてもらったり、偉大な人たちから、補聴器のアドバイスをもらえたり（ありがとう、ハービー）、軽い友達にもなれるくらいの時間はあった。

リハーサルはメイン・ステージの横にある数ある部屋の一つで行われた。間違いなく、これまで何年にもわたり歴史的な瞬間が繰り広げられてきたはずの場所だ。俺はここから橋を渡ったところにあるバージニア州で育ったから、ケネディ・センターのことはよく知っていたし、ここで何度もパフォーマンスを観てきたし、学校の遠足でも来て、パトマック川を見渡す現代的で美しい建築にも触れたことがあった。だけど、バックステージは初の体験だった。ステージ裏の廊下を歩きながら、1971年にここがオープンしてからというもの、この神聖なる場所を満たしてきた全ての声を想像してみた。そこでもう一度自分に問いかけた。「一体どうやって俺がこんなところに辿り着いたんだ?」。この建物は、アメリカでも一流のパフォーマーのために用意されたものであり、元DCのパンク・ロックの悪党がいる場所じゃない。

このイベントは非政治的とされているので、両党の人たちが、それぞれの違いはさておき、文化と芸術に敬意を評して、祝杯をあげる稀な機会と言える。ただ、進行していく中で、避けられない緊迫感が漂っているのは明らかだったし、参加している人はみんな、学校の校庭ではお行儀良くしていなさい、と言われてきた子どもみたいに見えた。俺も当然、ここに集まっている人たちが論争を繰り広げる政策や主張には同意できなかったから、母のアドバイスに従うことにした。夕食の席では語らないようにと言われていた3つのトピックがあった。それは金と、政治と、宗教。ここは民主党か共和党か以外のものとして、お互いを知るべき週末だったし、何より俺たち全員が人間であり、音楽と芸術以上に人間を団結させるものはないわけだから。

よく分からないクレイジーな理由で、ショーの前日の超格式ばった国務省の晩餐会で、俺がザ・フーの受賞を祝福する乾杯の音頭を取ることになった。つまりこれは地元のバーストゥールに座って、たわごとや悪口をだらだら話す場ではなくて、儀礼的なスピーチをしなくちゃいけない場だ。だから、これまでの全ての偉業のおかげで、この最高の栄誉を受賞することになった人を褒め称えるものでなくてはいけない。しかも会場は雄弁家たちで埋め尽くされていたから、もちろん軽くは見てなかった。それでなんと親切なことに、俺にスピーチ・ライターがついて、その人とリハーサルのときにバックステージで会い、簡単なインタビューをして、その人が俺のスピーチを考えてくれることになっていた。彼女と短い会話をした後で、彼女が俺にお礼を言って、その日の晩餐会の前にはスピーチを考えておいてくれることになっていた。自分で書きたいと思ったけど、でも、ことを荒立てたくなかったので、専門家に任せることにした。

それからホテルに戻って、キッツのタキシードになんとか体を入れたら、スピーチが届いた。それは俺の名誉のために、〝デュード言葉〟で書いてあった。まるで俺が本当に書いたみたいだった（というつもりだったんだと思う）。「マジかよ」と思った。「こんなの読めねえよ！」。俺の父は元米国議会のスピーチ・ライターであり、卓越したジャーナリストだった。その息子が、知性や面白さ、ワシントン的な魅力など、父のレガシーに汚点をつけるなんて絶対にできない。でも同時に、ここはわがままを言わないで、このプログラムに合わせ、そのままスピーチをして、自分の笑われ役的立場をしっかり務める義務があるような気もした。**ファックと思った。マデレーン・オルブライトにバカな奴だと思われちゃうじゃないか。**

入り口には出迎えの人たちがいたので、そこに並んで当時の国務長官であるコンドリーザ・ライスと握手をしたりした。つまり、またしても夢にすら思っていなかったようなことが起きていたわけだが、そんなときも、自分が演壇に立ったときのことが頭から離れなくて、びびっていた。会場は学者や知的階級の大物たちで埋め尽くされているわけで、子どもの頃に自分がバカだと思われていたことによる深い不安が蘇り、自分がやろうとしていることに迷いが生じ始めた。舞踏室で繰り広げられたものは全ては華やかで、とんでもなくエンターテイニングだった。これまでは、自分を辱める屈辱的な笑いを取るのを苦にしたこともなかったけど、でもここでは、まるでライオンたちの中に投げ出されるみたいなものだった。だから、とりあえずカクテルをくれ。

上院議員とか閣僚たちとかと一緒のテーブルにつくと、その恐ろしいスピーチの原稿を数珠を手にするように握り締めては、自分の最も惨めたらしい公開処刑の番になるまで、あと何分なのかを数え続けた。席に着いて、一人一人のスピーチをじっくり見ていると、それぞれが長くて雄弁で、就任の論文か、さもなくば大統領の年頭教書に値するような内容で……俺はそんな中で、大バカものになり、〝デュード〟と言わなくちゃいけないんだと思っていた。

アメリカで最も信頼されているTVジャーナリストで、大統領選挙の討論会の司会なども務めるボブ・シーファーが、カントリー・アーティストのレジェンドであるジョージ・ジョーンズの乾杯の音頭を取った。俺は目の前の夕食には手もつけられないでいたが、彼はあり得ないくらい面白くて、しかも深く感動的で、完璧な情報量があって、さらに最高に詩的で、何もかもが詰まったスピーチを即興でやった。それも物凄くリラックスして、でも自信のある声で、事前に準備したスピーチもなしで、会場全体をまとめ上げていた。「マジかよ、こんなのファックだ」。俺が事前に用意してもらったスピーチを読むなんて、絶対にあり得ない。しかも、ボブ・シーファーの後で！

つまり代わりに何か考えなくちゃいけなかった。それも速攻で考えなくちゃいけなかった。あと何分間かしかなかったから、あるコンセプトを思いついた。それは、ザ・フーならではの独自の〝反転〟があるからこそ、彼らが他のどのバンドとも違ったのだということ。つまり、キース・ムーンは叙情詩的なドラマーだったから、よりボーカリスト的であり、ピート・タウンゼントは確固としたリズム・ギターを弾いたので、よりドラマーのようだった。ジョン・エントウィッスルは絶対的なベース・ソロを弾いたので、よりリード・ギタリストのようで、そしてロジャー・ダルトリーのたくましいボーカルは、その火がついたようなオーケストラを全てまとめ上げる指揮者のようだった。「これなら上手くいく！」と思った。どちらにしても、どうせ失う物は何もないし。少なくとも俺の汗まみれの手で握りしめてる、しわくちゃになった原稿のスピーチよりはるかに優れてると思った。それに俺は、ここまでのキャリアを全て一つのシンプルなルールに従って築き上げてきた。それは、成功するまで成功しているフリをしろ、だった。俺の名前が呼ばれたので、立ち上がった。しわくちゃになったスピーチ原稿は、冷めて手もつけてないコッコーヴァンの横に置いたままにしてステージに向かった。

その晩の俺は間違いなくボブ・シーファーではなかったが、でも腐ったトマトを投げられることもなく、しっかりとスピーチを終えられた。しかも、〝デュード〟を1回も言わなかったし、それにマデレーン・オルブライトが笑ってくれた気さえするんだ。

次の日の午後はホワイトハウスでの受賞式だった。イースト・ルームにみんな着席し、ブッシュ大統領が受賞者にカラフルなメダルを授与していた。ホワイトハウスには観光客として一度だけ来たことがあったが、それも俺にとっては大きな瞬間だった。ただ言わせてもらえば、この壁の中で何百年もの世界の歴史が形成されてきたと考えると……ここは、それほど大きな場所ではなかった。だから大統領がその年の受賞者、モーガン・フリーマンから、ジョージ・ジョーンズ、バーブラ・ストライサンド、トワイラ・サープ、そしてザ・フーに虹色のリボンがついたメダルを首にかけているとき、俺たちはみんな朝の通勤バスみたいにぎゅうぎゅうに詰めて、静かに折り畳み椅子に座っていた。**だけど俺は歴史の一部を目撃しているように思えて、また思わず自分に問いかけたくなった。一体どうやって俺はこんなところに辿り着いたんだ？**

ここまで来たら、あとやるのは、ギグの前に大統領と大統領夫人と一緒にホワイトハウスのクリスマス・ツリーの前で写真を撮ることとくらいだった。写真を撮るべきかどうかで、かなり熟考した。やんわり言っても、俺個人の政治的な概念は現在の政権とまるで合致していない。だから大統領と一緒に写真を撮ってだけでも少なからず抵抗を感じた。この週末のイベントは、政治的な分断とは切り離して考え、団結して、芸術を祝祭する機会であるということは分かっていたけど、しかも、目が眩《くら》むようなクリスマス・ツリーの前でスナップショットを撮るだけだと分かっていたけど。でも、そこでまた心に疑問が浮かんできた。「俺は一体ここで何をしているんだ？」

父を思い出してみた。彼ならどうするだろう?と。断固たる共和党員だった彼は、何十年にもわたって両党の人たちと一生続くような関係性を築き、誰とだって寛大にカクテルを飲み交わしてきた。父と一緒に週末を過ごしたときは、ジョージタウンにあったネイサンズというサロンに連れていってもらい、そこにはサッカー地の服を着たバーの常連がたくさん集まっていた。飲んだり、笑ったり、論争したりしながらも、そこで大事だったのはみんな共存していたということ。俺はバーに座ってジンジャーエールを味わって飲みながら、政治ニュースのジャンキーたちが威勢の良い声を響かせて、現状に関して意見が相違することにお互い同意するのを聞いていた。みんな、真の論争は月曜の朝のホワイトハウスで会議が開始するまで取っておくという感じだった。ここはワシントンDCなのであって、対立する概念を持っていても、殴り合いをしたりせず、お互いの意見を尊重した会話が交わされる場所なんだと、俺は教えられて育ってきた。ただそのサロンも、悲しいかな今ではもうなくなってしまったのだけど。

ジョーディンと俺は写真を撮る列に並ぶことにした。周りには海軍が正装していた。やがて俺たちの名前が呼ばれ、中に入ると、背の高いクリスマス・ツリーの前に段ボールの切り抜きのような大統領と大統領夫人が立っていたので、俺たちは笑顔と硬い握手で挨拶をした。第一印象?　大統領は思っていたより背が高い、だった。それから大統領夫人はあまりに美しい青い目をしていた。「どこから来たんだ?」。大統領が、軍司令官の訓練みたいに俺の顔の真ん前で叫んだからびっくりして、「えええええ……あああああ……すぐそこの橋を渡ったところです!」とホワイトハウスの南側芝生を差しながら答えた。ケネディ・センターでザ・フーの曲をパフォーマンスするために来たんですと言った。彼は笑うと、写真が撮られ、〝We won't get fooled again〟［〝もう騙されないぞ〟の意味。ザ・フーの曲名の一つ］と言う間もなく、ドアの外へ押し出された。

その後、夜に下の廊下で会ったとき大統領が俺のことを覚えていたのは、参加者の中で、髪が襟より長かったのは俺しかいなかったからだと思う。だけど笑わずにいられなかった。その前の晩に、俺が物凄く苦労して言わなかったその言葉で、大統領が誇りを持って俺を呼んだから。「もしジョージタウンのネイサンズ・バーが今でもあったなら」と思った。「俺たちの日曜の午後は、より波乱万丈なものになっていただろう」

２０１０年、オバマ大統領がポール・マッカートニーに、ガーシュウィン賞を授与した。それは毎年一人だけ、ポピュラー音楽に貢献した人に贈られる賞であり、アメリカにおけるナイトの爵位を授与するようなもので、ミュージシャンに贈られる最高の栄誉だった。ホワイトハウスのイースト・ルームでパフォーマンスが予定されていて（俺は常連になりつつあった）、ポールとも友達になっていたので、人がたくさん詰まった小さい会場でポールと一緒に〈バンド・オン・ザ・ラン〉を演奏してほしいと招待されたとき、もちろんポールと演奏できるんだったらどんな機会にだって飛び乗るよ、と思った。彼こそが永遠に俺がミュージシャンになった理由だからというだけじゃなくて、彼とジャムするのはとても楽しいからだった。

リハーサルのためリスナー・オーディトリアム（バイトしていたタワー・レコーズの道を渡ったところにあった）に行くと、ポールの素晴らしいバンドとスタッフが出迎えてくれた。近況を報告したりしていたら、音楽ディレクターが挨拶に来た。俺は自分なりに準備はできてるつもりだった。ポールとバンドがどうせ一番大変な部分はやってくれるんだろうから、俺が歌詞とかコードを間違えたとしても、俺にはＰＡすらないかもしれないし、と思っていた。「それではデイヴ、これがあなたのマイクになります」と言われたマイク・スタンドが、ステージのど真ん中にあった。「おかしくないか」と思った。「えええええっと、ポールが立つのはどこですか？」と聞くと、彼は笑って「ポールはあなたの目の前で大統領の隣に座っています。あなたが一人で全部歌います！」と答えた。大喜びしているふりをしながらパニックに襲われた。

またただ。成功するまで成功しているフリをしろ。

いくつかのバージョンでリハーサルして、「グランジにしては十分」（フー・ファイターズの中でよく使うバカみたいな合言葉）と思えるくらいになった。ホテルに戻って、地球上で最も重要な二人が、肩を並べて俺から6フィート［約1・8メートル］のところに座っている前でパフォーマンスできそうだ、と思えるまで、その曲を何度も繰り返し練習した。これは真に偉大なイベントで、あらゆる点でみすぼらしいラインナップは見当たらない。スティーヴィー・ワンダー、エルヴィス・コステロ、ジャック・ホワイトに、エミルー・ハリス、フェイス・ヒルという顔ぶれで、その全員がポールの名曲をパフォーマンスすることになっていた。なので、そろった才能のレベルの高さに萎縮してしまった。間違いなく俺がこれまでで一番緊張した瞬間だったし、その良い理由もあった。

ショーがある日の午後にサウンド・チェックがあり、全パフォーマーが、ホワイトハウスをうろうろしては、お互いを応援したり、ステージの大きさに驚嘆したりしていた。高さ2フィート［約61センチ］でポールのバンドがやっと入るくらいの大きさしかなかったから。リハーサルが終わるとホワイトハウスの中をぶらついて良かったので、歴史的な肖像画を鑑賞したり、下の小さな図書室にあった本を拾い読みしたりした。中でも見つけて一番嬉しかったものは？　ボブ・ディランの歌詞の完全

版。どれだけの人が実際手に取ったかは分からないけど、でもそれがここにあるってだけで、未来に少なからず希望が持てた。ある時点で、いかにもホワイトハウスの公式従業員のような人に、パフォーマンスをする人の食事が用意されていたりするか訊いた。めちゃ腹が減っていていてどうしても昼飯を食いたかったから。彼は調べてきてくれると言い、何か希望はあるかと訊かれたけど、俺は地球上で最も食うものを選ばない人間だから（俺のこと知ってる奴に聞けば分かる）、「何でもいいよ！」と言った。それから数分で下のキッチンで作ったサンドイッチとサンチップスをお皿に乗せて帰ってきた。彼にたっぷりお礼を言って、「なんていい奴なんだ！」と思った。

後に、彼は沿岸警備隊の海軍将官と知った。

ショーの行われた晩、パフォーマーは全員、隣接した部屋で自分の演奏の番が来るのを待っていた。まるで空挺隊員が、飛行機から空に向かって飛び出すのを待っているみたいな感じだった。それで一人ずつ名前が呼ばれると、窮屈に詰まった観客を通り抜けて小さなステージに立ち、ポールと大統領に挨拶して、それぞれの曲を演奏した。「緊張しているのは俺だけじゃないはずだ」と思った。フー・ファイターズでないと巨大なサウンドに支えられていないので、裸にされたみたいに思えた。しかも、ポール・マッカートニーとオバマ大統領の前で裸なんだ。脈がどんどん速くなり、お腹も痛くなり始めて、最悪のケースを想定し始めた。突然不安に襲われ、パニックになって体が動かなくなり、すぐに医者に診てもらわなくてはいけないばかりか、生涯かけてその恥を乗り越えなくてはいけなくなる。

しかし、そこでふと思った……。

この瞬間を無駄になんかしないと決意しよう。「どうやってここに辿り着いたんだ？」と自分に問いかけるのはやめよう。だって、もうここにいるんだから。怖がったり、ここに来るべきじゃなかった、なんてもう1秒たりとも考えてはいけない、と自分に言いきかせた。バージニア州スプリングフィールドで過ごした子ども時代から、ここまでの長い道のり。ワシントンＤＣの音楽シーンでミュージシャンとして経験を積み、ホワイトハウスでザ・ビートルズと大統領のためにパフォーマンスができるなんて、全てにおいて、俺の人生の中でも最も〝円〟が完成したような瞬間じゃないか。だからここで内省的になったりしないで、ただ笑顔になった。

すっかり心が落ち着き、そこで俺の名前が呼ばれた。ステージには胸を張って向かい、ポールと大統領の前に誇りを持って立った。この場に辿り着いた自分を世界一幸運だと思った。その瞬間、過去も現在も、右も左も、音楽の橋で全てが一つに結ばれた。

Harley-Davidson

地球の反対側で飲酒運転

DOWN UNDER DUI

「Asseyez-vous, s'il vous plait…」

意味が分からなくて、フランス語を話せる俺のガールフレンドの方を見ると、通訳をしてくれた。彼女が言うには、「座ってほしいと言ってる」と。俺はうなずき、その年配の女性のテーブルを挟んで向かい側の椅子に座った。彼女が俺の動きを逐一観察していたから、俺の笑いも強張った。そもそも、この女性と自分が会うことになるとは思っていなかったので、いまいち気が乗らないという、ちゃんとした理由もあった。それに霊媒師に見てもらったことなんて、今まで一度もない。

これは、2000年1月のことで、フー・ファイターズが毎年恒例で参加する最大のツアー、ビッグ・デイ・アウトのためオーストラリアにいた。そのフェスティバルは1992年に始まったもので、当時は、シドニーでショーがあっただけで、そのときニルヴァーナは、ヴァイオレント・ファムズと並んで出演した。それが、後に3週間にわたって6都市で行う巨大なショーに発展し、毎年100バンドくらいが出演するようになった。オーストラリアで燃えるような灼熱の輝かしい夏に開催され、3週間で6回ショーをやるという、物凄く楽なペースのスケジュールだったので、もっと恐ろしいペースでツアーをやるのに慣れているバンドにとってはハイライトであり、太陽の下でのバケーション気分にすらなる。だから〝ビッグ・デイ・オフ（休暇）〟と俺たちは呼んでいたくらいで、ライブがないときは、その機会を最大限に生かそうとしていた。ガールフレンドがアメリカから短期間の滞在でやって来た。とにかく、シドニー郊外のアパートに住む有名なフランス人の霊媒師を訪ねたいという。彼女は何年か前に、自分のバンドでオースラリアに来たとき、その女性のところに行っていた。彼女の非凡な才能を知る人によると、この女性はとにかく本物なのだということ。昔からの友達で、プロモーターでもあるステファン・パヴロヴィッチは、何年間も神秘主義的なミュージシャンを彼女のところに連れていったが、誰もが彼女の本能的な力を褒め称えて家に戻ったということだ。

俺自身はこれまで本物の霊媒師に会ったことはなかったが、その理由は特に興味がないから、というだけのものだった。唯一、ニューオーリンズのお土産屋で、ニルヴァーナの成功がピークに達しているときに、ふざけてタロットカードをやってもらい、そこで鼻に骨をつけた女性に、「諦めないで。いつの日か成功するから！」と言われたことがある。これまで嘘くさい霊媒師に占ってもらったりするのを避けて通ってきたのは、人に心を読んだり、未来を見たりする能力があると信じてないからではなく、その人たちに何が見えたかなんてどうでもいいと思っているからなんだ。それに、誰かが誤って予言したことに怖がるくらいだったら、未来について何も知らないままでいる方が良いと思っている。人生って、自然に進んでいくべきものであり、たとえ自分が行き先を見失っても、その旅路には従うべき地図も何もない、と思っているんだ。

この女性のやり方はシンプルだった。どんな写真でもいいんだが、自分の写真を持ってくるように言われる。彼女は占っている人の手をなぞりながら、静かにその写真を見つめる。それで触りながら別世界から情報を得て、霊能力者としての意見を述べる。言っておくけど、これは俺が自分で予約したわけじゃなくて、ガールフレンドのために予約して、彼女は自分の写真を用意していたんだけど、俺の写真も一緒に持ってきていたんだ。スティーヴと俺は付き添い兼運転手みたいなもので、彼女の占いのために車で連れてきてあげただけだった。だから二人があちらの世界に行っている間は、コーヒーを買いに出たりした。戻ってみると、占ってもらった後でガールフレンドは少しぐったりしていた。それで霊媒師が今度はすぐに俺の方に集中し始めた。恐らく俺たちがいない間に、二人で俺のことを残念ながらなかなか難しい問題として話し合っていたんだと思う。彼女は英語をほとんど話せなかったから通訳が必要だったので、俺とガールフレンドは、かなり微妙な関係にならざるを得なかった。というのも、彼女（モントリオール出身）に、どんなに聞きたくないようなことでも、占い師の言う超個人的な啓示を通訳してもらわなくちゃいけなかったから。

俺の写真を数分間見た後で、霊媒師は俺の手を取り、優しく握って、線や長年酷使してできたタコなどをじっくりと見て言った。

「Tu as beaucoup d'énergie…」

彼女の方を見て、通訳してくれるのを待つと、「あなたにはエネルギーがたくさんあると言ってる」ということだった。

なるほど！　幸先の良い始まりだ！

「そうなんです。俺はちょっと活動過多気味なんです」と彼女が理解してくれるかも、と思いながら英語で言ったら、ガールフレンドが少し助けてくれたおかげで分かってくれたみたいだった。

「Non, tu as beaucoup d'énergie psychique…」

これは通訳してもらわなくても分かった。俺には霊的なエネルギーもあると言っている。そんなことを言われて驚き、気持ちが明るくなった。どんどん良くなるぞ。

「Tes mains brillent…ils ont une aura... c'est bleue…très puissante…」

透視能力のある俺の新しい親友によると、俺の手はパワフルな青いオーラを放っているらしい。信じるか信じないかにかかわらず、そう言われて大喜びしたし、褒められているような気持ちにすらなった。「なんで今までもこんなことに気付かなかったんだろう？」と思った。「そのパワフルな青いオーラをもっと使えたのに！」。それで彼女が俺を見て、これまでにお化けを見たことがあるかと訊いてきた。

これは答えるのがなかなか難しい質問だ。お化けに呪われた家で、ありがちなフワフワ浮く幽霊がやって来て、「ここは自分の場所なんだ」と自分の権利を主張するように目の前を通り過ぎるのを見たことがあるか？と訊かれたら、答えはノーだ。でも、生きているわけでも死んでいるわけでもない何かがいるのを感じるような、言葉では説明できない体験を何度かしたことがあるか？と訊かれたら答えはイエスだ。

ニルヴァーナの成功が頂点に達しているときに、俺はまだ小さい部屋に住んでいて、部屋にはドレッサーと、ベッドの横のナイト・テーブルと、床の上に置いた布団マットレスしかなかった。バンドがあまりに一瞬で物凄い人気を得てしまったから、ロック・スター的な新しい生活に合わせる時間もなかったんだ。しかも現実問題、銀行口座が増えたからって、出かけてそれを使ってやれって気分でもなかった。そのときの自分が住んでいた状況で完璧に快適だったから。最初からあまり何も持っていなかったし、それほど必要なものもなく、そのときに住んでいる家が完璧に自然だと思っていた。それに、それだけで十分楽しかった。俺が考える〝成功〟は、家でだらだらとMTVを見ながら、雨が降る午後に友達と一緒に冷凍のトティーノ・パーティー・ピザを食べることだった。だから、それを変える必要もないし？と思っていた。

父（俺の専属ファイナンシャル・アドバイザー）から、そろそろ不動産利益のために、シアトルに自分の家を投資した方が良いと言われた（全財産をスリムジム［スナック菓子］とタバコに使ってしまわないためにも）。それで父がシアトルまで飛んできてくれて一緒に家探しを始めた。地元の不動産業者が街の物件をいくつかリストにしてくれたから、家を見て、完璧だと思えるものがあるか探した。ほとんどの家が古すぎるか、変すぎるか、俺に便利な場所から遠すぎるかだったが、一つだけ良いと思える物件があった。シアトル北部郊外のリッチモンド・ビーチというところにある新築の家だった。ピュージェット湾からたった1ブロックのところにあり、行き止まりには高い松の木もあって、すごく落ち着いた雰囲気の場所だった。一見すると質素というか、目立たないとすら言える感じの家だったが、中に入るとそれは傑作建築と言えた。階段上にある踊り場から、部屋の枠組みなど見事な木が使われていたし、天井は高くて天窓からの自然光で満たされていたし、巨大な窓からは外の深い森を見渡せた。家は丘の頂上に建っていたから、車道から見ると1階建てのように見えたけど、家の後ろ側は、丁寧に敷地内の下に向かってテラスが作られていて、デッキと床面があり、それが巨大な常緑樹の奥地に面していた。こんなに奥行きの深い場所に一人で住むなんてなかなか想像し難いものがあったけど、この温もりがある雰囲気とデザインに惹かれ、速攻で買うことにして、ドレッサーとナイト・テーブルとフトンの簡単な引越しをした。

この家の最初の晩は、買ったばかりの新しいテレビ（真のロックンロールな贅沢！）を、昔から使っていたフトンに座り、ベッドルームの壁に寄りかかって見ていた。雨が土砂降りだったから、この巨大な家に一人ぼっちでいるのは少し緊張した。と思っていたら突然、巨大なバン！という音がして家が揺れた。稲妻や雷が落ちたわけでもなく、外で何かが爆発したわけでもなかった。それなのに、18輪トラックが俺の寄りかかっている壁に衝突したみたいな音がして、俺も衝突されたような感触がして、思わず体が激しく前に飛び出した。すぐにテレビのリモコンの消音ボタンを押して、ピタッと動きを止めた。あまりの怖さに動けなかった。でも、やがて勇気を振り絞り、ベッドルームから出て、小さな階段上の踊り場から何もないリビング・ルームを見下ろしてみた。真っ暗な部屋に何か動く影があるかどうか見渡し、侵入者がいる形跡がないか調べた。部屋から部屋へ順番に爪先立ちで静かに見て回りながら、何者かが入った証拠があるはずだと思っていたので、あまりの怖さに全身に鳥肌が立っていた。それでベッドに戻り、テレビは消音にしたまま、片目を開けた状態でその晩は眠った。

その家に何ヶ月か住んで、下の階の何かが……おかしいということが分かった。クネクネした廊下を歩きながら、一番下の階まで蛇行しながら辿り着くと、いつも自分の後に誰かがいるような感じがした。誰かがすごく接近してついて来るような感じがしたんだ。見えない何かが近づいてきて、自分の首と背中の皮膚が暖かくなっているようにすら感じた。だから背筋がゾッとするので、自分が行きたい場所へ可能な限り速く走り、また上の階の安全な場所へ走って戻った。これまでこんな感じって体験したこともなかったから、自分の想像の中で作ってしまっているに違いないと思うようにしていた――だけど、ときどき起こるこの恐ろしい体験に遭っているのが自分だけじゃないと、あるとき分かった。

しばらくしたら落ち着いたので、適当に家具をそろえて、新しいダイニング・テーブルで、ハロウィーンの日の夕食に友達を呼べるくらいにはなった。夕食が終わった後にカクテルを飲みながら、それぞれがお化け体験を話すことになった。人によっては実体験で、人に聞いた話をする人もいた。俺はこの家での怪しい体験は、今は言わないでおこうと思っていた。だけど、友達の一人がこう言った。「あの……なんか不気味なんだよね……。下の階に行く度に、自分の真後ろに誰かいるみたいな感じがするんだ。しかも、部屋から部屋について来ているみたいな気がする。あまりにそんな気がするから、下に行くときは『行きますよ』と言うようにした。そこにいる何かにお知らせするみたいに」と言ったから、マジで酒で喉を詰まらせてしまった。あれを感じているのは俺だけじゃない、俺の頭がおかしいわけじゃなかった、と分かって安心した。でもつまり、俺が初めて買ったこの素晴らしい家にお化けが出るってことじゃないか。だからといって、すぐに引っ越すつもりもなかった。でも親友のバレットと家をシェアするのはまったく問題ないけど、お化けとシェアするつもりはなかった。

時間の経過とともに、あの感じがどんどん強烈になっていったから、何があっても下の階には行かないようになった。それなのに、間もなくしてその感じは上の階でもするようになった。夜になって、顔をベッドの端に置いて眠ると（ときどきそうやって眠っていたんだが、それは自分の顔に息がかかることで閉所恐怖症的な気分になるのが嫌いだったから）、自分の顔から数インチのところに誰かの顔があるのを感じるようになった。目を開けて、何かが見えたりしたら怖いから硬く目をつぶっていたけど、ギラギラした目で見られているような気がしていた。それがいつもやって来るようになったから、毎晩毎晩目が覚めた。恐怖で動けなくなって、そのうち眠れなくなってしまった。

それで夢を見るようになった。

いつも同じ女性が現れた。古いボロボロの灰色のセーターを着ていて、濃紺のウールのスカートを履いていた。土の汚れで覆われて、髪は乱れ、茶色の髪は固まり絡まってモジャモジャで、彼女はただそこに裸足で立ち、何も言わなかった。鋭い目で俺をじっと見つめ、深い悲しみを表現していた。だから、ベッドルームから出て、階段の踊り場から下のリビング・ルームを見てみると、彼女が動かないでそこに立ち、遠くから俺を見上げていた。そこで冷たい汗をかいて目が覚めた。その次に見た夢も同じくらい怖かったけど、今度は家の違う場所で起きた。この家は俺の家ではなくて、彼女の家だったのかもしれない。

それから数週間経った後のサンクスギビングの夜に、ウィジャボード［交霊のための文字盤をもとにする遊具盤］が出てきた。それは偶然にも後にフー・ファイターズのベースとなるグレゴリー・メンデルと初めて会った日でもあった。彼が、共通の友達と一緒に夕食にやって来たんだ。とにかく、信じるか信じないかは人それぞれだが、結論としては、俺の夢の家はむしろ『アミティヴィルの恐怖』［実話をもとにしたというジェイ・アンソン著のホラー小説］に近いものだったということ。でも、俺はそこに住み続けた。徐々に台所の木でできた床から聞こえる人の足音にも慣れたし、人感センサーが理由もなく解除されたり、ときどきドアが突然開いたりするのにも慣れていった。スピリット［悪魔、霊魂］を洗い清めるためと言って友達がセイジのハーブを束で送ってくれたけど、使わないでそのままだった。自分はそちらの世界に行くつもりはなかったし、それに正直言ってセイジは、猫の小便みたいな匂いがすると思ったから。

物事をシンプルにするために、その霊媒師にはお化けを見たわけではないと言った。

そしたら彼女が、それではUFOは見たかと訊いてきた。それには明らかに夢中だった。そもそも、フー・ファイターズというバンド名は、第二次世界大戦中に見つけられた未確認飛行物体を表す俗語だし。俺達のレコード・レーベルも、ニューメキシコ州ロズウェルで1947年にUFOが墜落したことから名付けて、ロズウェル・レコーズなわけだし。俺の著作権会社の名前は、MJトゥウェルブ・ミュージックで、それは、ハリー・S・トルーマンが招集した秘密委員会で、エイリアンの宇宙船を回収し調査するために、科学者、軍のリーダー、政府当局で形成されているという噂だ。つまり俺はUFOの陰謀説の世界にはかなり精通していると言えるが、悲しいかなこの目で見たことはない。

「ノー」と答えた。「だけどUFOの夢はかなりたくさん見る」

そしたら彼女が温かい眼差しで俺の目を真っ直ぐに見つめ、笑顔で言った。「Ce ne sont pas de rêves」

何て言ったんだろうとガールフレンドの方を向くと、「それは夢じゃない」と教えてくれた。

それを聞いてすぐに、子どもの頃から見続けている、地球外生物がやってきた数えられないくらいのあまりに鮮明な夢をいくつも思い出した。今でもはっきりと覚えている。小さい頃から、自分が近所を飛んでいて、小さな飛行物体の窓から下に並ぶ小さな家々を眺め、空中でときどき止まったり、かと思えば人の目では追えないような想像を絶するスピードでいとも簡単に飛んでみたりした。あるとき、家の前の湿った芝生の上に横たわり、星いっぱいの夜空を見つめながら、UFOが俺を別世界に連れていってくれますようにと必死で願ったことがある。だけど、空をじっと眺めているときに突然、自分が芝生に寝転んでいる自分を見ているのに気が付いた。しかも俺の頭のすぐ上には、下側が滑らかなメタルになっているお皿型の飛行物体が見えた。そこで目が覚めた。

それから、絶対に忘れない夢もある。あまりに強烈で深く心に残り、いまだにそのときの気持ちを拭い去ることができないでいる。

美しい夕方に、ヨーロッパ南部の海岸沿いの町にいた。日が沈む直前で、夜になる前の黄昏時で、空は、完璧なセルリアンブルーだった。俺は草の繁る急な小山を散歩しながら、温かい夏の空気を吸っていた。下の港を見るとカフェがたくさんあり、白い服に身を包んだ人が手をつないで遊歩道を歩いたりしていた。星はまだなんとか見え始めたくらいだったが、太陽が海に沈む度に、それは輝きを増していった。そのとき突然、空で目が潰れるような閃光がしたと思ったら、爆発が起きて、俺は地面に叩きつけられた。見上げると、全ての星が何千ものUFOに変わり、さまざまな大きさ、さまざまな形で、空一面を猛スピードで飛び交っていた。周りを見ると、何千人もの人たちが信じられないという表情を浮かべながらも、そのまま同じことを続けていた。時間がそこで止まった。

俺の頭に、ドーンという爆音が鳴り響き、テレパシーのようなものが届いた。「人類の進化」。アニメの図式になったような声が空に映し出され、いかにして人類は世界の果てに存在しながらも、進化を助けられたのかが説明された。レオナルド・ダ・ヴィンチの〝ウィトルウィウス的人体図〟が空の左に映し出され、右には国境や領土が引き直しされた世界地図が映し出されていた。そして声がして、このイベントは、「新時代の夜明け」と宣言した。

目が覚めたときに、これは単なる夢じゃないと分かっていたが、そのまま生活を続けた。あまりにどっぷり浸かって、UFO陰謀説から絶対回復できない不運にありがちな罠にはまらないように気を付けたんだ。彼らみたいに、残りの人生の全てを〝完全開示〟を待って過ごしたくなかったから。

それに感銘を受けたのは間違いなかったが、この夢が俺の人生を最も牽引した瞬間と言ったら、フー・ファイターズの〈ザ・スカイ・イズ・ア・ネイバーフッド〉のビデオのインスピレーションとなったときくらいで、俺が監督して、二人の娘、バイオレットとハーパーが出演した。素晴らしい夢を見たと思っていたけど、でも単なる夢だと思っていた。今の今までは。この霊媒師によると、それは俺の想像したものではなくて、リアルだったということになる。

そこからさらに満足できるような進展があり、例えば俺がどの次元からやって来たのかを具体的に教えてくれたし、また俺以外の人が絶対に知らないようなこともいくつか語った。これは単なる反則技ではない。彼女が俺の人生について語ることがあまりに詳細だし、内密であり、しかもあまりに正しかったので、俺は完全に改心させられた。結局、彼女の信者になってしまった。彼女が〝超能力者〟(過去に起きた事象を超自然的に視る能力がある)なのか、または本能が進化しているのか分からないけど、絶対にこの女性は本物だと思った。

俺のセッションが終わって、サヨナラと言った。彼女の小さなアパートを去り、シドニーまでの長い道のりを車で帰った。この新事実に勇気づけられ、果たして自分はこの力を生まれたときから授かっていたんだろうか、と考え始めた。それから自分の霊能力を使って、助けてもらえたかもしれない場面をいくつか思い出してみた。

この前の週のゴールドコーストのことも。

ゴールドコーストは、ブリスベーンから車で南へわずか45分の場所にあるクイーンズランド州の海沿いの街で、オーストラリアにおけるフロリダ州のフォートローダーデールみたいな感じだ。ビーチのバーは輝くようなネオンカラーの飲み物で溢れ、どこを見てもウェットスーツを半分脱いだブロンドの髪のサーファーがいて、それから、そう、より家庭向きの休暇をしたい人にはシー・ワールド・テーマパークもあった。このリゾート天国に来るといつも冒険が待っているから、この日焼けしたワンダーランドにいる時間は1秒たりとも無駄にしないで楽しみ尽くし、見つけられる悪さは何もかもやった。しかも俺たちは、〝ビッグ・デイ・オフ〟ツアーで来ていたわけで、その時間を有効に使って、子どもっぽい罠にハマる時間もたっぷりあった。到着したらテイラーと俺はスクーターを借りて、日中は街をビーチからビーチへブンブン走ろうと企んでいた。ゴールドコースト・パークランズで開催される巨大なショーまで3日間もあったし、街から数マイルのところでドッグ・レースもやっていた。俺たちのホテル、シェラトン・グランド・ミラージュは、長年俺たちのお気に入りで、完璧に80年代的でコカイン・ホワイトなモチーフも、大食い向きのディナーブュッフェも、見下ろせば塩素プールに行き場のない白鳥がいることも。もし映画『スカーフェイス』のトニー・モンタナが休暇を取ることがあったら、絶対にここに来ると思っていた。ここは（パトリック・）ナゲルの絵の中をビーチサンダルで歩くような場所だったんだ。

幸運なことにホテルは、ギグの会場から数マイルの場所にあり、スミス・ストリート・モーターウェイを走れば一直線だった。だから他のバンドと一緒の混み合ったシャトルバスに乗らないで、テイラーと俺はこのバカげた小さいスクーターでそこまで行けばいいと思っていた。次の日別の会場に移動する前に、可能な限り『イージー・ライダー』な体験をしようというわけだ。ヘルメットもかぶらないで（免許もなしで）、ミニ旅行に出発した。これから5万人の前で演奏しようという有名なミュージシャン二人が、ボロボロのミニバイクで道をジグザクに走っているそのバカバカしさに大笑いしたが、当時やっていたことのほとんどがそんな完璧なコメディみたいだった。

入場口に到着すると、地元のセキュリティが俺たちを不審な目で見た。まるで日焼けしたアメリカ人旅行者二人が、どういうわけか本物のフー・ファイターズのバックステージ・パスを手に入れたみたいに。丸め込んでみたりしたが、理解不能なウォーキートーキーでの会話をした後で、結局は俺たちのツアー・マネージャー、ガスが助けてくれた。

バックステージのバンド・エリアでスピードを出し、バンドが集まっているピクニック・テーブルを縫うようにして走る抜けると、みんなが俺たちを指差して笑っていた。ブリンク－182を除くと、このフェスに出演するバンドの中で、俺たちが一番のナードで、おバカで、うざい奴だったことは間違いない。その他に出演するのは重量級ばかりで――レッド・ホット・チリ・ペッパーズに、ナイン・インチ・ネイルズに、プライマル・スクリームと、ちょっと書き出しただけでもそれくらい。そのどのバンドも、明るい太陽の下で、アホなバイクを乗り回しているところを見られる、なんてことは絶対にないと保証する。

ショーの準備をしているときに、またバカみたいなアイディアを思いついた。ショーの中で、このスクーターをステージに持ち込み、走るんだ。しかも、ジューダス・プリーストのロブ・ハルフォードが巨大なハーレーダビッドソンのバイクでやっていたみたいに、ヘビー・メタルの神へ敬意を表して、エンジンを吹かしてやるんだ。ビールを何杯か飲みながらセットリストを作り、イーベル・クニーベル［アメリカ人のバイク・スタントマン］みたいにスモークの中からステージへ飛び跳ねて登場し、ちっぽけな50ccのエンジンを爆音で鳴らし、観客が腹を抱えていても、俺はそのまま演奏を続ける、という完璧なタイミングも見つけた。「笑いのためなら何だってやる」と思った。そして、その計画を実行に移し、滞りなく終了させた。

ショーが終わった後、控え室に戻り、壁に貼られたパフォーマンスのスケジュールを見ると、大好きなスウェーデンのバンド、ヘラコプターズが出演することになっていて、遠くのステージで演奏する。ビールを何本かつかんで、プライマル・スクリームのボビー・ギレスピーを今となっては有名なスクーターの後ろに乗せて、彼らのライブを観ようと闇の中を走った。ハード・ロックの連打とクラシックなリフにクラシックな髪のヘラコプターズは、いつだって最高のショーをやった。幸運なことに彼らとは何年かにわたって大々的にツアーもしてきたから、何度もショーを観せてもらった。

ヘッドバンギングしながらビールを飲んで、ステージの脇に座っていたら、雨が降り出した。激しい熱帯スコールってわけでもなかったが、でも激しくなる前にホテルに帰った方がいいと思うくらいではあった。そもそもスクーターがそんな状況で走れるのか分からなかった。小雨だけど、高速はツルツル滑るので大事故になるかもしれない。ただ数マイルしかなかったから、あまり深くは考えなかった。テイラーを見つけて、俺たちのデロリアン［映画『バック・トゥ・ザ・フューチャー』に出てくる車型タイム・マシーン］のような砂の城へ戻るべく、フーディ［パーカー］を着て出発した。

1マイルかそこらで、2車線の高速の道で交通が完全に止まってしまった。もう時間が遅かったし、基本的にはコンサートに来た俺以外の49999人の人たちが街に帰るわけだから、速攻で家に帰れると思っていたけど、事実上ヘビー・メタルな駐車場と化した。「事故があったに違いない」と思った。永遠と思えるくらいの時間をカタツムリのようなノロさで進み、何でこんなにゆっくりなのかが分かった。

飲酒検問だ。

さてここで一旦話を止めて、俺がなぜそのバカみたいなファッキング・スクーターを飛び降りて、道の路肩に停め、ガスに電話し、雨の中を迎えにきてもらおうとしなかったのか、理論的に説明してみたいと思う。まず……それがクソ・スクーターだったからだ。それは人が乗れる動力芝刈り機みたいな乗り物でしかなかった。だから、警察が俺を止めようと思うわけがないと思った。せいぜい、びしょびしょになったフーディと迷彩柄の短パン姿の俺が、他の車に追いつこうと必死に走ってる姿が馬鹿すぎてクスクス笑うくらいだろうと思っていた。それから二つ目の理由は、5時間酒を飲んでいたくらいで、体が支障をきたしているとはまったく思っていなかったんだ。自慢するわけじゃないが、何缶もの麦芽酒と何ショットものウィスキーを飲まないとぶっ倒れないし、それに正直まったく酔っぱらった感じもしていなかった。だから、俺は通過できると思ったんだ。だよな？

不正解。

「吹いてください」。チェックポイントに着いたら警官に言われた。驚いたけど、でも喜んで義務を果たした。その横でテイラーが小鳥のように自由にヒューッと音を立てて通過して行った（どうやらその夜、彼はアルコールは絶っていたようだ。代わりに、その他のパーティーのお楽しみにふけっていたんだろう）。警官が持っていたその装置の先の小さいストローに思い切り息を吹き込んだ。警官がそれを確認すると、俺を見て、クロコダイル・ダンディな最も強烈なオーストラリア訛りで、「バイクから降りなさい。許容アルコール量を超えています……」。マジで信じられなかった。これまで長年、考えうる限りの最高におバカなことをしてきて捕まったことがなかったのに、ここに来て、オーストラリアで、ファッキングな原付で飲酒運転で捕まるとは。「横に止めて、ギアを外しなさい！」と警官が言ったから、笑うしかなかった。だって、ギアって？　こいつには、ギアなんてものは何もついてなかったから。こいつを動かすには、フレッド・フリントストーン［米TVアニメ『原始家族フリントストーン』のキャラクター］みたいに、マジで自分で足を動かすしかなかったんだ。キックスタンドにかけると、警官が「IDを見せろ」と言った。さて、これは問題だった。俺はツアーをしているとき、絶対に自分のパスポートを自分で持たない。一瞬で失くすから（そうだよ、俺はポケットに入れてあったはずのものを、何もかも少なくとも午後に一度は失くす奴だ）。だからいつもガスに預けていて、国境を超えるときか空港でのチェックインのときだけ俺に触らせてくれて、それが終わったら即座に返せと言われていた。だから俺が持っていたのは、首に下げたビッグ・デイ・アウトのツアーのラミネートだけだったが、幸運なことにそこには俺の名前と写真とバンド名が書かれていた。だから俺は「ああ、しまった。俺のツアー・マネージャーが俺のパスポートを持ってるんだ。だけど、これがある」とラミネートを渡して、彼が大ファンで俺を通過させてくれないかな、とわずかな望みに賭けた。

もしかして、ここでロック・スターの名前をうまく利用できるかもしれない……そうはいかなかった。

「ミュージシャンなのか？」。新たな自信でもつけたかのような声で言った。ビッグ・デイ・アウトのツアーで来ていて、ここには数日いて、あなたのこの素晴らしい街を楽しんでいます。それゆえにこのバカみたいなスクーターに乗っているんです、と説明してみた。「へえ……」と彼は言った。「次のショーはいつなんだ?」」。「明日のシドニーです」とかすかな望みを持って答えた。「そりゃ悪いな。そのショーには出られないわ。留置所に連れていかないといけないから」」。そこでパニックになった。ここから俺たちが泊まっているホテルが見えるくらいなんです。だから、ここにこのクソは止めて、ホテルまで歩いて帰りますから、と説明したが、「悪いな」だけしか返ってこなかった。これはマジでファックだ。

ちょうどそのときにチェックポイントを問題なく通過したテイラーが、俺が大丈夫か様子を見に戻ってきてくれた。俺たちのところに来て、「おい、どうしたんだよ?? ? ?」と訊いてきた。留置所に連れていかれるから、急いでホテルに戻って、ガスに俺を保釈する準備をするように伝えてくれと説明した。テイラーが速攻で戻り（〝速攻〟というのはお世辞だが）、俺はそこに一人で立ったまま残された。ショーから帰る人たちが乗った車が何台も通り、窓から顔を突き出しては、「ファック、イエー、デイヴ！　ご苦労さん！　良いショーだったぜ！」と叫ぶから、俺は笑って手を振るしかなかった。なんて

いう間抜けなんだ。

間もなく手錠をかけられ、パトカーの後ろに乗せられ、道の反対側にあった仮設の刑務所に連れていかれて、俺はテッド・バンディ［アメリカ人シリアルキラー］かってくらい刑事に取り調べされた。「住所は？ 母親の住所は？ 母親の勤務先は？」。それが永遠に続いた。もしかしたら俺は本当に酔っ払っていたのかもしれないが、物凄くつまらない質問と、捕まった理由とは何の関係もない見当違いな質問をされるから、すぐに疲れてしまった。「さっさと牢屋に入れてくれよ。何時間やるつもりなんだ」

そこでようやく牢屋に入れられた。

牢屋に着いたら、ショーに行っていた犯罪者たち全員からまた歓声を浴びた。フロント・デスクに行って、正式に逮捕となったと思ったら、プライマスのTシャツを着てぶっ倒れ、大きないびきをしている客と同じ監房に入れられたから、自分の靴の紐で首吊り自殺したくなってしまった。だからコンクリート製の厚板のベッドに避難して、無料サービスで渡された硬いキャンバス地のブランケットを一生懸命体に巻こうとした。夜に雨が降ったから、着ていたものは濡れて冷たくなり、体がブルブル震えていた。監房のドアはプレキシグラスだったから、ドアを閉めたら中は完全な静寂になった。まるで音響が整備されたレコーディング・スタジオのボーカル・ブースみたいな感じだった。そこに横になり、数時間前にやった大成功のショーから続く耳鳴りを聴いていた。一体どうやって天国のようなウィークエンドから、こんなところに来ちゃったんだろう、と考えながら。

数時間のうちに俺のヒーローであり救世主のガスが到着した。ガスは犯罪者がたくさん映ったセキュリティのモニターを見て、ブルブル震えている俺を指し、「これです」と警官に告げた。俺は跳ね起き、ホテルに帰るまでの車の中で、この信じられないようなバカげた運命に行き着いた子どもじみた出来事を全て詳しく、しらふで語ったから、大爆笑になった。数時間だけ眠って、翌朝、その晩のショーのためにシドニーまで飛行機で飛んだ。

ただ俺の犯罪者人生はそこで終わりじゃなかった。1週間後に出廷しなくちゃいけなくて、ゴールドコーストに戻ることが法によって定められていた。もし有罪になったら、罰金を払わなくてはいけないばかりか、牢屋に入れられる可能性も高くなる。そうなると言うまでもなく、この美しい国に訪れる機会が台無しになってしまう。何年もの間、ツアーで行くのが一番好きな場所の一つがオーストラリアだったから、それが最も悲痛な前途だった。しかも、何本かのビールと安物のスクーターのせいでその機会を失ったりしたら、俺は自分のことを絶対に許せないだろう。バンドも許してくれないはずだ。だから事態を真剣に捉え始め、あまりに真剣に捉えたばかりに、ガスと俺とでデパートに行って、700ドルのスーツまで買った。法と対面したときに、人間のクズに見えないようにしたんだ。

それにしても、大の大人がデパートの中で、頭の固い裁判官を想定しながらラックの服を次々に見て、「これじゃァコンサバすぎ？」「ディスコっぽい？」とか言いながら、ファッション的な決断をしなくちゃいけないことくらい哀れなこともない。結局、こざっぱりしているけど、オシャレすぎない服に落ち着いて、北に向かう準備をした。次の日、メルボルンからクイーンズランドへ向かう飛行機に乗るためにホテルを出ようとしていたら、プライマル・スクリームのギタリストにロビーで会い、皮肉を言われた。「スーツを着たフー・ファイターズをなんと呼ぶ？　有罪!!!」。何の助けにもならなかった。

弁護士に（正確には〝法廷弁護士〟と言うんだが）裁判所の建物から道を下ったところにあるバーガーキングで会い、脂ぎったチーズバーガーと作りたてじゃないフレンチフライを食べながら、俺の弁護について話し合った。ただ、特に言うこともなかった。俺がバイクに乗って飲酒運転してしまったわけだから。一件落着。俺の罪が無効にできるような頼りになる疑わしい細かい解釈があるわけでもなかった。だから俺への処罰がどれくらい厳しいものになるのかは、本当に弁護士次第だった（それとスーツ選択の良識も）。安いネクタイを直して、絞首台での判決日に向かった。クソみたいな事態がマジで現実になっていく。

ビルの中に足を踏み入れる前に、地元ニュースに突然捕まり、歩いているところマイクを目の前に突き出されたから、サングラスをしたまま「ノー・コメント」と言った。今回の件で何か得たものがあったとしたら、これでジョニー・コクランがどんな気持ちなのか分かったってことだ。ありがたいのは、一度だけだったこと（それからありがたいのは、俺はジョニー・コクランでもなかったこと）。「少なくとも、このスーツは俺に似合ってる」と思った。中に入り、可能性は低かったが〝無罪〟の評決となることを祈った。

裁判官は俺に厳しい判決を下した。ありがたいことに懲役は食らわなかったし、刑務所にも入らなくて良かったし、コミュニティ・サービスも免れたが、法律的には有罪判決だった。だから罰金を払い（スーツより安かった！）、これからは永遠にオーストラリアでは犯罪人とみなされることになった。だから今日に至るまで、オーストラリアに入国するときは、「オーストラリアで犯罪を犯しましたか？」という欄の小さい四角にチェックをしないといけない。その用紙を移民局の担当者に渡す度に、机の下にある赤い光がついた小さなスイッチを彼らが軽く叩いて、スーパーバイザーを呼ぶシグナルを送る。スーパーバイザーに俺がどんな罪を犯したのかを説明すると、彼らは笑って、「ああそうだった！　覚えてるよ！」と言うのだった。

罪は軽く済んだと思う。本当の刑は何だったか？　一生笑いものになることだ。

だけど、もしあの雨の降った高速であの夜、フーディの下で震えながら飲酒検問に近づいた瞬間に、霊的能力を使っていたら、それから何年間も恥ずかしい犯罪についての質問をされなくて済んだ。罪はこれでも軽い方なんだし……。でもシドニーであの霊媒師と会ってからというもの、タコができた自分の手から放出されているはずのパワフルなブルーのオーラが見えないかと、ときどき眺めてみることがある。それが俺を助けてくれることはあるんだろうか、と。ただ俺がスーパーパワーを持っていたとしても、俺は人生を自然のなすがままに任せることを選ぶ。自分を見失っても、あてにする地図なんてない旅なんだ。

人生が加速していた

LIFE WAS PICKING UP SPEED

「おいくつですか？」。医者が少し困惑したように訊いてきた。

「40歳ですが」と、ナーバスに答えた。

「ここにいらっしゃった理由は？」と訊かれた。

「胸が痛いんだ。マジで死ぬんじゃないかと思う！」と、パニックになって、すぐに返事をした。

ロサンゼルスのシダーズ・サイナイ病院に来て、CTスキャンのモニター前に座っていた。俺はそこで閉所恐怖症になりそうなチューブに入れられ、30分間絶対に動かないようにと言われた。彼はぼやけたデジタルの画像をスクリーンで次々にめくりながら、動脈血栓や動脈の衰え、心室圧迫などを調べていた。俺は彼の横に座って、汗ばんだ手を握り締めながら、見た目にはどれも同じ白黒の写真を彼が1、2分見ている間、致命的疾病を告げられるのかもしれないと不安になって待っていた。そこで、彼が椅子に深く座った。

「えっと……ここに異常は何も見つかりません……。物凄いストレスを抱えていたりしますかね？」

「理解してもらえるなら」と思った。その緩い質問に、笑って椅子から落ちるかと思った。でも露骨に態度に出ないよう敬意を持って答えた。

「えええ、そうですね……少しは」。にやりと笑って言った。

「よく眠れていますか？」

「毎晩3、4時間くらいですかね？」と、おどおど答えた。しかも、それでも当時としては多めに答えていた。

それで彼がもう一撃食らわしてきた。「コーヒーはたくさん飲みますか？」

当たりだ！

「たくさんのコーヒーって、どれくらいがたくさんですかね……」と訊いた。俺のカフェイン消費量は、ファン・バルデス［コーヒーチェーンのキャラクター］ですら荷物をまとめてコロンビアの丘へ走り帰るくらいの量だと知っていながら。1日にどれくらいのコーヒーを飲むのかは恥ずかしくて言えないくらいだ。言ったら医者は俺を5150［カリフォルニア州での精神疾患による自傷行為の危険性を持った人を示すコード］に認定して、拘束し、最寄りのカフェイン中毒更生会に連れていくだろう。実は、最近これは中毒だと認めて、1日にコーヒーを5ポット分も飲むのは少しやりすぎなのではと気付いたところだった。

しかし、この悲惨な結末は今になるまで認めていなかった。残念ながら俺はそういう奴なんだ。一つくれって言っておきながら、やっぱり10個欲しいって言ってしまうような奴。俺が今日に至るまでコカインをやったことがないのは、コーヒーを飲むようにコカインをやってしまったら、窮地に追い込まれて、今頃、毎朝バス停で人のチンコをしゃぶる羽目になることが心の底では分かってるいるから。

コーヒーってここに書くだけで飲みたくなる。熱いの、冷たいの、グルメなの、ガソリン・スタンドの、淹れたての、ポットの一番下に残ってるの、インスタントでも、フレンチプレスでも……簡単に言えば、俺はこだわり派じゃない。コーヒーなしではいられないけど、コーヒーの蘊蓄《うんちく》を語ったりすることは、まったくない（ああいう知ったかぶりのカルトは、むしろ毛嫌いしている）。つまり手に届くものであれば、なんでも飲む。ダンキン・ドーナツのコーヒーから、南アジアの野生のジャコウネコの糞から取り出した世界で最も高い豆から、全部飲む。俺がコーヒーを飲む理由は一つだけ。その理由のためだけに飲むんだ。それはハイになるためだ。

だけど、その日俺が病院に行ったのは、コーヒーだけのせいではなかった。人生が加速していた。

２００９年は際立った年となった。俺の40歳の誕生日パーティーが、カリフォルニア州アナハイムにある、要塞のような上流階級と中世時代のテーマレストランで行われた。巨大な馬術のエリアもあって、ニセの騎士がニセのイギリス訛りで馬上槍試合をやっているのを観ながら、油でギトギトした七面鳥の足の骨つき肉を手で食べて、クアーズ・ライトを眩《まばゆ》いばかりの聖杯で飲んだ。

このレストランは、ジム・キャリー主演の映画『ケーブル・ガイ』にも出てきて、永遠に記念碑的に刻まれているが、あまりにバカバカしく、笑えて、紛れもなく恥ずかしいので、大の大人が誕生日を祝う典型的な場所とは言えないみたいだ。それに気付いたのは、ニセの騎士の声がＰＡから鳴り響いて、お知らせをしたときだった。「レディース＆ジェントルメン、今夜誕生日を迎えている人たちがいます！　エディが７歳になりました！　そしてデイヴ　トミーは10歳になりました！

は……40歳ですか？？？」

俺の人生はいつもそうなんだ。不条理なことは、その奇妙さをむしろ最大限に利用して思い切り楽しむ方だから、仲の良い友達150人を招待し、〝青の騎士〟のセクションに全員で座って、酔っ払い、大声を張り上げ、高貴な騎士に向かって残虐に殺せと思い切り応援した。しかも、これがバンドを始める最高の瞬間ともなった。実はこの晩、レッド・ツェッペリンのベーシスト、ジョン・ポール・ジョーンズを俺の昔からの友達ジョシュ・ホーミに紹介して、極秘のプロジェクト、ゼム・クルックド・ヴァルチャーズを開始することになったんだ。

ジョシュに初めて会ったのは、90年代初期で、彼が俺の大好きなバンドの一つ、カイアスのギターを弾いていたときだった。その後、彼のバンド、クイーンズ・オブ・ザ・ストーン・エイジと長年にわたり世界中をツアーしたりもしたし、短い間バンドに参加して、『ソングス・フォー・ザ・デフ』のレコーディングに参加したりもした。これまでの人生最高と思えるようなショーで一緒に演奏することもあった。ジョシュは〝何か〟を持ってる人で、それは定義できない、言葉にならない、魔法のような才能であって、真に100万人に一人が授けられたものだと思う。だから一緒に演奏するといつでも、眠りを催すような波長がムクドリの群れのように起こり、音楽が一つの方向から別の方向へ優雅に苦もなく流れていく。それでいてしっかりしたパターンを失うこともない。ステージで即興をすれば、息の合った長年の友人の以心伝心状態で何をやろうとしているか分かる。しかも、観客の分からないところで、音楽的に内輪受けなことをやっては、お互い大爆笑したりしている。本質的に俺たちの相性は理想的だから、一緒に何かできる機会さえあれば絶対に逃さない。

サイド・プロジェクトについては、ときどき話していて、たいていはお互いが日々の仕事の責任や義務で疲弊しているときだったり、またバンドで一緒にツアーしているときだったりした。タバコを何カートンも吸いながら、バックステージのカクテルを何ガロンも飲み、何か奇妙で、緩くて、楽しいことをしようぜと夢に見たりしていた。ジョシュはドラマーでもあったから、彼と俺は簡単に楽器を取り替えられたし、そうやってクイーンズや、フー・ファイターズのサウンドから可能な限りかけ離れたものを作ろうとしていた。しかし、音楽的にどんなものになるのか見えてくる前に、一緒に何かを作れば絶対に爆発的な何かになるのが分かっていた。しかも、1年半のツアーで、〈ラーン・トゥ・フライ〉を毎晩演奏していたら、何か新しいことができるという約束でもなかったら、音楽を何もかも辞めてしまう気がしたし、本来はなるべき運命だった平凡な屋根ふき職人にでもなってしまうかもしれないと思った。

ちょうどその同じ頃に、『GQ』誌でレッド・ツェッペリンのメンバーに卓越した功績を讃える賞を授与することになったので（それがあまりに巨大に控え目な賞で痛々しいくらいだと思う気持ちには、この際目をつむることにして）、ジョシュに電話して、ロックンロールの歴史の中でも最も偉大な最もグループのあるベーシスト、ジョン・ポール・ジョーンズに俺たちの極秘プロジェクトについてここで話すべきか、と訊いてみた。「ジョン・ポール・ジョーンズと君は知り合いなんだよね？」と彼は言った。2004年にフー・ファイターズのアルバム『イン・ユア・オナー』で一緒にレコーディングしていたから知り合いだった。それから彼は、フー・ファイターズがグラミー賞でパフォーマンスしたときにオーケストラの指揮もしてくれた。彼は楽しくて、落ち着いた人ってだけじゃなく、目も眩《くら》むような音楽的天才であり、それでいてバットホール・サーファーズとかディアマンダ・ギャラスなど、過激で最高のアーティストたちをプロデュースしたりもしている。つまり少なくとも、彼は奇妙なことをすることをまったく恐れていない人だから、俺たちの奇妙な案にも同意してくれる望みがあった。ジョシュと俺の間の魔法がジョン・ポール・ジョーンズのような神と合わさったら、間違いなく〝スーパーグループ〟（バカみたいな呼び方だから使わないようにしたが）になれると思った。ジョシュと俺は、打診してみる価値はある、という結論に達した。

それから間もなくして、その受賞式でジョンの目の前に立ち、おどおどしながらもそのアイディアを伝えた。彼はイエスとは言ってくれなかったが、ノーとも言わなかった。だからメールなどで連絡を取り合い、何かできるか見てみようということになった。飛行機に乗って家に帰る途中、自分が最も影響を受けたドラマーの横で演奏していた人と並んで、自分がドラムを叩けるかもしれない、と思ったら目眩《めまい》がしそうになった。だから「どうか俺たちのお願いを受け入れてくれますように」と思ったけど、でも期待はしていなかった。だって、彼はジョン・ポール・ジョーンズなのだから。

驚くなかれ、ジョンがロサンゼルスまで来てくれることになった。実際のところ、俺たちに化学反応が起きるかどうか、様子を見てくれることになった。俺は起きると思っていた。それで彼が到着したのが、偶然にも俺の最高に子どもっぽい誕生パーティーの日だったというわけだ。だから中世の油ベトベトのファストフードのお楽しみ会に招待した。かわいそうな彼は、知らないうちにこのおぞましくアメリカナイズされた中世に投げ込まれた。彼を招待した将来のバンドメイトは泥酔し、しかも演出された馬上試合が行われている間に、高校の不良少年みたいに男子トイレでジョイントを吸ったりしていた。彼がこんな低級な芝居とティーネイジャーに乗っ取られたみたいな夜をサバイバルしてLA空港に直行しなかったら、何か特別なことが起きるチャンスはあると思った。彼には感謝の気持ちでいっぱいで、俺のこの子どもっぽさの犠牲になりながらも氷河のごとく辛抱し、それから数日後にジョシュのスタジオ、ピンク・ダックで初のジャムをやることになった。

ドラム・キットに座り、ちょっと調整していたら、ジョンがベースのウォームアップを開始して、尋常ではないフレーズをいとも簡単に弾き始めたので、俺もすぐにそのあまりに完璧で、滑らかなグルーブに入ってみると、自分でも「すげえ！　俺のドラムも今マジで最高!!」と思った。だけど、すぐに分かったのは、俺が最高のドラム・サウンドを鳴らしているわけではなくて、ジョンのおかげだということ。ドラムをじっくりと覗き込み、全てのビートをしっかり支持し、最高の音に響かせる彼の能力のおかげだった。それがグループをよりスムーズにしたし、俺がこれまで共演してきたどんなベーシストよりも、強靭なサウンドにしてくれた。その瞬間に、これは上手くいくと思えた。そこからジョシュが参加した瞬間にみんなこのバンドをやる運命だと分かった。もう引き返せない。

数日間ジャムをして、お互いについて知り合いながら、道の向かい側にある中世がテーマのレストラン、キッズ・キャッスル（俺たちはご丁寧にもキッズ・アスホール［ケツの穴］と呼んでいたが）から食事をオーダーしたりした。お互いの理解を深めながら、リフを書き、最終的にはこの新しい音楽同盟のマスタープラン――それはLAで2週間で曲を書き、レコーディングするというものだったのだが――それを実行してみることにした。そこで一旦解散して、それぞれの家へ戻り、小休憩して、再招集して、いつの日か世界に放つサイケ・ロックのブギーの宝庫を築き上げるこ

と。このバンドは公式に結成された。

人生が加速していた。

その間、俺は通常の仕事にも呼ばれた。1年半におよぶ長く過酷なツアーが終わり、フー・ファイターズの『グレテイスト・ヒッツ』を発売することになり、そのプロモーションのために新曲を作って収録したいと言われた（言い換えれば、『グレイテスト・ヒッツ』レコードに収録されたグレイトでもなければヒットでもない曲）。どうやって、いつ、誰とレコーディングするのか話し合いが始まった。俺は厳密に言って2バンドに所属していたことになるから、このスケジュールを決めるには、ロジスティックな操作が必要となる。どうやって、いつそれができるのか分からなかったけど、誰と作りたいのかは分かっていた。昔からの友達、ブッチ・ヴィグだった。

ブッチと俺の間には伝説的な歴史があったし、ずっと仲も良かった。それなのに、1991年のニルヴァーナ『ネヴァーマインド』以来、一緒に仕事をしてなかった。それは長年俺がブッチとまた仕事をしたいと、なかなか思えなかったからだ。というのも、カートの死後、俺にニルヴァーナの大きな長い影が落ち、俺が作る音楽の正当性が取り消されてしまうんじゃないかと恐れたからだった。俺たちが何をレコーディングしたところで、絶対に過去に作った作品と比べられてしまうと思った。それが、俺が彼に出会った瞬間から抱えなくてはいけなくなった十字架となったわけだ。ブッチのことは大好きだったし、史上最高のプロデューサーで、オルタナ・ロックのヒーローであるガービッジのドラマーでもあったけど、ニルヴァーナの重さが、本来は単に美しくあるべきリユニオンに影響すると思ったんだ。ブッチの技術は至ってシンプルだった。とにかくデカいサウンドをレコーディングすること。だからデカいリフを弾き、デカい曲を作る。それだけだった。ただ彼はあまりにまったりしていて、落ち着いた人だから、彼が本当に仕事しているのか分からないようなこともあり、自分が仕事しているというのも忘れるくらいだった。彼の強いウィスコンシン州訛りとスタジオでの優しい物腰のせいで、ニルヴァーナからスマッシング・パンプキンズ、グリーン・デイなど、名前を挙げ出したらキリがないけど、彼が最も偉大なロック・アルバムを作った人だということすら簡単に忘れてしまうくらいだった。だけど真剣に自己内省した後、批評家がなんというかは忘れることにして、ブッチに電話すると決めた。「人生は短すぎて、他人の意見を気にして、それに左右されている場合じゃない」と思った。

カレンダーを見て、空いている時間を探そうとしたが、残念ながらどう考えても、フー・ファイターズのセッションが、その前にスケジュールしていたゼム・クルックド・ヴァルチャーズのセッションと重なってしまう。それで、フー・ファイターズを午前11時から午後6時までレコーディングし、そこから走ってヴァルチャーズのスタジオへ向かい、午後7時から真夜中までやれば、両方のレコーディングができる。「楽勝だ！」と思った。「死んだときに眠ればいい！　いつもより多くジャワコーヒーをポットに作っておけばいいだけだ！」。そんなわけで、この気の狂った目的を達成するために、日々挽いていたこの濁って黒いものの摂取量を有害なレベルまで増やした。

ああ、それからもう一人子どもが生まれた。

ハーパー・ウィロー・グロールが、２００９年4月17日に生まれた。彼女は、生まれたその日から叫ぶ赤ちゃんで、本当に完璧で、あまりに可愛かった。俺の愛への認識は彼女が生まれたことで10倍にもなり、またしても父となった誇りを感じた。いつだって命に対して偉大な感謝の気持ちを持っていたけど、新しい赤ちゃんが生まれたら、また始めから全てをこれまで以上に愛するようになった。彼女の美しい顔が見られると思うと、自分の睡眠がどれだけ削られようとも、朝起きるのが本当に楽しみだった。親なら誰でも証言すると思うけど、新生児の奇跡といったら、人生のその他全ての局面をなしにしてしまうくらいで、自分もサバイバルしているのを忘れてしまうくらいだ。子どもたちの人生だけを考えてしまうからだけど、それは、俺の子ども時代に母が実証してくれたことだった。それに二人の美しい娘たちにも恵まれて、心から嬉しかったから、二人と何かできるんだったら何でも走っていったし、日中だって夜だって、スタジオからスタジオへ一日中駆け回る気の狂ったようなスケジュールでも、オリンピックの競技に出るかのごとくコーヒーを飲み続けた。

人生が加速していた。

これだけでは早々に墓（デヴィッド・エリック・グロールはここに永眠します。カフェイン抜きコーヒーに変えるべきでした）に行くにはまだ足りないというのか、当選したばかりのオバマ大統領が軍の家族をもてなすバーベキュー・パーティーを7月4日に行うから、フー・ファイターズにパフォーマンスしてほしいと頼まれた。しかもナショナル・モールのモニュメントを見下ろす、手入れが行き届いたサウスローンで行われることになっていたから、これは絶対に断れない機会だった。

俺はホワイトハウスのフェンスの反対側では数えきれないくらいの独立記念日を過ごしてきた。芝生にブランケットを敷き、見事な花火を見ながら、遠くではビーチ・ボーイズがフェスティバルのステージでパフォーマンスしていたりしていた。そうじゃなかったら、リンカーン記念堂の前で行われたパンク・ロック・コンサートに行って、怒れるティーネイジャーとしてプロテストする権利を、恐らく最も意味があろう日に施行したりした。でも、今回の招待はまた別だ。何しろアメリカ初のアフリカ系アメリカ人大統領から個人的に招待状をもらったわけで、しかも俺たちが自由を祝福し、プロテストし、民主主義的なやり方でリーダーを選挙できる権利を守ってくれている男性と女性を、大統領の裏庭で祝福するためのものなわけだから。これはただのバーベキューではなくて、名誉なことだった。

ああ、それから俺の家は改築をしている最中でもあった。

家族が増えたから、これまで広いと思っていた家がそれほど広くも感じなくなってきた。だから、これまであまりちゃんと使っていなかった部屋を子どもたちが使えるように改築しているところだった（それから……エヘン……俺用のスタジオも作って、後にそこで『ウェイスティング・ライト』をレコーディングすることになる）。バイオレットはそのとき3歳で、ハーパーはたった3ヶ月だったから、彼女たちの居場所を作るのに真剣に再構築しなくちゃいけなくて、工事も大掛かりになった。音もかなりうるさくなる。我が家の駐車場は、ダッジ・トラックのコンベンション会場の入り口みたいになったし、多くの作業員がみんな動力工具を持っていたから、デシベルのレベルがモータヘッド並みの数値に上がってしまい、もうこれを表現する方法は一つしかなかった。つまりファッキング・カオスになっていた。

人生が加速していた。

その何週間かにわたる俺の毎日は、こんな感じだった。夜明けに新生児のために起きて、その後、3歳児の要求に専念し、そうしているうちに丸鋸《まるのこ》とか削岩機が遠くで唸り出す。そこでコーヒーをポットで作る。ポット全部のコーヒーを飲み干すと、フー・ファイターズのスタジオへ急いで向かう。着いたらまたコーヒーをポットで作る。仕事開始。ポットで作ったコーヒーを全部飲む。だけど、そのポットとポットの間に強烈に濃いアイス・ティーを飲み、それを水分補給だと思っていた。そこでまたコーヒーをポットで作る。次のスタジオに移動するまでの飲み物用だ（移動中飲料）。ヴァルチャーズのスタジオに到着して、ポットでまたコーヒーを作る。それから4時間で、ジョン・ポール・ジョーンズを感動させたくて必死にドラムをこれでもかと叩く。その合間にポットをまた全部飲む。その時点で8時間くらいの間に、約4千ミリグラムのカフェインを摂取したことになり、ブルブル震えながら帰途に着く。そこから4時間くらい寝て、睡眠もままならないまま起きて、また一からそれを繰り返す。などなどを繰り返し、吐き気を催す。

人生が加速している。

そのお世辞抜きに積み重なる俺の危機は、今となっては有名なYouTubeのクリップを見てもらえれば一番分かると思う。〝Fresh Pots〟［正式タイトルは〝Dave Grohl in FRESH POTS!〟］と題された2分間の短い映像があるんだが、俺の古くからの友人であり同志のリアム・リンチがまとめてくれた。彼はそもそもヴァルチャーズのレコードを作っているときに、この極秘で行われていた製作過程を収録するためにいたんだが、俺があまりに健康破綻しているのを見て、最高に精神的に異常な瞬間を笑えるもの（そして恥ずかしいもの）にまとめてくれた。でもそれはバンドに見せるだけの目的で作られたものだった。その後、最初のヴァルチャーズのシングルがリリースされることになったとき、その曲をプロモーションするビデオが何もなかったから、マネージャーから代わりに〝Fresh Pots〟のビデオをリリースしてもいいかと訊かれた。かなり屈辱的ではあったけど、バンドのプラスになるんだったら自分が犠牲になり、カフェイン過剰摂取真っ只中で狂ったようになっている男の姿を世界に見せるくらい、なんてことないと思った。「それに誰も見ないだろう」と思ったんだ。それが間違いだった。リリースされた翌日、スーパーのレジに並んでいたら、俺の買った物を袋に詰めてくれている若者が俺を見て、「ああ、ねえ……コーヒー欲しい？」と言った。ファック。これを書いている現在、700万回視聴されている。

最初の痛みが走ったのはホワイトハウスに向かう前日だった。家の廊下にいて、爆弾が落ちてきたかってくらい家が揺れる改築の音で耳が聞くこえなくなるくらいで、物凄くストレスを感じていた。そのとき、胸部をナイフで刺されたかのような痛みが走った。すごく鋭い痛みで、思わず立ち止まり、手を胸に当ててしまったくらいだった。心臓発作になったかと思って怯えたけど、でもヴァルチャーズのレコーディングでドラムを叩いているせいで筋肉がつっているんだと思うようにした。昔、肉離れを起こしたことがあったんだ。だとしても、これはこれまでにないような深いとこから来ている。何回か深呼吸ができるか試してみたけど無駄な努力で、痛みはそのままだった。これはやばいと家中を走りながら、「デカいのが来たぞ!!」とフレッド・サンフォード［米コメディTV番組『サンフォード・アンド・サン』のキャラクター］並みに大騒ぎはしたくなかったので、落ち着いてラップトップを開けて、バカ丸出しで、〝心臓発作の症状〟を調べてみた（今になって分かるのは、その方が見知らぬブロガーが自分で作ったウェブサイトを参考にしながら自己診断するよりは、まだましということ）。俺に全ての症状があるわけじゃなかったが、でも何かシリアスなことが起きているのは間違いなかったので、心臓発作予防措置を調べて、誰にも言わないことにした。それに、何があってもこのホワイトハウスのギグを出席しないなんて断じてあってはいけない。たとえ心臓発作でも実家まで飛行機で行くし、大統領のために演奏しないなんてあり得なかった。

鎮痛剤を2錠ポケットに入れて、誰にも何も言わなかった。

人生が加速している。

ホワイトハウスに到着すると、胸の痛みはDCの蒸し暑い夏の天気による甘い湿気のおかげで和らいだような気がした。それで芝でサウンド・チェックの準備を始め、かつて当たり前に思っていた、フェンスの向こう側にあるモニュメントを見てみた。遠くに見えるワシントン記念塔は、その周りで非常に複雑な踊りが繰り広げられている市の中で、高くそびえ立っていた。ジェファーソン記念館は、毎年再生の春に満開になる桜並木で、より一層美しく見えた。そしてリンカーン記念堂。俺が若きパンク・ロッカーだったときに、そこで開催された独立記念日のコンサートに何度も行った。あれはビーチ・ボーイズではなくて、音楽によるプロテストだった。〝レーガンに反抗するロック〟と名づけらたコンサートは、レーガン政権のときに毎年独立記念日に行われ、遠くからパンクスが集まり、大統領の超保守的な政策に反対するために、自分たちの好きなバンドと団結して大合唱した。俺は政治学専攻ってわけじゃまったくなかったが、みんなと一緒に参加し、自分のやりたい方法で表現し、自由のために闘う支持表明をした。レーガンが任期を終えたら、そのコンサートは〝人種差別に反抗するロック〟と名前が変更されたけど、俺は同様の熱意と意図を持って毎回参加した。つまり、この日にとりわけ思い入れがあったのは、俺が独立記念日にフェンスの向こう側にいたからだけではなくて、オバマ大統領だったからだ。

人生が加速している。

ツアー・スタッフは、俺たちができる限りフォーマルに見えるように頑張ってくれた。例えば、黒いスウェットパンツの代わりに、黒のカーゴショーツにしたり。それからステージを設営している間に、親切なホワイトハウスのセキュリティガードやスタッフや電気工事士などと友達になった。そこで教えられた賢明な助言は、「トイレに行かなくちゃいけなかったら、草むらでしないように。草むらには人がいるから」だった。了解。

曲の簡単なリハーサルを終えて、バラク・オバマと初対面するために、家の中へ連れていかれた。青の間に入ると、そこからバーベキュー場が下に見えて、大統領と大統領夫人に迎えられた。物凄く堅実で、親しみを感じさせる人たちで、とても暖かく出迎えてくれた。この日のセレモニーには全体的にカジュアルな雰囲気が流れていたから、こういう政治的なイベントにありがちな威厳のある緊迫感みたいなものが和らげられていた。だから、すごくリラックスした雰囲気で話したり笑ったりしていて、ほとんど大統領と大統領夫人のミッシェル（正直言って彼女の方が大統領より大統領っぽかった）と同席しているのを忘れそうになるくらいだった。そこで喋ったり写真を撮ったりしているとき、パットの様子がいつもと違うことに気付いた。いつもの無頓着な彼じゃなくて静かだし、それ自体が彼らしくなかった。南芝に戻ったときに理由を教えてくれた。パットはホワイトハウスに来るのが初めてで、彼の曽祖父は元奴隷で、エイブラハム・リンカーンと握手するために列に並んだのが、ここホワイトハウスだったというんだ。

俺たちのホワイトハウス訪問は、これでまたまったく別の意味を持つことになった。

その夜、頭上に上がる花火を見ながら、バルコニーに立つ大統領一家を見上げると、感動で胸がいっぱいになった。ここで歴史が作られた。花火に照らされた妻と子どもたちと母が空を見上げているのを見て、ノスタルジアだけではなく、この瞬間を家族と分かち合えることを誇りに思ったし、光栄だと思った。そしてパットを思い、俺が最も信頼する忠実な友達への愛をいっぱいに感じた。俺たちみんなでフェンスのこちら側に辿り着いたんだ。

人生が加速している。

ロサンゼルスに戻ると、すぐ医者に電話した。「胸が痛いんだ」と言うと、「今痛いですか⁇」と、いつもより心配した調子で訊かれた（それだけで十分心配になった）。「えええええ……たぶん」と答えた。「すぐ車に乗って病院に来てください」と言われた。それですぐ家を出て、モーセのごとく交通渋滞を割りながら病院に駆け込み、診察台に横になり、指で押されたり突かれたり、またビンテージのシンセサイザーみたいに線とつながれたりした。そこで心電図から出てきた床いっぱいに広がる紙の結果を見て、「むうううう……ここに異常は出てない……それではルームランナーをやってもらって、超音波をやろう……」。それで別の階に連れていかれ、今度は小さい電気のパッチをつけられて、『600万ドルの男』［米TVシリーズ］みたいにジョギングしろと言われた。診察台に戻ると、今度は体中にジェルを塗られ、心臓の動悸を超音波ワンドを通じて見た。「むううう……ここにも何も出てないな……」。それではシダーズに行ってもらってCTスキャンをしよう……」。検査につぐ検査で、『エクソシスト』に出てくる少女みたいな気持ちになった。どこまでやったら単に悪魔に取り憑かれただけだ、と分かるんだろう。神父が必要なだけかもしれない？

シダーズの医者に診てもらっても、深刻な危険の兆候が見つからなかったので、もう少しのんびりしないさいと言われた。自分でどれだけ不滅だと思っていても、俺はスーパーマンではないし、自分の愛する人たちの面倒を見るためには、自分の面倒をみなくちゃいけない。人生の情熱がありすぎて、時に自分を頑張らせすぎてしまうことがあるのかもしれない。だけど、もう少し長生きしたかったら、自分の命の限界にもう少し気を付けないといけない。医者が処方してくれたもの？「ドラムを叩くのは1週間に3日だけ、寝る前にワインを1杯飲むこと。コーヒーを一時的にやめること」だった。

この3つのうち二つは悪くなかった。でも、カフェイン抜きのコーヒーを淹れるようにした。

そして人生はいまだ加速している。

AC／DCとスウィング・ダンス

SWING DANCING WITH AC/DC

「AC／DCを夕食に呼んでもいい？」

妻のジョーディンから来たこのテキスト・メッセージは、永遠に最もシュールリアルで、バカげてて、俺の生涯でも最も痛々しいくらいに当たり前の答えが出る質問だった。AC／DCと夕食だって？　あのマジで影を歩いているようなバンドで、公の場に姿を表したことがない人たちで、彼らを観られるのは巨大な爆発する大砲と、いくつもに積み重ねられた巨大なアンプで装飾された巨大なステージだけなのに？　拳を上げ、ヘッドバンギングし、足を踏み鳴らすバッド・ボーイ・ブギーを体現してみせたバンドであり、無法者のニンマリした笑いと悪魔のようなウィンクを40年以上も耳をつんざくようにやり続けてきたバンドだぜ？しかも言うまでもなく、20億枚ものアルバムを売り上げたばかりか、何世代にもわたる若きロッカーたちの、3コードと破れたジーンズに影響を与えたんだぜ？

もちろん俺もそのうちの一人だ。

AC／DCが、過剰に美化されたポップ・ミュージックの世界とはかけ離れた、記念碑的なコンサート映画『AC/DC: Let There Be Rock −ロック魂−』を発売したのは1980年のことだった。すぐに全米中のいけてる映画館で週末の午前零時に上映されるようになった（それは俺の年代の人たちなら忘れもしないストーナーの通過儀式みたいなもので、その他には、『ロッキー・ホラー・ショー』『ピンク・フロイド ザ・ウォール』『ヘビー・メタル』が俺のお気に入りだった）。そのライブ・パフォーマンスは、オリジナルのリード・シンガーのボン・スコットが亡くなる数ヶ月前にパリで収録されたものであり、世界で最も気骨があり、グループがあり、言い訳なしのハード・ロック・バンドが汗とデニムと高電圧のロックンロールを思う存分大量投与する大傑作映画だった。

ロックを目指す生徒であれば、何はさておき、いかにロックをぶちかませばいいのかが分かる、最高級のお手本だった。

俺は11歳の時点ですでにAC／DCは知っていたし、『悪事と地獄』と『地獄のハイウェイ』は俺の増え続けるレコード・コレクションの中でも、最も大事にしていたレコードだったから、この映画は絶対に観なくちゃいけなかった。『ワシントン・ポスト』紙によると、映画はワシントンDCでも歴史あるアップタウン・シアターで〝ウォール・オブ・サウンド〟コンサート・シリーズの一環として上映されると書かれていた。当時の親友だったラリー・ヒンケルと夜通し遊ぶ計画をして、貧乏人のポルシェと言われている赤ワイン色のダットサン280ZXで、ラリーのお父さんがダウンタンまで連れていってくれた。

ラリーと俺をチケット売り場の前で降ろしてもらったとき、きっとデニムとレザーを着た不良少年たちが溢れているんだろうと思って緊張したが、中に入ってみたら、AC／DCのハードコアなファンは数人しかいなかった。空席がいくつもあって、みんなバラバラに小さいグループになって座り、映画が始まるのを待っていた。みんな小さなジョイントと手作りのパイプに、気付かれないようにライターで火をつけようとしていたけど、誰も隠せていなかった。俺たちはその中で、ランチ・ルームで友達と馴染めなくて息苦しい思いをしている変な子どもたちみたいだったが、どこに座ろうかと考えていた。劇場はガラガラだったけど、会場を漂う甘い香りのウィードの煙を吸ってハイになりたくはなかった。それが〝ウォール・オブ・サウンド〟コンサート・シリーズだったから、前にあるサウンド・システムの近くに座りたかったけど、でも巨大スクリーンの真ん前で細い首を伸ばしてみるのも嫌だったから、後ろの方に座ることにした。そうして良かった。知らなかったんだけど、なんと幕の後ろにコンサート用のPAが隠れて置いてあって、劇場の電気が消えると、すぐにこれはありきたりな『スター・ウォーズ』のマチネの上映とは全然違うことが分かった。

映画のオープニングは、不良っぽくて、がたいが良い、髪が長くて、フーリガンみたいなツアー・スタッフの登場に始まり、まるで現代のパイレーツが大虐殺に向けて次の街に行くために、急いでトラックに詰込もうと、ロックンロールのステージを解体しているように見えた。こんなの観たこともなかったし、考えたこともないような光景だった。

コンサートの最後の音が鳴り止んだ後、観客がみんな家に帰り心地良い暖かいベッドに入る頃、この恐いもの知らずたちが、ここぞと仕事を開始する。何マイルも続くようなケーブルを巻き、何トンもの機材を片づけ、散乱したビールのカップやタバコの吸い殻を通り抜けて、使い込んだツアー用のケースに積み込み、ちょうど棺桶と同じくらいの大きさの寝棚でぶっ倒れる。そして翌朝、またそれを設置する時間が来るまでなんとか眠る。これが、ラリーと俺がこれから目撃するのがどんなものになるのか期待させる、完璧な前提になった。部屋の壁に飾ってあるポスターで見てきた伝説的で魅力的なロック・スターとは違うとすぐに分かった。つまり、これは本物だってことだった。これを観た瞬間、これまで最も色鮮やかに見えていたロックンロールの人生というものが、色褪せ破れたTシャツと血のついた拳の関節へといきなり変わった。

トラックが高速をぶっ飛ばし、エアホーンを鳴らした瞬間に、この劇場のPAシステムで耳に〝衝撃〟が走った。マジで耳が聞こえなくなるくらいの、クソデカい音だった。しかもまだ音楽は鳴ってもいない。それは、自分が地球に誕生してから11年という短い期間に聴いた中で、間違いなく最もデカい音だった。まだロック・コンサートには行ったことがなかったから、究極の音がもたらすパワーを知らなかったし、まさか音の地震みたいな強度で肋骨が揺れることになるとは思ってもみなかった。言うまでもないが、それが最高に好きだった。物凄く。バンドが最初の曲〈ライブ・ワイアー〉でステージに登場した頃には、すでに耳鳴りがしていたけど、身を乗り出して観ていた。

この劇場をズタズタに破壊したい。

体中にアドレナリンが駆け巡り、それは70年代後半にテレビ・シリーズで見た、ブルース・バナーがハルクに変身するその瞬間みたいとしか表現しようがない体験だった。凄まじい音楽の強烈さにただただ圧倒され、力を得て、自分を抑えきれないくらいになった。もし俺のこの痩せこけた腕に力があったなら、椅子を劇場からひっぺがして、通路に叩きつけたと思うけど、スニーカーを履いた足を揺らしながらそこに座ったままだった。ＡＣ／ＤＣは、いつだって彼らがそれを得意としていたように、自分たちの何もかも観客に捧げていた。

ドラマーのプレイがあまりに強烈で、数曲やっただけでスネアを取り替えていた。そして、マジか？、ギタリストのアンガス・ヤングは汗でびしょびしょになりながら、曲と曲の間には、舞台袖で酸素マスクをしていた。13曲演奏する間に、ステージの端から端まで駆け回り、マラソンを少なくとも３回はしたと思う。彼の体はそんな危機には耐えらないように見えるのに。マジかよ、彼は超人だ。ただそこに立って中世の吟遊詩人みたいに楽器をいじくっているようなバンドはお呼びじゃない。彼らは、この日がまるで地球最後の日かのごとく立ち向かっている。最後のクレジットが流れ出したときには、俺はもう違う少年になっていた。

バンドをやることになったら、こんなふうにやってやる、と思った。

ジョーディンからのテキスト・メッセージには、大文字で「当たりめえだ」と返事した。そして、ロックのぶちかまし方を教えてくれたバンドにとうとう会える機会に恵まれたなんて信じられない、と自分をつねってみた。スクリームかニルヴァーナか、フー・ファイターズのライブを観たことがある人なら、あのエネルギーがどこからやって来たのか、これで分かったと思う。それはＡＣ／ＤＣの『AC/DC: Let There Be Rock－ロック魂－』のおかげなんだ。

彼らは２０１５年に、毎年恒例の第57回グラミー賞で、新曲〈ロック・オア・バスト〉のパフォーマンスをするために街に来ていた。俺はその晩、パフォーマンスをする予定はなくて、賞を授与するだけだった。だけど長年のＡＣ／ＤＣファンだから、その他の退屈なポップ・パフォーマンスやバカげたベガスのようなセットよりも、断然ＡＣ／ＤＣを観るのを楽しみにしていた。この受賞式にはオーストラリア人による本物の強烈なロックンロールの噴射が必要だった。俺は、35年前にアップタウン・シアターをズタズタに破壊したいと思った、あの同じアドレナリンが放出された状態で、圧倒されながら、会場に座っていた（ただし今回は、ケイティ・ペリーとトニー・ベネットに肩がつくくらいの距離で隣り合わせに座っていたから、自分はホームメイドのパイプの先でチカチカ光るライターを隠しながらつけている気分になっていた）。

頼りにしているフー・ファイターズが同席せず、自分一人だとどうなるか分かっていたので、テイラーとパットに電話して、ショーが終わったら妻たちとディナーしようと彼らを招待した。そのため、アフター・パーティーは欠席することにした。たいていは自撮りをしまくり、業界の雑談をするだけなんだ。それで、ショーの後の騒ぎから離れた場所で夕食を食べ、酒を飲むことにした。会場から数ブロックのところにあった、フェイス・アンド・フラワーというレストランを予約した。そこで、ポール・マッカートニーも街に来ていたから、ショーの後は何をするのか訊かれ、喜んで奥さんのナンシーと一緒に俺たちの拡大しつつあるテーブルにもう二つ席を用意することにして招待した。経験上は、ポールと過ごせる夜はどんな夜だって良い夜だった。その時点でこの夜は最高の夜になると決まっていた。それで、どうやらポールがＡＣ／ＤＣのみんなとホテルでばったり会ったみたいで、ショーが終わったら何をするのか訊かれたのだそう。それで彼が俺たちと夕食を食べることになっていると言ったら、あの人生でも最もシュールリアルなテキスト・メッセージが届いたというわけだ。

ここで一時停止。振り返り。

こんな別世界みたいな恵みを受けられて、ありがとうと宇宙に感謝しない日はないし、これが

当たり前だと思ったこともない。こんな白昼夢みたいなことを〝普通〟だなんて思ったことはない。いつだって自分の目の前で起きている誰かの幻想を見下ろしているように思える。でも、それが起きているのは俺なんだ。だから、その瞬間を生きようとするし、もしかしたら自分は今生きている人間全員の中で、世界一幸運な男かもしれないと思うようにしているし、次に息をした瞬間に、また次の冒険に旅立てるかもしれないと思っている。

そのショーの数日前に、テキスト・メッセージが来た。ニューオーリンズの伝説のプリザベーション・ホール・ジャズ・バンドのベン・ジャフィで、彼もグラミー賞で街に来ているから、パーティーがないか探しているということだ。信じてほしいんだが、ニューオーリンズの出身者ほどパーティーをする人たちもいないし、プリザベーション・ホール・ジャズ・バンド以上にニューオーリンズっぽい人たちもいない。1960年代にベンの父親であるアランが創設して、あの偉大な街のサウンドと精神と喜びを体現しながら、ニューオーリンズの伝統的ジャズを継承し続けている。ひと晩に3回公演を1年365日、60年以上続けている。だから彼らが一旦楽器から手を離したら（ほとんどないけど）、いつだってパーティーが大盛り上がりだ。2014年にドキュメンタリー・シリーズの『ソニック・ハイウェイズ』を撮影しているときに、フー・ファイターズはなんと光栄なことに、プリザベーション・ホールで1週間撮影させてもらった。1803年から続いている小屋だ。みんなすぐ友達になり、週の終わりまでには、ニューオーリンズはアメリカの宝だと決め、ヨーロッパ、カリビアン、ケイジャンの歴史が深く交わってできた、この豊な文化を保存しなくちゃいけないとみんなで思った。世界中のどこにも、このニューオーリンズが提供するような純粋な魔法で満たされた場所はないから。間違いなくニューオーリンズは世界で俺が一番好きな街だ。

「よう……俺たちはポール・マッカートニーとAC／DCと夕食を食べることになっているんだ！」とベンは大声で言った。「来たい？」。ベンがこんな最高の人たちに会える巨大な機会を喜んでくれるのは分かっていた。「みんなも連れていってていいかな?」と訊かれた。そこで一旦考えて計算しないといけない。プリザベーション・ホール・ジャズ・バンドには、全部で7人のミュージシャンがいる。つまりそれって、現実的には少なくとも、あと10人は増えるということ。もちろん、みんなに来てほしいと思っているけど、10人分のテーブルを予約する予定だったのが、これだとレストランを貸し切る勢いだ。だからはっきりとは返事しないで、あと10人増やしたらレストランに断られるかもしれないと思いながら、「ちょっと待ってて」と言った。だけど、そこでベンが話をつけた。

「みんなでセカンドラインで行進しながら、道からレストランに入っていくというのはどうかな? そしてテーブルに直行するよ。そこでパフォーマンスをするけど?」

　そんな寛大な申し出を断る理由はどこにもなかった。セカンドライン・パレードを知らない人のために説明すると、それは真のニューオーリンズのアート・フォームであり、19世紀まで遡る伝統的なもの

だ。お葬式の行列の後ろにブラス・バンドがついて街を行進し、亡くなった愛する人の命を祝福するものだった。今日は、よりカジュアルな形のパレードが、ニューオーリンズ中で、どんな場面でも見られるようになった。だから、シンコペーションでファンクなジャズ・スウィングが聴こえてきたら、酒を持って、パレードに参加した方がいい。どこに向かっているのか分からなくても。

ベンには「何が何でも、それをできるようにするから」と伝え、名誉あるゲストたちには絶対に秘密にして、驚かせて彼らが絶対に忘れられないような夜にしようと言った（また言うまでもないが、レストランの客が高級料理を前に囁き合っているところに、いきなりニューオーリンズの最も愛されるバンドが喚《わめ》くようなホーンや、シンバルのぶつかり合う音、チューバの雷のような音を演奏しながら入ってきたら、間違いなく仰天されるはずだ）。

俺たちの静かな小さいテーブルは、今ではレストランの後ろのプライベート・ルームへと移動され、増え続けるゲストが余裕で入り、酔ってきたら祝祭の夜にパートナーの手を取り、スウィングできるくらいの大きさになっていた。

部屋にバンドが行進してきたら、みんながどんな顔になるのか見るのが楽しみで待ちきれなかった。俺がニューオーリンズで初めてセカンドラインに参加したときと同じように、みんなが感動してくれたらいいなあと思った。コミュニティや愛を感じたから。それをさまざまな人たちと分かち合い、リズムと喜びを持って参加して、音楽の導いてくれるところに、どこまでもついていく。初めてニューオーリンズの道を踊りながら歩いたとき、見知らぬ人と一緒に笑顔になってビートに合わせてスキップした。遠くの車のてっぺんには見たことのあるベン・ジャフィが立っていた。俺たちはその少し前に知り合ったばかりだったけど、彼は大喜びで、物凄く暖かいハグをしてくれた。それでクーラーにビールとミニバー・サイズのワインを入れて売っている人から午後の旅用にと酒を買ってくれた。午前11時に飲むサター・ホーム・ロゼがあんなに美味しかったこともなくて、彼はすぐに俺の生涯のブラザーになった。

グラミー賞が終わったら、ジョーディンと俺は混雑する前に急いでレストランに向かい、最高の夜の始まりに備えた。秘密はバレていなかったが、ポールがどういうわけか知っていた。なぜなら、まあ、ポールは何もかも知っていて、何もかも見てきたからだと思う。全知全能のポール・マッカートニー。実はポールはポールでプリザベーション・ホールとの歴史があり、それはウイングス時代に遡る。地元のヒーローであるアラン・トゥーサンのスタジオでレコーディングしたときに、プリザベーション・ホールによく行っていたそうだ。「しばらくの間は常連だったんだ」とベンが言った。

興奮で胸がいっぱいになりながらも、携帯を近くに置いて、みんなを驚かせる準備ができたらバンドに連絡しようと待機していた。

俺が最も愛する人たちで部屋が埋まり始め、母、友達、ポール……そして、いた……生きたＡＣ／ＤＣがいた。

公平に言うならば、シンガーのブライアン・ジョンソンは昔一度会ったことがあった。一瞬だったけど、スペイン、バレンシアのホテルのバーで、１９９６年にやっていたフー・ファイターズのツアーのオフ日に。長い間に車で移動した後、ホテルに着いてバスから飛び降りたら、デニム姿のサインを待つファンが、写真や雑誌をたくさん持ってホテルの前に立っていた。バンドがツアーをしているときはよくあることだけど、近づいてみると、彼らは頭から爪の先までＡＣ／ＤＣ一色で埋め尽くされていて、しかも俺たちが誰なのかまったく知らなかった。「ＡＣ／ＤＣの大ファンなんだね！」と冗談を言いながら歩いていたら、強いスペイン語訛りで、ＡＣ／ＤＣが俺たちと同じホテルに泊まっていて、地元のラス・ベンタス闘牛場で今晩ライブをすると教えてくれた。それは偶然にも滅多にないオフの日でもあったから、あまりにも嬉しかった。急いで部屋に戻り、ツアー・マネージャーに電話して、絶対にみんながショーに行けるようにチケットを取ってほしいとお願いした。それは俺がＡＣ／ＤＣのコンサートを観る初体験となった。いくつか電話をしてくれて、みんなで行けるパスがもらえた。みんなに連絡して、ギグに向かう前にホテルのバーでライブ前にカクテルを飲む計画となった。

ホテルのバーで酒をガブガブ飲んでいたら、黒のジーンズに、黒のTシャツに、フラットキャップの男性がさりげなくその上品なバーにやって来て、自分でドリンクをオーダーし、一人でバー・スツールに座っていた。驚いてみんな話すのを止めてしまった。なぜならその人こそ、他ならぬ正真正銘のブライアン・ジョンソンだったからだ。ＡＣ／ＤＣの最も愛されたアルバム『バック・イン・ブラック』で、〈死ぬまで飲もうぜ〉を歌った超本人だ。バーテンダーが彼にグラスを差し出すと、ブライアンは俺たちの方を向いて、ウインクして、笑顔でグラスを掲げ、シンプルな乾杯をして、「若者へ！」とだけ言った。もちろん俺たちも、なんて詩的で美しい瞬間なんだろうと思いながら、すぐに彼にグラスを掲げた。絶対に俺たちをツアー・スタッフと間違えたんだと思う。でも、そんなことはどうだって良かった。至福だった。

その晩、俺はとうとうＡＣ／ＤＣを観ることができた。あのオタク的にロックンロールを崇拝していた11歳の俺が大好きだったバンドを。彼らがステージで観せたエネルギー量は想像通りだった。アンガス・ヤングは全速力で巨大なステージを端から端まで走り回り、パイロも爆発する大砲もあった。その大掛かりなショーで満員の観客が全歌詞を大声で大合唱するばかりか、ギターのパートまで歌った。しかも飛び跳ねまくるので、全曲でリズムに合わせて飛び跳ね続ける人間の波ができて、それはもう超絶的な体験となった。

俺たちが寄せ集めで作ったこのグラミー賞のパーティーが終わり、凄まじい影響力を持った偉大な人たちを見られたら、俺は幸せな男として死ねると思った。それに、これから始まることを思うと感慨深くもなった。ここに集まるアイコンたちが長年俺に与えてくれたインスピレーションのお返しをするなんて到底できない。でも、ここで彼らに笑ってもらえたり、踊ってもらえたり、音楽の喜びを感じてもらえたりしたら

──彼らが俺の人生においてずっとそうしてくれたように──俺は借りを少しだけ返せたと思える。

俺たちの部屋が、祝福ムードでどんどん賑やかになった頃に、携帯を見たら、ベンからのテキスト・メッセージが届いていた。「バンでレストランから1ブロックのところまで来ている。着替えて出る準備もできてる！」。今だ。「入って来て！」。震える手で返事をした。窓のそばに行き、道を見て、彼らがトレードマークの黒いスーツを着て、レストランに踊りながら歩いてくるのを待った。すぐに聴き覚えのあるニューオーリンズのスウィングが、遠くからかすかに聴こえてきた。そして彼らが角を曲がって間もなく入り口に向かって歩いてくるのが見えたときに腕の毛が逆立っていた。

間もなくレストランはブラスの轟くような音でいっぱいになり、驚く顧客の間を彼らが通り抜けてきた。俺たちの小さなグループの会話も停止して、みんな他の部屋で一体何が起きているのか知ろうとした。そしてそのとき……彼らがやって来た。セカンドラインのフォーメーションで並び、俺たちのパーティーにプリザベーション・ホール・ジャズ・バンドが爆音で入って来たんだ。部屋の真ん中に来て、振動する鼓膜の真前で、猛烈な情熱でホーンを吹いていたので、ゲストは戸惑いの表情でそれを囲んだ。だけど最初の驚きが落ち着くと、その小さな部屋がボールルームと化し、みんなお酒を置いて、パートナーの手を取り、部屋中をスウィング・ダンスし始めた。ブライアン・ジョンソンは俺に向かって、巨大な笑顔を浮かべて叫んだ。

「心からファッキング・ハッピーだ‼」

俺の役目は無事終わった。

その晩は、音楽と酒と喜びがいつまでも続いた。それはある意味、ポールとベンの再会の場でもあり、ポールが何年も前にニューオーリンズにいた時代や、ベンの亡くなった父との友情の思い出話をしたりしていた。それはベンにとっては、明らかに物凄く意味のあることだった。ある時点で、ポールがトランペットを手にして〈聖者の行進〉を吹き始め、当然バンドも一緒に演奏を始めた。ポールはベンに「僕が最初に演奏した楽器はトランペットだったんだ！　だけどその後、母がギターを買ってくれて……その後の物語はどうなったか知ってるよね……」

もちろん、みんな間違いなく知っていますとも。

それは明け方まで続き、終わらなければいいのにと思ったけど、レストランの電気がついて現実に戻る時間が来た。それは、こんな魔法のような夜を過ごした後では、はるか彼方に思える場所だ。**俺は疲弊していた。肉体的にではなくて、俺の魂が今、感情とノスタルジアと音楽への不滅の愛のトライアスロンを走ったみたいなものだったから。**

俺の音楽への信念を言葉にするのは難しい。俺にとって音楽は神だ。その神聖なる神秘に永遠に無条件の信頼を持ち続けるだろう。そしてこういう瞬間こそ、その信念が強固になる。

だからパレードが道をやって来るのが聴こえて、喜びと愛を全ての音符に乗せて広めていたら、ただ聴いてるだけじゃなくて、行進に参加してほしい。それが君をどこに導いてくれるのか絶対に分からないから。

またしても、インスパイアされる

INSPIRED, YET AGAIN

「すいません、デイヴ・グロールさんですか？」

ＬＡＸの出発ターミナルの外の歩道で、シアトル行きのフライトに飛び乗るのを待っているときに訊かれ、タバコをゆっくりと吐いてうなずいた。「そうだよ」。その若者は笑顔になって言った。「インタビューで、あなたが本当に会いたい人はリトル・リチャードだけだって言っているのを読んだのですが、本当ですか？」

「間違いないね」と答えた。「彼こそが生みの親だからさ」

「実は、彼は僕の父なんです」と彼が言った。

跳び下がり、即座にタバコを地面に投げ捨て、物凄い力で思い切りその若者と握手した。ロックンロールの偉大なるパイオニアの息子さんと会えただけで光栄だし、感動した。

「父に会いたいですか？　すぐそこの車の中にいます……」

言葉が出なかった。これこそ俺が長年待っていた瞬間だった。この神の緑の地球上に存在するこれまで会った人と、これから会うであろう人の中で、リトル・リチャードよりも大事な人なんていなかったから。リトル・リチャードがいなかったらロックンロールはなかったわけで、ロックンロールがなかったら俺もいなかった。

そこから数歩だけ歩いたところに、リムジンが道沿いの俺たちの真横に停められていて、スモークが貼られた窓をその若者が叩くと、数インチだけ窓が開いた。若者は、窓に近づいて窓の向こう側にいる人に囁いた。すると突然、窓が全部降り始めた……そして、そこに爛漫の彼がいるではないか！　あの髪、あの笑顔、あのアイライナー……そして、あの叫ぶような声。「やあデヴィッド、神のご加護があらんことを！　会えて嬉しいよ！」。俺は完璧に言葉を失い、何も言えないバカみたいに、そこに突っ立っていた。そこで彼が、俺はミュージシャンなのか、バンドの名前は、どこの出身なのかを訊きながら、ハガキ大の彼の白黒の写真に、「デヴィッドへ。神がついています」とサインしてくれた。握手して、窓が上がって、そして俺の人生の目的は達成した。

俺にとって、こういう瞬間がどれだけ重要なのか語り尽くせない。俺は美術館に来た小さい子どもみたいに、子どもの頃から勉強してきた展覧会に囲まれながら、ミュージシャンの狂った人生を歩いてきた。だから、その過程で俺をインスパイアしてくれた人に実際会えたときは感謝しかない。ありがたい気持ちでいっぱいになるし、それを当たり前だとはまるで思えない。音楽が世界人類みんなで共有できると強く信じているし、それが俺のやっていることの中でも、一番の報酬だと思っているんだ。だから、これまで平面でしか見てなかった画像が、生きて、息する、三次元の人間になったら、どんなに大事にされてきたヒーローですら生身の人間だと分かって安心できるし、魂が満たされる。俺は、人間は人間にインスパイアされるものだと信じてる。だから、ファンが話しかけてきたら、何かしらのつながりを持ちたいと思うんだ。だって、俺もファンだから。

7歳のとき、年上のストーナーのいとこが、毎年休暇で行ってるシカゴで、バージニアに持って帰りなよ、と彼が持ってたラッシュの傑作『西暦2112年』をくれた。その当時、俺はビートルズとキッスのレコードしか聴いてなかったから、ラッシュのプログ・ロックの演奏能力と熟達は、俺の未開拓な耳にはまったく新しい世界で、思い切り惹きつけられた。でも、そのアルバムで俺が一番感動したのはドラムだったたんだ。ドラムを曲の中心として聴いたのはそれが初めてで、ドラムが歌詞やメロディやボーカルやギターと同等だった。もちろん俺にはニール・パートみたいな演奏はできなかったけど、だけどそれを〝感じる〟ことはできた。

それから何十年も経って、テイラー・ホーキンスと俺は、ラッシュがロックの殿堂入りするにあたりスピーチをすることと、『西暦2112年』の1曲目に収録されたインスト曲〈序曲〉〔組曲〈2112〉の第1楽章〕のパフォーマンスをしてほしいと頼まれた（簡単な課題じゃなかった）。ベーシストのゲディ・リーとギタリストのアレックス・ライフソンには、その何年かの間に会ったことがあって、二人ともすごく落ち着いた人だし、とんでもなく面白かった。だけど、中心人物のニール・パートには会ったことがなかった。ニールは少し捉えどころのない人だったけど、彼は（ロックに限らず）史上最高のドラマーの一人であるわけだから、それも理解できる。

テイラーと俺が式前日のリハーサルに行ったら、ゲディとアレックスが迎えてくれた。が、ニールはどこにもいなかった。だけど次の瞬間、彼が現れて深いバリトンの声で自己紹介した。「ハイ、デイヴ。ニールだ」。そのとき俺が考えていたのは、「彼が俺の名前を言った」。彼が俺の名前を言った。俺は緊張して挨拶をしたら、彼が「コーヒー飲む？」と言ったので、「もちろんです！」と答えた。それで食事用のテーブルに行き、彼が、なんとニール・パートが、あのラッシュのドラマーが、俺が7歳のときにドラムをまったく新しい方法で聴かせてくれたあの人が、俺がドラマーになりたいとインスパイアしてくれた張本人が、俺にコーヒーを入れてくれたばかりか、笑顔で渡してくれた。

またしても、インスパイアされた。

音楽的な場所や場面で自分のアイドルに出会うというのは一つあるけど、脚光を浴びてない、普通の場所で、動物が野生にいるみたいな状態で彼らを見るというのは、また全然別のものだ。あるとき、俺がバイオレットを乳母車に乗せて、混雑したロンドンの道を妻と仲の良い友達のデイヴ・コーズと歩いていた。そこにエルトン・ジョンがブティックから出てきて、俺たちの目の前を通り、待っていた車に飛び乗った。みんな思わず立ち止まり、お互いに「マジかよ！　今の見た？！？！」と言い合うほど衝撃の事態だった。エルトン〝ファッキング〟ジョンだよ、と。彼が、俺たちのいたところからわずか1フィートってところに停まっていた車に座ってるなんて、と思うと完全にミーハー気分になった。「行って挨拶してきなよ、デイヴ！」と友達が言って、俺を軽く押したけど、俺は笑って、「エルトン・ジョンとは知り合いじゃないし！　それに彼は俺のこと絶対に知らないよ」と言った。車は発車して行ってしまったけど、20メートルくらい進んだところで止まり、ドアが開いた。エルトン・ジョンが飛び降りて、俺たちの方に歩いてきた。俺たちは固まったまま、同じ場所にいた。彼が俺の方に来て、歯をいっぱいに見せた笑顔で、「こんにちは、デイヴ。初めまして」と言った。彼の口があまりに大きく開いて笑顔になったので、俺の笑顔が顔から落ちてしまいそうだった。彼にジョーディンとデイヴ（・コーズ）を紹介すると、彼は屈んでバイオレットにキスをして、走って戻っていった。**まさしくこれぞお手本だ**と思った（そう、それから彼の巨大なサファイアの指輪は、彼の靴と完璧に色がマッチしていた）。

　それから何年も経ってから、クイーンズ・オブ・ザ・ストーン・エイジのアルバム『ライク・クロックワーク』にエルトンが参加し、彼の参加曲でドラムを叩く機会があった。その曲〈フェアウェザー・フレンズ〉は、猛烈なスピードで、普通とは言えないいくつものパートからなるアレンジの曲だったから、彼が到着する前に入念にリハーサルした。というのもクイーンズは、フルバンドでのライブをテープにレコーディングしていたから、つまり自分のやるべきことをしっかりとやって終わらせなくちゃいけないってこと。そこにエルトンが到着。エンゲルベルト・フンパーディンクのセッションから直行したんだ（マジで）。それで、「オーケー、みんな、えっと？……バラードを歌ってほしいのかな？」と言ったから、みんなで笑い、「違うんです……こちらに来て、聴いてください」と言った。たった今到着して、いきなりこんなに複雑な曲を覚えなちゃいけないのは、誰であっても無理なお願いだ。でも、エルトンはピアノの前に座り、懸命にその曲を練習して、できるまでやり続けた。何回も何回も。彼がいかに完璧主義者なのか、彼がなぜロックンロールのクイーン・ビッチなのかを、そのとき見せてくれた。

またしても、インスパイアされた。

何の保証もないようなときこそ、志しを最も高く持つべきなんだ。とりわけ俺みたいな冒険心がある人の場合は、そういう瞬間をいつだって見つけられるし、たいていは最も期待していないような場所で起きるものだ。ある晩、大阪でマネージャーのガスに、ヒューイ・ルイスが俺たちのギグを観にくると言われた。「ヒューイ・ルイス!!!」。パットが大声を出した。あんなに大喜びしている彼の姿は、これまで見たことがなかった。しかもパットが、ヒューイ・ルイス&ザ・ニュースの『スポーツ』こそ、史上最高に好きなアルバムの1枚だと教えてくれて、それにもまた世界をひっくり返された（マライア・キャリーの『バタフライ』と並ぶそう）。それは、彼こそ地球上で最もパンクなマザーファッカーだと思っていた俺のイメージを完全に破壊してくれた。テイラーがそこで、ヒューイが実はシン・リジィのアルバム『ライブ・アンド・デンジャラス』で、ハーモニカを吹いていると教えてくれた。そんなことまったく知らなかったけど、なんとなく納得できる。

ヒューイが現れて、間もなくバックステージはいつも通り、ショーの前の恒例のビールとウィスキーで賑やかになった。信じてほしいんだが、ヒューイは一緒にいて最も楽しい人だった。一緒に酒を飲み、タバコを吸って、笑って、フィル・ライノットとシン・リジィ（マジで最高のバンド）と、どういうつながりなのかも訊けた。彼はあのレコードのハーモニカ・ソロにまつわる物語から、彼がシン・リジィをいかに愛しているのかも教えてくれた。

そのとき、アイディアが浮かんだ。ヒューイが飛び入り参加して、ハーモニカ・ソロを俺たちと一緒にやってくれるというのはどうだろう???　ポケットに入っているかチェックしてくれたが、残念ながら携帯はしてはいなかった。でも、こう言った。「もし時間までに見つけてくれたら、やるよ!」。時計を見たら、あと20分でライブ開始時間だ。それでガスに、何がなんでも探してきてほしいとお願いして、もう1ショット、ヒューイと飲み、ステージに出た。7曲目まで来たとき、向こうを見るとヒューイが笑ってハーモニカを振っていた。それで、彼が日曜の夜に日本のおもちゃ屋さんで見つけたプラスチックのハーモニカを持って、俺の隣に飛び出してきて、ソロを吹き始めたんだ。それが、ブルース・トラベラーの人ですら弾帯を投げ捨てて、お母さんところに走って逃げるというくらいだった。完全にぶっ飛んだ。彼は、A級の100%超カッコいいマザーファッカーだった。今後一切『スポーツ』の有効性について疑問視したりしない。恥を知れ、俺。一晩限り、俺たちは、〝ヒューイ・ルイス・アンド・ザ・フーズ〟になり、自分でもそれが好きだった。

また予想外の展開も、すでに曲がりくねった道で待っていた。

ステージの袖に誰が現れるのかはまったく分からないものだが、でも、そういうときこそ、鉄は熱いうちに打て、である。

何年か前に、BBCにカバー曲をレコーディングするように頼まれたことがあった。俺たちが好きで何度もカバーするような曲でありつつ、たくさんある曲の中から、まさかフー・ファイターズがカバーしないだろう（しようとすらしないだろう）という曲を選んでほしいと言われた。そのとき俺たちはツアー中だったけど、家に戻ったらすぐレコーディングするように言われたので、数日中に曲を選び、準備を整えておかないといけない。東京サマーソニック・ミュージック・フェスティバルのバックステージにあった小さいウォームアップ・ルームで、テイラーと俺でいくつかアイディアを出して試してみた。

そのとき、リック・アストリーも同じフェスに出演しているのに気付いて、「おい、ＢＢＣのやつは、〈ギヴ・ユー・アップ〉がいいと思う！」と言った。それでジャムしてみたら、すぐにコード進行とアレンジが異様なほど〈スメルズ・ライク・ティーン・スピリット〉に似ていることが分かった。パットと、クリス、キーボードのレミ、ネイトも参加すると、すぐに、その２曲がまるで地獄のマッシュアップかのようになり、ほとんど見分けもつかなくなった。あまりに笑えて、バカバカしかったから、何度も何度も何度もやってみた。ガスが来て、ショーの時間だと言われるまでやり続けた。

巨大なスタジアムのステージで、いつもみたいに熱狂的で強烈なライブをかましていた。最初の数曲をやった後、ふと観たら、ステージ右のモニター・ボードのそばに知ってる顔がいるのに気付いた。なんと、リック〝ファッキング〟アストリーだったんだ。バンドを聴きながらノッているし、見間違いようもないボーイッシュな顔が上下に揺れているのが遠くに見えた。そこでレミがキーボード・ソロを弾いているときに、彼のところまで行き、手を伸ばした。背景では爆音でライブが続いている中で、「30分前に〈ギヴ・ユー・アップ〉を覚えたところなんです。一緒にやりませんか？」と訊いた。彼はショックを受けたみたいだったけど、でもまったく躊躇せずに、「ファック・イエス」と言って、いきなり見知らぬ俺たちのバンド・メンバーと一緒に、何が起きたんだと仰天しているフー・ファイターズの日本の５万人の前で、これまでの経験と勘を頼りに歌っていた。

リック・アストリーに神のご加護あれ。いきなりこんなことができるなんて、巨大な根性の持ち主だ。

自分をインスパイアしたミュージシャンに実際に会えることの裏には、自分の人生にこれまで何の関わりもなかったミュージシャンに会える機会も潜んでいる。俺の場合、酷い変わり者で、まったく人に知られていないアンダーグラウンドなハードコアのロッカーに会って、縮こまったプードルみたいになってしまうことがあった。一方で、自分の日常にまったく関わらなかった音楽レジェンドの前では、落ち着き払っていたことだってある。例えば、ニール・ダイアモンドが人類における神じゃない、と言っているわけじゃない。でも、〈スイート・キャロライン〉のシングルを、子どもの頃にヴェノムとデッド・ケネディーズの間に置いていたわけでもない。だから、２００９年に〝ミュージック・ケアズ・トリビュート〟［グラミー賞期間中に行われるイベントの一環］で彼が栄誉を称えられ、そのとき実際会っても、すごく優しい人だなとしか思わなかった。ただ、彼の前で縮こまるプードルになってしまう人を一人だけ知っていた。それは俺の亡くなった友達ジミー・スワンソンの母だった。彼女がいたから俺たちも出席することにしたんだ。

メリー・ジェーンは、生涯を通してニール・ダイヤモンドのファンだった。彼女の家で聴こえていた音楽は、俺とジミーが聴いていた叫び声を上げまくるデス・メタル以外は、恐らくニール・ダイアモンドの音楽だけだった。ジミーが亡くなった後、一人息子をあまりに早く失ってしまって、彼女は完全に傷心だった。俺にとって、彼女はいつだって家族同様で、実際もう一人の母親だと思っていた。だからニール・ダイアモンドのトリビュートで彼の曲を演奏してほしいと依頼されたときに、「イエス、と言う前に一つ電話させてくれ」と言い、メリー・ジェーンに電話した。彼女がカリフォルニアまで来てくれるなら演奏する、と言ったんだ。彼女はそれまで西海岸まで来たこともなかったけど、来ればニールに会えるんだ。彼女は涙ながらに同意してくれた。俺はマネージャーに電話して、引き受けると言った。それで曲を覚えるためにニール・ダイアモンドのリサーチを始め、そこで初めて、彼の素晴らしいカタログに足を踏み入れることになった。

その週末は、任務が二つあった。その上、グラミー賞ではポール・マッカートニーのためにドラムを叩くことにもなっていた。そこでは、〈アイ・ソー・ハー・スタンディング・ゼア〉を、素晴らしく生々しいバージョンにしてぶちかました。メリー・ジェーンは飛行機でやって来て、俺たちと一緒にグラミー賞にも出席した。いつもはテレビ部屋のカウチに座って見ていたのに、いきなりアリーナに来て、キッド・ロックや、U２、スティーヴィー・ワンダーと並んで座っていたわけだ。その晩、俺たちはポールやバンド・メンバーと、レストランでアフター・パーティーをした。メリー・ジェーンが部屋に入ってくると、ポールは彼女にシャンパンを注いでグラスを渡し、彼女の頬にキスをして、「こんにちは、最愛の人」と言ったので、メリーがぶっ倒れるんじゃないかと思った。だけど、今でも思い出すだけで涙が出そうになるのは、ポールがテーブルの端で立ち上がり、乾杯をした瞬間だった。集まったみんなへ、とグラスを掲げ、たった今みんなが体験した素晴らしい音楽の夜へ、とグラスを掲げ、そしてポールがメリー・ジェーンに向かって、「それから……ジミーへ」と言ったんだ。

そして次の日の夜には、メリー・ジェーンが彼女の愛するニール・ダイアモンドに会える大きなチャンスがあった。その日の早くにバックステージで俺は彼に会ったんだが、彼は70年代的なクールなルックスの人で、赤いシルクのシャツの襟にはダイアモンドが縫い込まれていた（それを彼が着た途端、みんなが褒めた）。髪は完璧だし、声は滑らかだし、その声を聴いたら誰もがひざまずいてしまうくらいだった。俺が、この晩の感情的意味合いについて説明したら、彼はあまりに高潔な士であるから、ショーが終わったらメリー・ジェーンに挨拶に来てくれると快く言ってくれた。

その晩、俺たちの控室に彼が入って来たときのメリー・ジェーンの顔が、今も忘れられない。それはきっと俺がリトル・リチャードや、ポール、または俺が愛する変わり者で、人に知られていないアンダーグラウンドのアーティストに会ったときに見せた顔とまったく同じはずだ。これまで平面でしかなかったものが、いきなり三次元になった瞬間、自分の人生に幸せや逃避や安心を与えてくれたサウンドは、全て生きる人間から始まったものなんだ、と教えてくれる。メリー・ジェーンが喜びの涙を浮かべ泣いているときに、俺が唯一思っていたのは、「ジミーもきっと泣いていただろう」だった。

そして次の日に、メリー・ジェーンは飛行機でバージニアに帰った。スーツケースには、襟にダイヤモンドが縫いつけられた赤いシルクのシャツが丁寧にパッキングされて入っていた。彼は、なんと気前良くシャツを脱いで、そのまま彼女にあげたんだ。

こういう人たちが、なぜ俺にとってすごく意味があるのか？　それは、人は人をインスパイアするからで、それが長い間、俺のＤＮＡの一部となっているからだ。俺は、彼らが演奏した全ての音符によって形成された、とすら言えると思う。彼らの声が額縁となって、俺の心に思い出が描かれた。まだ子どもの頃に、俺の叔父のトムがセイリングに連れていってくれたときのことを、今でも鮮明に覚えている。そこで一日中聴いていたのが――分かるよな――クリストファー・クロスの〈セイリング〉だった。この曲が俺の成長期の思い出になかったら、彼をひと目観たいという一心で、テキサス州オースチンの空港の手荷物受取所でクリストファー・クロスを思わずつかみ、怯えられることもなかったと思う。それからある晩、キッスのエース・フレーリーに、ハリウッド・ストリートの角で出会い、ただ握手したくて近づいたこともあったし、ロックの殿堂のとき、控室にいたボニー・レイットに、緊張しながら彼女が大好きだと告白したこともあった。**それは、子どもの頃からずっと勉強してきた展覧会に囲まれているようなもので、いまだに自分は美術館の中を歩く子どもだと思っているからだ。だから、その過程で俺をインスパイアしてくれた何か、または人に実際に会えたりすると、俺は感謝の気持ちでいっぱいになるし、ありがたいと思うものなんだ。**

偶然ヒーローに遭遇することはあるけど、そのヒーローが自分の友達になるというのは別の話だ。ロサンゼルスで、ある晩ツアー・スタッフと飲み歩いていたときに、みすぼらしいバーを俺たちが破壊するかという勢いで飲んでいたんだが、そこでバーのトイレに行こうとしたら、唯一無二のレミーが隅に座っているのが見えた。ビデオ・ポーカー・マシンの前で一人で飲んでいたので（あえて、彼の苗字は言わないし、バンド名も言わないけど、もし分からなかったら君とはお別れだ）、我慢できなかった。この人こそロックンロールを生きる、息をする権化であり、彼のガラガラの声がスピーカーから轟いた瞬間から彼を尊敬してきたから。彼に近寄って、「すいません。レミーさんですよね？　あなたが長年俺にくれたインスピレーションにお礼を言わせてください」と言った。そしたら彼が、黒いカウボーイ・ハットの下から俺を見上げて、立ち込めたマルボロの煙の中から唸るように言った。「チアーズ」。そこで振り返って立ち去ろうとした瞬間に、「友達のカートのことは気の毒だったな」と言われた。

そこからというもの、レミーは世界で崇拝されるロックンロールの神というだけではなくなった。彼は俺たちと同士の人間になった。その後、何年もの間に、友達になった。会う度に、何千本ものタバコを吸いながら、ジャック・ダニエルズのボトルを交わし、ツアー中に起きたゾッとするような話を語り合ったり、お互いのリトル・リチャードへの愛を語り合ったりした。彼の正直さ、真実、強さを尊敬したけど、でも、彼の脆《もろ》い部分も尊敬できた。サンセット・ストリップにあったレインボウ・バー・アンド・グリル（彼の第二の我が家で、彼とそこで飲んでいるときにウェイトレスがやって来て、彼に届い

た郵便を渡していたことすらあった）のバーでも会ったし、その道の先にあった彼の散らかったアパートでも会ったけど、俺にとっては、彼と過ごす時間、毎分が貴重だった。俺は彼をミュージシャンとしてだけじゃなく、友達としても尊敬していたんだ。

彼が亡くなったという知らせには、ショックを受けた。彼の70歳の誕生日のわずか数日後だったし、数週間前にショーをやったばかりだったから。彼は俺たちより長生きすると思っていたんだ。彼はほとんどの人だったら絶対に生き残れないような、非常に過酷な道を歩き抜いた人だったし、彼の壮絶な生き方が自分の命を危険にさらしてきたのかもしれないけど、でも、彼にはエネルギーがあったし、戦士の精神があった。レミーは絶対に諦めたりしなかった。とうとう屈服して休まなくてはいけないときが来るまでは。

俺はタトゥー・ショップに直行して、左手首にスペードのエースと、〝血を揺らせ（SHAKE YOUR BLOOD）〟という言葉を彫った。それは俺たちが何年か前に一緒に書いた曲の歌詞から取ったものだ。彼はロックンロールを真に愛した人であり、精一杯生き抜いた人だった。この二つが俺たち二人の共通点だった。

それから1週間後くらいに告別式が行われることになり、スピーチをしてほしいと頼まれた。彼の昔ながらの友達でいっぱいになった小さな教会で、涙を堪《こら》えながら、二人の思い出話をいくつかした。これは嬉しくもあり悲しくもある、彼の人生への祝福だった。彼は俺たちみんなに、あまりにたくさんの喜びをもたらしてくれた人だった。だけど、彼の友情の代わりになるものはどこにもないのに、俺たちだけを置き去りにして行ってしまった。

リトル・リチャードが数年前にサインしてくれた白黒の写真をジャケットのポケットから取り出して、リトル・リチャードがかつてパフォーマンスしたゴスペルの曲〈プレシャス・ロード〉の言葉を読み上げた。

尊い神よ、手を取ってください
導き、立ち上がらせてください
私は疲れ果て、弱くなり、擦り切れています
嵐の中、夜の中
光へ導いてください
私の手を取って、尊い神よ
我が家へ導いてください

［〈プレシャス・ロード〉の歌詞より］

振り返って、レミーの祭壇にその写真を置き、お礼を言った。
あなたのインスピレーションに永遠に感謝します。

PART FIVE

LIVING

生きる〜音楽と家族への決意

ジョーン・ジェットとのベッドタイム・ストーリー

BEDTIME STORIES WITH JOAN JETT

「ねえ、ハーパー……ねえ、バイオレット……どうしたの？」

二人の娘がびっくりして言葉を失っている。唯一無二のロックンロールのクイーンである、ジョーン・ジェットが二人の前のカウチの端に立っていた。あのとんがった黒髪と履き古したコンバース・チャックと、タイトなジーンジャケットで、天使みたいなあどけない二人の顔の前に戦士の銅像が立ち、暗い影を投じているみたいになっている。彼女のトレードマークのガラガラの声が、後ろから午後のテレビ・アニメの声が流れる中に轟いた。

「ねえ、二人とも、ジョーン・ジェットだよ！」。興奮しながら宣言して、何かしらの反応をしてくれますようにと願った。二人の小さな心が疾走しているのが分かったし、この奇妙な対面を必死で飲み込もうとしている様子が見えたけど、二人ともショックで言葉を失っていた。こうなると思うとジョーンには家に来る車の中で言ってあった。二人とも、もちろん彼女のことを知っているんだが……でも二人ともスーパーヒーローに実際に会ったことは、これまで一度もなかったんだ。

それから数ヶ月前のヨーロッパ・ツアーのときに、二人の娘をロンドンの巨大デパート、ハロッズに雨の日の休暇に連れていってあげることにした。ちょっとした安い買い物セラピーみたいなもので、その日は公園に行くには寒すぎたし、散歩するには雨が降りすぎていたから、伝説的なおもちゃのデパートに連れていってあげることにしたんだ。そこはアメリカのおもちゃ屋が小人サイズに思えるくらいの大きさだったから、ホテルからちょっと外に出て、楽しませてあげたかった。ロンドンには、目を見張るような美術館がいくつもあったから、そこに行くほど文化的に得るものはなかったけど、でも時に「ま、いっか」と、欲しがってる物をあげるべきだ。とりわけ、その人たちの身長が4フィート［約122センチ］以下の場合は。

家族と世界中を旅行できるのはすごく楽しいけど、ホテルからホテルへの移動で彼女たちが長いこと同じ場所にいて気が滅入らないようにするのは、俺のある種の使命になった。だから事前にできることを常にリサーチするようになったし、そうしないとルーム・サービスでオーダーしたチキン・フィンガーを食べながら、字幕つきの漫画を見る、という悪循環に陥ってしまった。だから前夜に自分の体が打ちのめされていようとも、爆音の中で溺れていようとも、時間さえあれば、必ず冒険に出る努力をした。そうしなかったら、とにかく疲弊するだけの慌ただしいロックンロールの家族旅行と化してしまう。これまで、長い間、子どもたちに世界を見せてあげる機会に恵まれた。イタリア、ベニスの運河から、シドニーの港、アイスランドの氷河、エッフェル塔、そしてその間にある全て。その間に、子どもたちは、車の椅子にシートベルトで固定されているところから飛行機へ、ホテルのベッドの横に置いた赤ちゃん用のカゴから、フライト・アテンダントに手を振り合図して、もっとジンジャーエールをくださいとお願いし、自分たちで真夜中にアイスクリーム・サンデーをルーム・サービスでオーダーできるまでになった。それを俺は誇りに思っている。子どもたちがベテラン旅行者になってくれたおかげで、俺たちはいつだって一緒にいられたから、それが嬉しかった。

巨大なおもちゃのデパートの中に入って、父親らしいルールをいくつか決めた。「オーケー……おもちゃを決める時間は1時間だ。それからおもちゃは自分のスーツケースに入るくらいの大きさじゃないといけない。それでは用意……ドン！」。時計をセットしたら、子どもたちは『スーパーマーケット・スウィープ』［アメリカのTVゲーム番組］の出場者が駆け回るみたいに、必死に走り出した。俺の残酷で不合理な注文に見合うおもちゃを見つける、不可能な課題に頑張って挑戦しようとしていた。たった1時間なの？　うん、そうだよ！　それから……〝スーツケース〟ってどういう意味？　お父さんのスーツケース？　それとも、私のスーツケース？　または新しいスーツケースがあるの？　その全部を合わせたら、ビクトリア朝のドールハウスも全部カリフォルニアまで持って帰れる？　それは、不可能な相談だった。それでも、二人が散り散りになって、通路から通路を、小さな靴をパタパタ鳴らしながら、無限のオプションを目の前にして頭をグルグルさせているのを見るのは、あまりに楽しかった。

ただ、俺自身もすぐに、あまりにも巨大なLEGOのセクションにハマってしまった。二人の挑戦に俺も参加するべきか、良心的参戦拒否者のままでいるか悩んだくらいだった。昔からLEGOには弱くて、子どもの頃からLEGOが一番好きなおもちゃだった。あの複雑で小さいブロックから、二つのブロックが完璧にパチっと合わさるところまで、何時間も何時間もかけて城や車に、その他の幾何学的構造を作って過ごした。それは全部自分でやったんだ、と思えるシンプルなご褒美のためだった。

俺には音が見える。子どもの頃に、病気寸前というくらいにLEGOに取り憑かれていたから、実は曲の各パートがLEGOのブロックみたいに見える。これは共感覚［神経系の働きにより、ある刺激が別の刺激を引き起こすこと。ある音が特定の色や感覚を呼び覚ましたりする］の楽しい形であって、今日に至るまで、アレンジと作曲を覚えるのに役立っている。

終了の時間が迫ってきたから、テレビ番組の司会者の声を真似て、娘たちにあと5分と伝えた。予想していたけど、二人ともまだおもちゃを決められていなくて、おもちゃ売り場を行ったり来たりしながら、完璧な賞品を探していた。決められるわけがない？　二人に〝あの顔〟（上目遣いで片方の眉毛だけ吊り上げた）を見せて、もう一度言った。「あと5分」。その時点で二人とも、バービーのセクションで探すことは決めていたみたいだけど、それだけでも、ゆうに巨大な民間航空機格納庫くらいの広さがあった。それでも彼女たちは、獲物を狙ってグルグル回っていた。これは簡単じゃない。何百種類ものバービーが棚に並んでいて、スタイルもいろいろだし、テーマもいろいろだし、アクセサリーがついてくるのもあれば、洋服がついてくるのもあって……子どもの頭が爆発して当然だった。二人が箱から箱を持ってきては、それを一つ一つじっくりと見ながら、スーツケースの許容量のなんとかギリギリ超えるくらいのところで、どれが一番嬉しいかを考えようとしていた。時間の終わりが迫っていた。緊迫感が増し、空気が重くなり、そして……。「終了！」。リトル・リーグの審判みたいに叫んだ（ホイッスルは持ってなかったけど）。「でも、おとううううさん!!!」。二人ともイライラして泣いてしまった。「どれにすればいいか、決められない！」。俺は笑いながら言った。「できるよ！　一つだけ選べばいいだけだよ。どれだっていいんだ。それでホテルに戻ろうよ」。それで、バービーの箱が山積みになったテーブルを見て、最初につかんだ箱を掲げ、「ほら見て！俺もバービー見つけた！」。「ずるい！　お父さんはバービー買っちゃダメだよ!!」と叫び返した。ふと自分が取った箱を見たら、知らない間に公式ジョーン・ジェット・バービーを手にしていた。しかも赤いコンバースのチャックスも履いているし、革のパンツに、袖なしの黒いTシャツ、白のギブソン・レスポール・ジュニアのギターを肩から下げていた。「マジかよ。俺が絶対買うわ！」と思った。

数分のうちにみんなでレジに並び、それぞれのバービーを比べた。俺のはロッカー・ジェーンで、子どもたちのは、めちゃくちゃど派手な服にアクセサリーもたくさんついたグラム・ギャルだった。とにかく早くホテルに戻って遊びたくて仕方なかった。

その日の夜に、ホテルのスイートにあるリビングの机にいたら、バイオレットとハーパーが部屋に来て、礼儀正しく俺のバービーでも遊んでいいかと訊いてきた。「もちろん！」。笑顔で言って、そのカラフルな箱を用心深く開けようと、バカみたいに複雑にパッケージされた人形を手術でもするみたいに取り出した（パッケージから出すだけで、いつからエンジニア学位まで必要になったんだ？）。女の子たちは、俺がその小さいジップタイと一つ一つ格闘するのを辛抱強く待っていたが、そのとき、二人ともどうやらジョーン・ジェットが実在する人物だと知らないことが分かった。その他のバービーと同じプラスチックのフィギュアで、彼女たちの新しいお気に入りのおもちゃ屋さんで棚に並ぶ、その他何百あるうちの一つと思っていたみたいだった。

そこで手を止めて、人形を置き、ジョーンは本当の人間ってだけじゃなくて、最も重要な人だと説明した。**フェミニストのアイコンであり、女性は男性なんかより、もっとハードにロックできると世界に証明した人だ。**革新者であり、立案者であり、パンク・ロックのパイオニアとしてあまりにパワフルだったから、何世代もの女性がギターを手にして同じことをしたいと思うようなインスピレーションとなった。二人とも少し混乱したみたいだったから、ラップトップを開けて、ボリュームを10まで上げて、〈アイ・ラヴ・ロックンロール〉のビデオを見せた。ジョーン・ジェットの自信に満ちた歩き方や冷笑している感じに、二人とも感動して驚き、立ち尽くしていた。そして歌の4番になる頃には、一字一句間違わず一緒に歌っていた。コンピューターを閉じて、「ね？　彼女は本物だっただろう！」と言った。そこですぐに人形を手にして、スキップしながら、そのクラッシックな曲を口ずさみ、部屋に戻って行った。心の底で、二人がたった今新たなスーパーヒーローを発見したのが分かった。

ツアーは続き、マジソン・スクエア・ガーデンでのライブでニューヨークに行く日が来た。世界でも一番好きな会場の一つで、車で会場に入るとき、いつもレッド・ツェッペリンのライブ・コンサート映画『狂熱のライブ』の一シーンを思い出す。ティーネイジャーのときに勉強したと言えるくらいの映画で、ジョン・ボーナムの超人的なドラムを絶望的になりながらもじっくりと解剖したりした。ニューヨークに向かう途中で、ツアー・マネージャーのガスが、そのショーでスペシャル・ゲストを招きたいか訊いた。詰まるところ、それはマジソン・スクエア・ガーデンなのであって、やはりそれを特別なものにしなくちゃいけない。バンの中でいろんな名前が飛び交ったけど、ほとんどはこれまでジャムしたことがある友達だった。そこで誰かがジョーン・ジェットと言った。彼女はニューヨークに70年代後半から住んでいる。彼女には一度も会ったことがなかったから、どうやって連絡をつけられるか分かるか訊いたら、ガスがすぐに返事をした。「パットが知り合いだ！」

パット・スメアは、バンドの創設メンバーのギタリストにして、とにかくカッコいい大使として君臨し、伝説のバンド、ザ・ジャームスで演奏していたときからジョーンと知り合いだった。LAで生まれ育ったパットは、70年代半ばからパンク・ロック・キッドで、ジョーンの最初のバンド、ザ・ランナウェイズの大ファンだった。女性だけのガールズ・グループにして、ボウイとTレックスのサウンドに影響を受けていた。彼は彼女たちのショーを全部観ていて、やがてジョーンと友達になった。ジョーンは当時、ハリウッドのパンクスの中にいたが、知らずして音楽の行く先を永遠に変えてしまった。だいたいジョーンと年が同じだったパットは、その当時のティーネイジャーならみんなそうだったけど、ザ・ランナウェイズにインスパイアされ、あまりに好きすぎて、親友のダービー・クラッシュとザ・ジャームスを始めることにした。そして1979年に最初のアルバム『GI』を作ったとき、ジョーン・ジェットにプロデュースしてくれないかとお願いしたんだ。つまり、二人にはすごく深い歴史があり、それはロックンロールの歴史に残るものばかりではなく、個人的なものでもあったんだ。

電話をいくつかして、ジョーンが喜んで出演してくれることになった。それですぐにここに来てもらって、彼女のクラッシックな曲〈バッド・レピュテーション〉を、ショーの前にリハーサルする準備を整えた。ジョーンは俺たちの世代で最も祝福された声の持ち主だし、絶対に衝撃的な締め括りをしてくれると思ったから、その晩の俺たちの観客には完璧な人選だった。38年前のレッド・ツェッペリンみたいに、俺たちも車で連なって会場に入るとき、期待で毛が逆立ち、またしてもヒーローにして自分で自分のルールを作ったカッコいい女性に会える機会に恵まれたことが信じられなくて、自分をつねっていた。

ジョーンが控え室の扉から入ってきたときに、緊張して興奮して思わず立ち上がり、急いで彼女のところに行って挨拶をした。今、リアルなジョーン・ジェットが俺の真ん前にいる。黒のとんがった髪で、履き古したコンバース・チャックで、タイトなジャケット姿は、もうテレビ画面に映る映像ではなくなっていた。あのガラガラの声は、もう古いスピーカーから聴こえる音ではなくなっていた。強烈な存在感があり、いまだに超カッコ良くて、永遠にパンク・ロックだった。そして……マジか、すごくいい匂いだった。

控え室にあった練習用の楽器で何回か曲を練習して、これが絶対にハイライトになるのは分かったから、セットリストの終わりの方で演奏することにした。ジョーンは一緒にいて本当に楽しい人だったし、彼女の殺人的なあの覚めた笑いは、それだけでマディソン・スクエア・ガーデンを照らせるだろうという笑顔に変わっていた。さらに、この長い年月を経て、彼女とパットが一緒にいるのを見たら心が暖かくなった。この二人がいなかったら、俺たちは一体どうなっていたんだろうか？　俺はドキュメンタリー映画のエキストラになった気分で、映画が完成したら絶対にお金を払って観にいくと思った。

ちなみに、ジョーンの存在自体から発せられるパワーには理解し難いものがあった。ショーが始まる前に、廊下には人がいっぱいになっていて、昔からの友達とカクテルを飲みながら近況報告をしたりしていた。だけどジョーンが静かに俺たちの控え室から現れて、世界滅亡後のジェームス・ディーンかのごとく、ゆっくりと歩き始めた途端、廊下にいた人全員が、男性も女性も、彼女とハグしていた。彼女が通り過ぎた後を見ながら、みんな感動で言葉を失っていた。全員が恍惚としていて、おそらくそれと競えるのはエルヴィスくらいだろうと思った。みんなの中を一歩進むたびに、一人ずつ切り落としていくみたいだった。これぞファッキング・ロックンロールだ。ジョーン・ジェットはマジでスーパーヒーローだった。

その晩、ステージで彼女を紹介したら、彼女はその効果を誰にでも発揮するようで、観客は唸り、ステージでスポットライトが当たった瞬間、歓迎が轟いた。それはレジェンドだけに送られるものだった。俺たちのパフォーマンスもすごく引き締まっていて、速攻で、しかもドンピシャだった。終わってから、シャンパンのボトルを開けて祝った。ジョーンといつかコラボレーションをしようと言ったら、「一緒に曲を書こう！」と彼女は強いニューヨーク訛りで言った。熱狂的に同意し、そこですぐにお互いのスケジュールを確認し、なんと二人ともツアーをしていない休暇の期間があり、そこで会ってレコーディングできる日を見つけた。日程を決めて、強くハグして、今回会える機会があったことに感謝し、次に会える日を楽しみにした。

娘たちに、彼女たちの大好きなスーパーヒーローがロサンゼルスに来て、俺と一緒に曲を書くだけじゃなくて、週末俺たちの家に泊まると教えるのが待ちきれなかった！　二人の心は絶対にぶっ飛ぶと思う！　おもちゃのファンタジーやYouTubeのビデオが現実となり、第4の壁を突破することを、子どもたちに理解しろと言っても無理がある。何しろバイオレットはたったの5歳だったし、ハーパーはまだ2歳だった。それでもジョーンがやって来ることで、俺なりに準備して、存在することの意味を見失うような精神崩壊につながりませんようにと願った。だって、もしスポンジ・ボブが玄関に現れたら、誰だって仰天するはずだから。でも、その日のカウチでの様子を見る限りでは、決戦前にした激励演説も大して役には立たなかったみたいだ。

「ねえ二人とも……ロンドンで俺が買ったバービー覚えてる？　彼女が今週末、家に来るんだ」

無反応。

「だから彼女がここに来ても……びっくりしないで……彼女は本物だから」

引き続き無反応。

ジョーンが到着して、ひと息ついた後、彼女と俺はフー・ファイターズのスタジオに行って、彼女が作りかけていた〈エニー・ウェザー〉という曲を弾き始めた。アップテンポの曲で、彼女のトレードマークのメロディで、すぐにジョーン・ジェットと分かるような曲だった。そこには、彼女のアティチュードと心がいっぱいに詰まっていた。彼女が曲作りをしているのを見て、これまでいかに素晴らしい人生を生きてきたんだろうと思った。彼女のロックンロールへの不滅の愛は、控え目に言ってもインスパイされたし、伝染した。

一緒にいられる
どんな悪天候でも
一緒にいられる
何が起きても
愛があるなら
［ジョーン・ジェット＆ザ・ブラックハーツ〈エニー・ウェザー〉の歌詞より］

その晩、素晴らしく実り多い作業の後、家に戻っていつものように娘たちに寝る準備をさせることにした。ジョーンはゲストハウスに戻り、パジャマに着替えた（彼女がこれ以上可愛い人になるとは思えなかったんだが、そうです、彼女はパジャマを着ていたんです）。ハーパーをお風呂に入れて、パジャマに着替えさせて、彼女のお気に入りの絵本をいくつか読んだら、グズグズ言わずに子ども用のベッドで寝てしまった。一人片づいた、さあもう一人。次はバイオレットだった。二人ともパジャマ姿で、でも彼女を寝かせる前に、下のリビング・ルームに抱っこしていき、ジョーンにおやすみなさいと言うことにした。
ジョーンは心地良さそうにパジャマでカウチに座っていたから、その前に行って、「ジェーン、バイオレットが、おやすみなさいと言いたいそうです」と言うと、ジョーンは笑って、「きゃあああああ、おやすみなさい、バイオレット。明日またね！」と言うと、バイオレットが俺の方を向き、耳にこそこそと言った。「ジョーンに寝る前の絵本を読んでとお願いして？」と言った。バイオレットの目を見た瞬間に俺の心臓は止まり、ジョーンに、「あの……ええええと……今晩、寝る前の絵本を読んでほしいって言っているんだけど……」。バイオレットがドキドキして俺をギュッとつかむのが分かった。ジョーンは笑顔で喜んでお願いを聞いてくれた。「さあバイオレット……レッツゴー！」

上の階に二人が手に手を取って歩いて行くのを見て、バイオレットがこの瞬間を永遠に忘れませんように、この晩のことをいつの日か思い出して、スーパーヒーローは本当にリアルなんだと思ってくれますように、と祈った。それで彼女がいつの日か彼女なりの革新者となり、立案者となり、パイオニアとなって、若い世代の女性たちがギターを手にするインスピレーションとなったり、または彼女がやると決めたことにおいて、彼女なりの足跡を残してくれるようと思った。

なぜなら、バービーは世界中に溢れているけど、全ての女の子に必要なのはジョーン・ジェットだから。

父と娘のダンス

THE DADDY-DAUGHTER DANCE

「ああ、そう言えば……〝父と娘のダンス〟は、今年は3月6日だから、カレンダーに忘れずに印をつけておいて」

妻がロサンゼルスから南アフリカのケープタウンのホテルにかけてきた長距離電話の声が、それを誇張するかのように遅延してエコーしたのを聴いて、心が凍った。「3月6日？」。すぐに問題発生じゃないか、と思ったけど、胸が凹む気持ちをなんとか抑えて、ジョーディンには、印をつけておくよ、と軽く言って電話を切った。「どうか家で休暇の日でありますように……」。ナーバスになって汗が出てきて、どうかこの最も重要な日（絶対に欠席しないと約束したイベント）が、せめてこの永遠に終わらないワールド・ツアーの短い休暇の間でありますように、と祈った。最悪の事態を想像しながらも、部屋の反対側にあったラップトップに飛びついて、カレンダーの3月6日を速攻で確認した。

オーストラリア、パースでのライブの日だった……そっか。

〝父と娘のダンス〟の日は、バイオレットの学校の伝統で、シリコンバレー（ソフトウェアの方ではなくて）、カリフォルニアで娘を育てている父にとっては実質上必須とされてきた。それは家族の絆を強めるためにあり、充実の時間を過ごして、たとえどんなことがあっても女の子はいつでも親愛なる父に頼れるんだと示してあげるための日だった。幼稚園から小学校6年生まで毎年、中年男たちが洗濯ノリのついたビジネス・スーツを着て、お行儀良く社交的にしているのを見せびらかすような日だ。小さい娘たちは、舞踏会で

着るようなボールガウンのミニチュアを着て、コサージュを丁寧にピンでつけて、長テーブルからキャンディをバクバク食べるから、ウィリー・ウォンカ［『チャーリーとチョコレート工場』のキャラクター］も赤面する勢いなのだ。そこでKIDZ BOP［ポップ・ソングを子どもたち用にカバーする子どもによるグループ］みたいな、トップ40で聴けるサウンドトラックがかけられて、ニコロデオン［子ども向けの米TVチャンネル］みたいなダンスのインストラクターが、「チャ、チャ、スライド」などという指導を鼓膜が破れそうな声で叫んでいた。たいていはシャーマン・オークにある有名なスポーツメン・ロッジ（バル・ミツワーでよく使われる会場）の薄汚い宴会場で行われた。それは小さい女の子たちにとっては1年のハイライトであり、数人のお父さんにとってもそうだったかもしれない。

バイオレットと俺は、このイベントを欠席したことがなかった。ただ俺はフォーマル・ウェアを着ないといけないことは毛嫌いしていて（だからいつもマリファナの軽犯罪で裁判所に罰金を払いにきたストーナーみたいな格好になっていた）、でも可能な限り頑張って小ぎれいにして、それらしく見えるようにしていた。もちろんバイオレットは彼女なりのディズニーになろうと頑張って、大体はプリンセスみたいな服を着て、少し複雑な形の小さいヒールの靴を履いていた。興奮で心がいっぱいになりつつ、この不自然な社交的経験に何が起きるのか怖くて、ナーバスにもなっていた。こういう人間形成を目的とした行事は、高校のダンス・パーティーなどの基盤になると思ったから、娘たちにとって滞りなく進むのは必須だった。さもなくば映画『キャリー』のバケツいっぱいの血のシーンみたいな、青春時代のプロムを体験することになってしまうかもしれない。

だけど今年はちょっと違っていた。これまでバイオレットより3歳若いハーパーは、俺とバイオレットがダンスに行こうとすると玄関で泣いていた。彼女はまだ、その学校に通ってもなかったのに、自分もどうしても行きたいと言った。だから、彼女にバイバイと手を振らなくちゃいけないのは、いつも心が痛かった。

自分がなんで連れていってもらえないのか理解できなくて、おしゃぶりをしながら涙を堪《こら》えていたんだ。でも、いつも彼女を安心させてあげたくて、「いつかみんなで行くからね！」と言っていたけど、それでもやはり玄関に立ち、お気に入りのブランケットを持って、彼女の頬に涙が流れているのを見ると心に激痛が走った。だけど、今回はとうとう彼女が参加できるくらいの年になったから、二人をダンスに連れていく約束が守れるんだ。ハーパーはこの日が来るのを彼女の年齢の半分くらいは楽しみにしていた。だけど、俺はその同じ日の夜に、ファッキング・ショーがあった——9330マイル［約1万5千キロ］の彼方で。

30年間、俺のマネージャーをしてくれているジョン・シルヴァにすぐ電話した。「ジョン、問題があるんだ。マジで深刻な問題だ」。可能な限り慎重な口調で、このダンスを欠席するという選択肢はありえないと明確にしながら、この状況を落ち着いて説明した。彼から申し訳なさそうな返事がきた。「デイヴ、申し訳ないけど、ショーは売り切れているんだ」。ここでデフコン・レベル1の警報が鳴り響き、俺の小さい二人の娘が、自分の父親のせいで、ダンス・パーティーでポツリと立ちっぱなしになるのを想像したら恐ろしくて、時速0マイルから60マイルに加速して叫んだ。「キャンセルしろ！　動かせ！　延期しろ！　なんでもいいからやってくれ。このファッキング・ダンスは絶対に欠席できないんだ！」。そこで、この大災害の巨大さに気付き、頭を切り替え、じっくりと考えて、日程変更ができないか考えてみた。人を月に送れるくらいだから、リーバイスと汚いクラークスの靴を履いた俺が、スポーツメンズ・ロッジくらい行けるはずだ。だろ？

このツアーは、ニュージーランドのクライストチャーチから始まって、比較的短い8回のショーが行われるもので、汗だくになる暑さの中、全てスタジアムでの開催だった。バンド最大のオーストラリア、ニュージーランド・ツアーでもあり、チケットはすぐになくなってしまった。ニュージーランド、オーストラリアの友達とはいつでも際どい恋愛関係にあり、アルバムが出る度に必ず15時間も飛行機に乗っていくようにしていたし、行った価値がある以上のものになった。ニュージーランド、ピハの黒い小石の浜から、オークランドのコスモポリタン郊外にあるおとぎの国、アデレードの丘に囲まれたワイナリーも。10年かけてこの天国のような地域を探求し、生涯の友を作り、訪れた全会場で思い切りロックして楽しんだ。だから延期するって考えるだけでも心が痛かったし、ショーをキャンセルするなんてあり得なかった。それにファンをがっかりさせるなんて俺のDNAに入っていない。ただ、どれだけヴィクトリアビター・ビールと真夜中に食べるミートパイが好きだったとしても、俺には優先順位があった。新たな考えが浮かんだり、動かしたり、いくつか電話をかけたりして、ある計画に落ち着いた。それは売り切れのパースのショーを、6日から8日に延期することでなんとか時間を作り、アデレードのステージから急いで移動して、シドニー行きのチャーター機に乗り、すぐにカンタス航空に乗り換えて、LAに戻り、LAXに到着したら数時間眠って、娘たちをダンスへ連れていく。それでスポーツメンズ・ロッジから空港に直行し、パースに飛行機で戻って、そこからステージにちょうど間に合って最高のショーをする、というものだった。

狂ってるかって？　たぶんな。本当にやれるのか？　ギリギリだな。でも、これは必須なのか？　議論の余地もなく。

この計画が実行に移されることになった。それでパースの優しい人たちが、ありがたいことにスケジュールを変えてくれたから、3月8日に会えることになった。危機は回避した。俺の最高のリーバイスとクラークスの靴を履いて、娘たちをエスコートできると思ったらホッとした。娘たちにいつだって父を頼りにできるんだと思ってもらえる。そのせいで、二日間にわたり40時間の旅と16時間の時差を経験することになったとしても。かつて長い間、汗臭くて、混み合ったバンに何ヶ月もぶっ続けで乗ったり、床の上で寝たり、アメリカンドッグを食べて生き延びたりしたことが、幸運にもまさにこの瞬間のための準備であったようにすら思えた。ギグをやるためなら、やるべきことをなんだってやるものなんだ。どんなときだって。

アデレードに到着した頃には、この国際的なオペレーションを軍隊並みの精密さで分刻みで計画していた。失敗や遅れは一切許されなかった。ツアー・マネージャーのガスと俺は、ブラック・ホーク・ヘリコプター［軍用ヘリ］から兵士のごとくステージから飛び降りて、近くのタールマック舗装の滑走路で待つプライベート機に急いで乗り、そこからシドニーに飛んで、15時間の辛い旅を経て、自宅に到着。控え目に言っても気が遠くなったが、でも二人ともこのバカみたいな挑戦をなぜか楽しみにもしていたし、この全てがあまりにバカバカしくて笑っちゃってもいた。その日のライブは、ぶっちぎりに最高の24曲をぶちかますような内容だったから、スタジアムは狂ったようになっていて、俺はステージ横にある時計をしっかりと見ながら、持ち時間を観客のために全て使うようにした。〈エヴァーロング〉の最後の音がまだ鳴り響いている中で、ガスと俺は車に飛び乗って、地元の最寄り空港へスピードを上げ、地球一周の旅に出発した。

最初の飛行機に乗ったら、馴染みあるKFCの熱いバケツの匂いに出迎えられ、それが機室中に充満していた。ちなみに、これは偶然だったわけじゃなく、フー・ファイターズはときどき特別なことがあると（特別なことはたくさんあったが）、この俺ら流道楽にふけることがあった。それは、KFCとシャンパンだった。この美味しい組み合わせは、オーストラリアで何年も前に偶然発見したもので、ある晩、サウンド・チェックに行こうと車で向かっているときにKFCが目の隅に見えて、ガスに「ねえ、グース、ショーが終わった後のために、バケツを何個か買っておいてくれる?」とお願いした。ケンタッキー・フライド・チキンを何年も食べていなかったから、あのハーブとスパイスの秘密のブレンドがどうしても食べたくなった。彼は義務を果たして、みんながたらふく食べられるくらいの量をオーダーして、控え室に置いてくれた。その日、汗でびしょ濡れになりながらステージから降りて、タオルを頭にかけると、フライドチキンの匂いが50ヤード［約46メートル］先にある控え室から廊下全部に漂っていた。

椅子にぶっ倒れて、ゴミ置き場のあらいグマのごとく、次から次へとガツガツと食べ、今ステージで消費した何百キロカロリーかを満たそうと貪欲になっていた。いくつか食べたら喉が渇き、手に届くところにあった液体が氷のバケツに入ったシャンペンのボトルだけだったから、ポンと開けて、一口飲んでチキンを一口食べて、もう一口飲み、またチキンを一口食べたら、叫んでしまった。「オー・マイ・ガッド、みんな絶対食べてみて！」。そしたら、すぐに全バンド・メンバーが、片手にシャンペン、片手にチキン・レッグ状態になり、この新発見に驚嘆し、この完璧なペアリングを発見したのは俺たちが絶対に最初だと確信した。この晩、この動脈が詰まるようなしきたりが生まれて、同じ道楽にいまだにふけることがあるんだ。笑いたければ笑えばいいけど、KFCとバブルの組み合わせがもたらす味や口当たりについて、詳細な料理のレクチャーをしたっていいくらいだ。まあとにかく信じてくれ。マジでファッキングうまいから。

シドニーまでの短いフライトは楽勝で、そこからの長距離飛行の前に数時間の乗り継ぎ時間もあったから、娘たちに今向かってるよ、と電話した。電話からでも彼女たちが大喜びしているのが分かった。あと何時間かすると彼女たちに会える。あまりの期待とアドレナリンのせいで、その次のフライトが永遠に感じたくらいだったが、でも、スポーツメンズ・ロッジに二人の素晴らしい娘と両方の腕を一人ずつ組んで歩くことを想像しただけで、父としての誇りで胸がいっぱいになった。

LAに到着した頃には、ゴミ収集車にぶつけられたみたいな姿になっていたけど、玄関を入ったらすぐに甲高い声で叫ぶ二人の可愛い娘に出迎えられた。猛烈な時差ぼけだったが、すぐに気を持ち直した。それに、二人との貴重な時間は数時間しかなかったから、肉体的な疲弊を回避し、〝父親モード〟を全開にした。ここで全面開示するけど、俺はみんなが思うようなおバカな父親で（驚きだろ、分かるよ）、見ているとムカついてこっちが死にたくなるような子どものテレビ番組司会者に似ていると思うことすらある。つまり、恥をかくことはお手のものということ。可愛い娘たちの目が覚めて、夜寝る前の本を読む時間になるまで、少しでも笑ってくれるんだったらなんでもした。例えば朝ご飯のパンケーキを作りながら、アース・ウィンド・

アンド・ファイアーに合わせてバカみたいに踊って、その日最初の笑いを誘導し、おかげで娘たちは玄関を出るときにスキップをしたりする。もしかしたら俺のバカさ加減から逃げたいだけかもしれないけど。

その日は、海のようなコーヒーを飲んで、この晩のお祝いの手順を整理しようと、まぶたが閉じないように頑張った。ストレッチリムジンは？　準備完了。偽シャンパンは？　完了。ここまで千マイルかけてやって来たから、自分をフォーマルな格好をしているように見せようと頑張ったけど失敗している？（失敗を）2倍にして完了。この日は二人にとって重要な日だったから、その華やかさはオスカー並みだったし、ヘア、メイクの人たちは、NASCARのピット・クルーの代わりにすらなれると思うくらいの充実ぶりだった。この時点で、バイオレットは〝父と娘のダンス〟の年季の入ったベテランになっていたけど、ハーパーの目を見ると、いかにこれが彼女にとって特別なのかが分かった。これぞ彼女がずっと待ち焦がれていた瞬間だった。それだけでも、ここまで飛んできた甲斐があったというものだ。

俺自身は学校時代にダンスをするタイプではなく、痛々しく不自然で、いかに自分に自信がないのか、その欠陥が強調されただけだった。オタクな子どもだったし、〝自分はとにかく踊れない〟ことを毎回思い知らされた。ＰＡからリック・ジェームスの〈スーパー・フリーク〉が爆音で鳴り響く中、友達が輪になってファンクを踊ろうとする恒例の儀式があまりに恐ろしくて、俺に取り返しのつかないトラウマを残し、おかげで自分の家の台所以外のプライバシーがない場所は、どんなダンス・フロアも死ぬほど怖くなった。さらに、あるときボートで行われたホームカミングのダンス・パーティーで、救命胴衣もなしにパトマック川に捨てられたこともあったので、壁の花になったというわけだ。ただ考えてみれば、俺は全人生をリズムに捧げてきたので皮肉と言えば皮肉な話だ。でも、これまでドラマーがダンスするのをたくさん見てきたけど、信じてくれ、マジで魅力的でもないから。

スポーツメンズ・ロッジの列に他の父娘と一緒に並んでいるときに、どうしようもない疲労の波に襲われて、膝が崩れそうになった。物凄い勢いで疲れが出てきた。でも、「元気を出せ！」と自分に言い聞かせた。「これは二人が一生忘れない夜なんだから。それにまた空港に速攻戻って千マイルの旅に出るまで、二人といられる時間は数時間しかない」。そこで、二人が大喜びしている表情を見ただけで俺の強さが戻ってきた。**またしても、誇りでいっぱいになった。どんなことがあっても、二人は父親に頼れるんだ。だから大丈夫。**

メイン・ルームに入ると、いつものダンス・ホールの様式になっていた。風船があって、美しいお皿がきれいに並べられたテーブルがあって、パスタから、チキンナゲットなどのブュッフェがあり、そしてダンス・フロアには泣き叫ぶ子どもたちがたくさんいた。だけど俺たちの目には、ドロシーが素晴らしいオズの世界に入ってきたかのように輝いて、見た瞬間、みんなでハグしてしまった。最初に何したい？　食べる？　ダンスする？　綿菓子機に走る？　バイオレットもハーパーも少し緊張していると思ったから、「テーブルを見つけて荷物を置くのはどう？」と訊いた。それで空いてる席を探そうとして振り返ったら……二人とも、もういなかった。友達を見つけてダンスしようと走っていき、大喜びでキャーキャー声を出して大騒ぎしていた。友達の女の子と一緒に喜んでる姿を見たら笑顔になってしまった。

俺のここでの役目は、これで終わった。それで同じ部屋いる、同じように見捨てられた父親たちと会話をするしかなくなった。みんな、なんとなく様子を伺っているんだけど、でも会話は思い切り堅苦しいもので、たいていはスポーツにまつわる話題で、つまり俺がまるで何も知らない分野だ。父親業で学んだことがあるとするならば、それに人生がかかっていたとしても、俺は殿堂入りしたアスリートの名前が一つも分からないこと。でも正直言って、スーパーボウルを見るために集まったパーティーで、試合そのものよりも自分はハーフタイム・ショーにいつも興味がある奴であることをむしろ楽しんでいる。

いつだってどこかエイリアンみたいな感じがしていたし、それを時間の経過とともに享受する術も覚えた。

2015
URENCE
EACH BALL
Coachie's Cafe
Stern Point
Jacobson Lighthouse
LIGHTNING BEACH
Wolke Surf Shop

7歳のときに背骨の湾曲があると分かり、矯正するために左の靴に小さいリフトを着けていた。最初は、他の子どもたちが履いているようなカッコいいスニーカーが履けなくて、恥ずかしいし戸惑ったけど、でもある時点で、その恥と困惑こそが自分に力を与えてくれるようになった。俺はみんなとは違うんだ、と。たとえ俺の履いている靴が人と違っても、俺はそれが好きだった。だって他の子どもたちみたいには、なりたくなかったから。ひん曲がった考え方ではあるが、でも自分は奇妙だと感じるのは好きだった。それは今でもそうだ。つまり、ここでもそうだったということ。一生懸命ここに馴染もうとしても、俺は永遠にヘンテコなスニーカーを履いたあの子どものままだ。

俺の極悪非道な旅程には、多少の余裕はあったが時間は守りたかった。だから、またさよならと言わなくちゃいけないとき（いつだって怖いんだが）が来るまで分刻みで時計を見ていた。ちょっとシーザーサラダでも食べようとブュッフェの列に並ぶことにした。きっと飛行機での食事はもう少し自分の好みだと思ったから。空港のラウンジに着いたら食事をして、ワインを何杯か飲んで、席で意識を失ったように15時間のフライトの大半を眠る計画した。この時点で、すでに何日間にも感じるくらい起きていることになるわけだから。体の疲労に身を任せて、シドニーで車輪がタッチダウンし、飛行機が着陸する瞬間まで冬眠するかのように眠るはずだ。

それで時間が来たから、部屋を見渡して可愛い子どもたちを探すと、二人が最高に楽しんでいるのが見えた。友達と一緒にぴょんぴょん飛んだり、大騒ぎしながら、チャチャのスライドをやろうとしているのを見て涙を堪《こら》えた。端に呼んできて、『ザ・コートシップ・オブ・エディーズ・ファザー』［米TV番組］の声を真似しながら、もう行かなくちゃいけない時間が来たと告げると、二人が涙をボロボロ流しながら、息ができなくなるようなハグをしてくれると思っていたら、楽しそうな高い声で、「分かった。じゃあね、お父さん！良い旅を！」って言って、迷うことなくダンス・フロアに戻っていった。半分食べたシーザーサラダと塞がらなくなった開いた口で、俺は一人、テーブルに残された。それでも笑顔がこぼれた。**父としては、二人の娘たちの独立を目撃できて誇りに思えた。彼女たちは、もう二人を溺愛する親にくっついていなくてもいい。俺たちが一緒に作った世界のその外で、自分の世界を見つけようとしている。**離れ離れになる不安を抱えているのは、俺だけになった。ジャケットをつかんで、空港に向かった。この重要な夜の締めくくりは二人の母に任せることにした。

空港のラウンジでシラーズのボトルを開け、この24時間を自分の頭の中で再生しながら、永遠に忘れたくない瞬間を思い出していた。家の玄関に到着して、事細かに準備して、手に汗をかきながらもエレガントなドレスに小さいコサージュをピンで付けてあげた。それから、ダンス・フロアのライトを浴びる二人の顔、山のようなバター風味ヌードルと蒸したブロッコリー……ここで搭乗ゲートをくぐったら、この不可能な任務は思い出に変わる。どうかバイオレットとハーパーが永遠に忘れないような思い出となってくれたらと。

ガスと俺は飛行機に搭乗した。疲れ果てて、骨を広々としたシートに流し込み、赤ワインで程良くぼんやりして、離陸する前にはもう爆睡していた。任務は完了。

乱気流発生。しかもモールにあるマッサージ・チェアの揺れとはレベルが違う。（マグニチュード）9・0の地震並みで、羽が風に飛ばされてどの方向にでも行きそうな（ロバート・プラント、ありがとう）勢いのやつだ。内臓がガタガタ言いながら、死ぬかもしれないと思うようなやつだった。「すぐに終わるはず」と自分に言い聞かせた。「大丈夫だから」。でも、ゆうに20分間は続いたので、胃に激痛が走った。恋人たちが公園のベンチで古い樫の木にやるように、誰かが俺の腸にナイフでイニシャルを刻んでいるとしか表現できないような痛みだった。これは普通じゃない。これは飛行機酔いじゃない。い、い、い、これは食中毒だ。飛行機が暴力的に前後に急激に傾くので、俺はこのアルミニウムのチューブにこれから13時間閉じ込められていることを思い出した。ちょっとでも急に動いたりしたら、どうしても、えっと、爆発しそうになる。冷たい汗をかき始めたから、シートベルト着用のサインがついているのをじっと見つめて、それが消えますようにと祈った。トイレに走れば、この毒素を除去できる。だけど乱気流が永遠かと思えるほど続いた。

食中毒というのは、ツアーするミュージシャンにとって最悪の悪夢だ。風邪をひいたら熱いお茶を飲めばいい。インフルエンザになったら薬を飲めばいい。だけど食中毒になったら、完璧100％終わりも同然だ。体が遺伝子的にやるようになっていることをやるしかない。それは吐くこととクソをすることで、体から毒素を出すこと。ただし、俺にはさらに酷い問題があって、身体的に吐くことができない。たぶん12歳から吐いたことは3回くらいしかない。一度は野外で行われていたビール・パーティーで、デヴィッド・ボウイの『スペース・オディティ』を聴いているとき（冷えてるマイスターブロイの上に吐いちゃうくらい最悪なこともない）。もう一度は1997年、ハリウッドの路上で買った悪いピザを食べたとき（そのときは良いアイディアに思えたんだ）。それから2011年にサウンドガーデンをロサンゼルスのフォーラムで観たとき（それは絶対に音楽のせいじゃない）。だから吐き気が来た場合は、大丈夫だからと長い間自分に言い聞かせる。つまり地獄みたいなものだ。

シートベルト着用のサインがとうとう消えたから、1秒でトレイに駆け込み、ドアに鍵をして、流しを抱え込み、自然のなすがままに任せた。何分か経過したところで、これで俺の中の悪魔が全て放出され、機内の乗客とフライト・アテンダントが、この小さいトイレに俺が〝長居〟しているのを怪しいと思うようになるんじゃないかと思い出した。最大限の努力をした後で、ぐったりして席に戻ったら寒気を覚えた。そこで時計を見たら、到着まであと12時間あった。

飛行機の中で悪夢が続いた。何度もトイレに行くが、全て失敗に終わり、また席に戻っては断続的な寒気と熱に襲われた。眠ることもできず、休めもせずに。今だけはやめてくれというときに起きた最悪の事態が永遠に続いた。パースに着いたらギグのサウンド・チェックに直行しないといけない。俺は試されているんだ、と思った。意志と、献身と、そして昔からの格言「ギグのためならなんでもやらなくちゃいけない」を。

ただ、この当時は、エボラがニュースのヘッドラインになっていて、この恐ろしい病気が、世界中に恐怖の衝撃波を送っていたから、海外旅行者は予防策として審査された。シドニーに近づいたとき、いつもの関税と移民のカードの他に、エボラに関する質問条項の記載が義務化され、サインしなくちゃいけなかった。それは自分にエボラ感染の兆候があるかを調べる症状がリストになって書かれていて、イエスかノーで答えるようになっていた。リストを見て恐怖に慄いた。吐き気、下痢、熱、寒気……全ての症状に当てはまった。空港に到着して、エボラに感染している人たちでいっぱいの部屋に自分が投げ込まれる姿を想像してみた。結局、そこで感染し、俺は一人オーストラリアで死んでしまう。椅子に座って、気合いの入った顔になるように最大限の努力をして、病気がなくなるように頑張った。

エネルギーを使い果たしたが、立ち上がって飛行機から降りるのを待つ間に、ガスに囁いた。「あのさ、食中毒になってしまった」。ガスは目を見開き、飛行機の扉が開くまでじっと見つめ合った。ここからパースまであと5時間のフライトがある。これで終わりじゃないんだ。それどころか、まだ始まったばかりだった。彼がいつものように電話を取り出して、この最悪な事態の救済措置を荷物引き渡し所に歩きながらあれこれと考え始めた。これで基本計画から脱線し、全てが白紙に戻り、ここからはロックンロール版『アメージング・レース』［米リアリティTV番組］だ。最初はバカげた冒険だと思っていたものが、生き延びるための挑戦となってしまった。何もかも父の名のもとに。

次の飛行機に乗ったときには、ガスがパースのホテルで医者に見てもらえるように手配してくれた。どうやら峠は越えたみたいで、ここからは、いかにしてお茶やトーストを胃にとどめるかが大事になる。この後、2時間半の叫びまくるロック・ショーをやるためのエネルギーが少しでも残っていますようにと願った。それは不可能な任務に思えた。だけど、もうここから引き返せない。ステージの設置も終わってるし、ギアも到着している。何千ものハードコアなフー・ファイターズのファンが最高の夜を楽しみしている。

医者が部屋に到着し、時計を見て、ショーが始まるまでの短い間に何をするべきなのか正確に教えてくれた。「今すぐにこの薬を飲んでください。1リットルの液体薬を処方しますから、すぐ横になってください」。抗下痢薬を口に入れて、ＩＶで静脈を通して（どこにいくんだろう）点滴のバッグが空になっていくのを見ていた。頭を枕に乗せたら、大量のレンガのごとく重く感じたけど、「大丈夫だから」と、また自分に言い聞かせた。

バックステージに着いたら、みんな驚いたような顔で歓迎してくれた。俺の調子が悪いかもしれないと事前に伝えられていたんだ。だから俺がＧＧアリンと化して、ステージに汚物を出した場合を考え、緊急対策用にセットリスト変更も考えられていた。いつもだったらショーの前は、飛び跳ねながら、みんなとカクテルを飲んで大笑いしているんだが、この日はカウチに座って半分だけ食べたバナナを持つ状態に軽減され、夏の暑さの中、予定していた25曲をガツンと食らわすための力を奮い起こしていた。「これじゃ無理だ」と思ったそのとき、ミニ冷蔵庫の上に、ゲータレードとココナッツウォーターに隠れてギネスが置いてあるのが見えた。「おっと、こりゃどうも……」と、そのバッド・ボーイをカチっと開けて、ゴクッと飲んで、ステージに走った。だってアイルランドでは、授乳するお母さんにも良いって言うくらいだし……。

キャリアでも決定的と言える脱線事故を壮大にやらかしてしまう可能性もあったショーだが、耳が聴こえなくなるくらいの大合唱と喜びに溢れた、ツアー最終日の、祝福の、圧巻のライブとなった。このパフォーマンスまでの36時間は、結局俺の体のエネルギーとなったばかりか、魂も満たしてくれた。俺が人生で感謝しているもの全てを思い出させてくれたから。俺の家族、友達、そして音楽。この人生に癒されて、ショーが終わってホテルに戻ったら、もう壊れていなかったし、またしても最高のオーストラリア・ツアーを成し遂げて、むしろ強くなっていた。

翌朝起きて、朝ご飯を食べて、また空港に逆戻りして、22時間かけて家まで帰る。

任務ファッキング完了。大丈夫だったじゃないか。

もう一度地球を旋回しながら、この無謀とも言える子どもたちへの愛の行動をじっくりと見つめ直した。そして、自分の父親との関係を思い出して、父だったら同じことをしてくれただろうかと考えた。こんな重要な日のために、俺と会うために天と地を動かしてくれただろうか？　怪しいなあ。俺が父として猛烈に娘たちを愛するのは、自分の父がそうではなかったからかもしれない。

自分がいかにして愛を理解するのか、またはどのような愛の〝形〟を形成するかは、生まれたときから見てきたものによって学ぶものだと真剣に思っていて、それが良くも悪くも人生の占い棒となる。その上に全ての意味のある関係性が積み上がっていく。俺の基盤は、間違いなく母のおかげで形成された。**俺は自分の子どもたちを自分が愛されたように愛している。だから彼女たちの番が来たときに、同様のことをしてほしいと祈っている。打破されるべきサイクルもあるが、強化されるべきものもあるから。**

それから何年も経って、ハーパーを学校に送っていると彼女が訊いてきた。「お父さん、これまでで一番長く飛行機に乗ったのは何時間だった？」。笑顔でそう言った。「そうだな。初めて父と娘のダンス・パーティーに連れていくために、一晩だけ帰ってきたときのことを覚えてる？」。彼女はうなずいた。「あのとき24時間飛んでいたんだ」。彼女は俺の頭が狂ってるんじゃないかという顔で見て、「24時間？？？　そこまでして来なくて良かったのに!!!」

お互いに笑い、長い間があった後、俺を見て言った。「でもやっぱり……絶対来てほしかった」

バイオレットの知恵

THE WISDOM OF VIOLET

「今座ってる?」

ジョン・シルヴァの声は、散らかったハリウッドのオフィスから何十年も命令を叫んできたせいで、救い難いほどにしわがれている。だが、このときだけは、澄み切ったように綺麗だった。ただ今彼が言った言葉は、電話がかかってきて最初に聞きたい言葉ではない。とりわけ、自分のキャリアの責任者からは。「座ってるけど……なんで?　何かあったの???」とすぐに訊き返し、何か最悪なことでも起きたのではないかと思って、恐怖と不安の衝撃波で体中の血管が脈打ち出した。

「アカデミー賞から連絡があって、今年の受賞式で（ザ・ビートルズの）〈ブラックバード〉を君一人でパフォーマンスしてほしいとお願いされたんだ」

その場で凍りつき、会場にいる人全員も、カメラも、何もかもが、アコギを抱えている俺一人に視線を集めている場面を即座に想像してみた。さらに、340万人の人たちも生放送のテレビ番組で見ている。そのとき俺は、自宅のリビング・ルームでスウェット・パンツ姿だったけど、数週間後の受賞式でステージに上がることを想像して、たちまち破滅的な緊張に襲われた。それ以上に怖いこともない。静かな声で「マジかよ!」と言うのが精一杯だった。もちろん曲は熟知していたし、曲のアレンジも子どもの頃から記憶に焼きついている。ポール・マッカートニーの複雑なフィンガー・ピッキングのギター・テクニックも、彼の普遍的なメロディを歌いながら覚えた。我が家の居心地の良いカウチに座って、この難しい曲を優雅に演奏してみる、ということならできそうだが、それを世界中が見ている中でやる（言うまでもなくジェニファー・ローレンスもシルヴェスター・スタローンも）というのは、まったく別の話だ。

汗でツルツル滑る俺の手から電話を落としそうになりながら、しわがれ声で訊いた。「えっ……でも、なんで？」。そもそも意味が分からなかった。バンドは、現在〝hiatus［活動休止中］〟だったし（または俺たちの中では、〝I hate us［俺はバンドが嫌いだ］〟と呼んでいたんだが）、それに間違いなく俺がオスカーにノミネートされていたわけでもない。だから、なんで俺が呼ばれたんだろう？

「追悼の場面で演奏してほしい

ということなんだ」とシルヴァが答えた。「歓声に沸く場面ってわけではないな」と思ったが、どんな挑戦でも簡単に引き下がる人間ではなかったので、「一晩考えさせてくれ。明日電話する」と言った。

電話を切って、黙って座り、心の中でこの予想もしていなかった機会を引き受けるべき全ての理由と、丁寧に断る全ての理由を考えてみた。その年に亡くなった映画業界の人たちに敬意を払う機会を得るなんて、計り知れない光栄である。しかし……俺にできるか分からなかった。心の底では怖かったんだ。〈ブラックバード〉は、とてもじゃないけど朝飯前と言える曲じゃないし、それにオスカーで演奏するというのは、フー・ファイターズのファンでいっぱいになったアリーナで演奏するのとも、わけが違う。

ただ幸運なことに、この曲は以前にも演奏したことがあった。ただし、まったく違う観客の前で。それは1年前にバイオレットが3年生だったとき、学校で行われた〝スチューデント・エンターテイメント・デイ〟でのことだった。

今ではタレント・ショーとは呼ばなくなっていて、そういう競争をすると、次世代の子どもたちに一生残る心理的な影響をを与えてしまうんじゃないかと恐れてのもので（ここで大袈裟に目を白黒させる）、スチューデント・エンターテイメント・デイでは、子どもたちが次々に、ピアノのリサイタルや、ケイティ・ペリーの曲に合わせて口パクで歌いながらやる物凄く複雑な振り付けのダンスなどが、体育館いっぱいに集まったルルレモンのアクティブ・ウェアを着た過保護な親たちの前で披露された。

その年の開催が発表されると、バイオレットは走って帰ってきて、友達と一緒に〈サージェント・ペパーズ・ロンリー・ハーツ・クラブ・バンド〉を演奏してもいいかと訊いてきた。彼女の基準からしたら、普通じゃないお願いでもなかった。何しろかなり小さい頃からザ・ビートルズの全カタログをほとんど洗脳と言えるくらい聴かせていたから。彼女がカーディ・Bとかイギー・アゼリアを聴き始める前に、本質的な音楽の基礎を構築しておきたかったんだ。彼女がすごく熱くなっていたから、彼女の拒否できないような才能を、とうとう人前で披露するチャンスが来た、と思っているのが分かった。こんな日がいつか来るのは、サンフェルナンドバレーでの長い車の道のりに、まだ子ども用の小さいカーシートに座っている彼女が、エイミー・ワインハウスを美しい声で歌っているときから予想していた。友達も一緒にやりたいと言ってくれないかと、何人かに電話していたが、残念なことに親友達からの反応は大体が「サージェントって誰?」だった。

バイオレットは、友達が誰もショーに一緒に参加してくれないことが分かり、途方に暮れていた。一緒にカウチに座っていたら、小さい顔のぷくぷくした頬に涙が流れ始めたから、娘を守らなくてはという父親の思いが溢れて、「ねえ、バイオレットとお父さんで一緒に〈ブラックバード〉をやろうよ? お父さんがギターを弾くからバイオレットが歌えばいい!」。娘は俺の顔を見上げて、涙を拭き、瞬時に表情が変わった。嬉しそうにうなづいて、安堵の笑顔を浮かべた。俺は急いでギターを取りにいって、娘の前に座り、曲を弾き始めた。リハーサルもしてないし、歌詞の紙も見ないで、バイオレットは完璧なタイミングで、完璧な音階で歌い出し、初めてやってみたのに二人で完璧な演奏ができた。それは美しかった。驚いたと言ってもいいのかもしれないけど、でも実際は驚かなかった。彼女ならできると分かっていた。だけど……俺はできるのか? 彼女とハイタッチして計画を立てた。朝、学校に行く前と、夜寝る前、完璧に演奏できるように準備万端に整えるために、ギグの日まで毎日練習すること。

『サタデー・ナイト・ライブ』、ウェンブリー・スタジアム、ホワイトハウス――それぞれの記念碑的なライブは、俺のキャリアのハイライトと言えるけど、その全部を足しても、このイベントでの俺の緊張ぶりは比べものにならなかった。たとえ体育館の会場を埋めているのが、無脂肪乳のアイスラテをする親たちだけで、どうせみんな携帯のスクリーンをいじっているだけだと分かっていても、まったく関係なかった。俺はバイオレットのためにそこに行くのであって、このパフォーマンスが滞りなく終わることは、極めて重要だった。だからその日が来るまで、空いている時間は全て、彼女が完璧に音楽的目標を達成できるように費やし、全部の指にまめができるまで、あの美しいギターのアレンジを完璧に弾けるように練習した。**これは人生で最も重要なギグだ、と思った。**

ショーの日の朝、サウンド・チェックをしに会場に到着し、小ぎれいな格好もしたし、しっかりリハーサルもできた。俺は演奏するときに座るストゥールを用意してほしいとお願いし、バイオレットは、そんなもの必要ないと思ったけど、万が一に備えて歌詞を置く譜面台を用意してほしいとお願いした。ギターとマイクのレベルをテストして、そこからは会場が埋まっていくのをナーバスになりながら待っていた。バイオレットは幼稚園のときからこの学校に通っていたから、みんな知っていたし、みんなもバイオレットを知っていた。でも彼女の美しい歌声は、これまで秘密にされていた。だからそれをまったく予期してない人たちの前で、とうとう世に放たれるときがきた。

可愛いパフォーマンスがいくつか披露された後、俺たちの名前が呼ばれた。パラパラと応援の拍手がする中、ステージに上がった。位置について、落ち着いてから、針が落ちても聞こえそうなくらいシーンとした中で、バイオレットを見て、「準備はいい？」と言うと、緊張して動けなくなりながらうなずいた。俺は、あの繊細なギターのイントロを弾き始め、これが疑いの余地なく、俺の人生で最も重要なパフォーマンスであることを忘れないようにした。彼女は、いつものように完璧なタイミングで、完璧な音階で歌い始めた。観客を見ると、みんな驚きで口をあんぐり開けているのが見えた。彼女のイノセントで澄み切った声が、PAいっぱいに広がると、会場は驚愕していた。これで俺が知ってるバイオレットをみんなもとうとう知ってくれたと思い、ただ笑顔になった。最後のコードが鳴り響いたら、嵐のような歓声とスタンディング・オーベションになった。お辞儀して、ハイタッチして、ステージから下りると、次の出演者が登場した。「完璧だったよ！」と言って彼女をハグした。

心が誇りで満たされた。バイオレットの音楽的才能を誇りに思っていただけじゃなくて、彼女の勇気を誇りに思ったんだ。

勇気というのは、アーティスト生命において決定的な要素でもある。自分のイノセントな感情を曝け出す勇気、自分の真の声を人に顕《あらわ》にする勇気。また観客の前に立って、世界の人たちが見えるように、それを広げてみせる勇気。

偉大な曲を書くには、感情的な脆《もろ》さも必要になってくるけど、でもその曲を世界が聴くと思うと、うまく表現できなくなったりもする。つまり、繊細なアーティストは常にそういう葛藤を抱えている。それは俺も自分以外の人の歌を歌うとき、いつも感じることで、「みんな気に入ってくれるだろうか？　これで十分なんだろうか？」と思う。つまり、だからやめようとする思いと、ありのままの自分を表現しようという思いの橋渡しをするのが勇気であり、それができたら魔法が起きる。

アカデミー賞の件については、まだ決めかねていて、とりあえずバイオレットが学校から帰ってきたら、伝えようと待っていた。でも何度かやり取りをした後で、やはりこの依頼は断ると決めていた。オスカーで演奏する必要なんてないんだし、それにたぶん失敗して、全てを台無しにしてしまうはずだからと思った。だけど、こんなバカみたいなお願いをされたと、娘に知らせたかった。バイオレットが本でいっぱいのバックパックを背負って玄関を通り抜けてきたら、興奮しながら言った。「今日、何を頼まれたと思う⁉」。「何？」。「アカデミー賞で〈ブラックバード〉を演奏してほしいって言われたんだ」。彼女は俺の目を真剣に覗き込んで、「もちろんやるよね？　だって……スチューデント・エンターテイメント・デイでやったんだし！」

戦いを挑まれた。その瞬間に「オスカーで演奏しなくては」と思った。彼女の父として、彼女があの日、体育館で見せた勇気と同じ勇気が自分にもあると見せなくちゃいけない。だからどんなに怖くても、**彼女に俺はできるんだと証明しなくちゃいけない。それに心の中では、自分自身にも俺はできるんだ**

と証明しなくちゃいけなかった。

ジョン・シルヴァに電話して、引き受けると言った。それで人生最大のパフォーマンスの準備を開始した。俺はオーケストラと一緒に演奏することになり、俺の頭上には写真のモンタージュが投影される。だけど予期してなかったちょっとした展開もあり、曲がこの写真に合わせて全てアレンジし直されているという。さらにオーケストラは会場近くのスタジオにいて、そこから中継され、つまり、会場には俺一人が残されて、この激しく変動するテンポに合わせるのに必要な指揮者がそこにはいないことになる。だからイヤー・モニターから聴こえるクリック・トラックに合わせて演奏することになる。それはメトロノームみたいなものだから、それに合わせれば簡単だ、だろ？　ここでトリビア。俺はイヤー・モニター（耳に入れるイヤフォンみたいなガジェットで、自分の声を聴けるようにするもの。ここ最近、業界では当たり前となった）を使って演奏したことがこれまで一度もないんだ。昔ながらのフロア・モニターの方が好きだから。汚い古いスピーカーみたいなやつで、キック・ドラムが鳴るたびに、髪が後ろに吹き飛ばされるようなやつ。だから、ここで大きな問題は、指揮者なしで歌うか、クリック・トラックを聴くか。さて、どうすればやり遂げられるのか？

３４００万人が見ている中、人生で初めてイヤー・モニターを使ってみることにした。「何でこんなこと引き受けちゃったんだ？」とも思った。もし大惨事レベルの緊急事態になったら、最前列に座るジェニファー・ローレンスを見つけて、彼女にセレナーデを歌うように最大限頑張ることにする。または、切羽詰まったら、シルヴェスター・スタローンでもいい。

数ある受賞式の中でも、アカデミー賞は他とレベルが違った。楽器をつなぐだけでも、ペンタゴン・レベルの手続きが必要だった。さらに、〝ドレスアップする〟準備も、『シンデレラ』並みだった。俺のバイブじゃない。これまではカクテルを数杯飲み、葬式でも裁判所の出頭でも問題なく使えるジャケットを着て、中にフラフラ入って行くという感じだったが、これはわけが違った。ビバリーヒルズのブティックに予約が入り、スーツを合わせることになっていた。控え目に言っても、場違いだった。

棚に並ぶ服を見ても、一体どこから手をつければいいかも分からなかった。俺のことを知ってる人なら誰でも分かると思うけど、俺は地球上でも最もファッショナブルじゃない人間だ。基本的には9年生のときと同じ格好をしている（バンズに、ジーンズに、バンドTシャツ）。だから、手助けしてくれるスタイリストがつき、スーツを選び、俺に完璧に合うように仕立ててくれることになった。それでケルシーという、スタイリッシュで、若くて、ブロンドで、青い大きな目のスタイリストを紹介された。「実は前に会ったことがあるんです」と彼女が言い、そう言えば、見覚えのある顔ではあったが、でもいつのことだったのかは思い出せなかった。「私はニルヴァーナの〈ハートシェイプト・ボックス〉のビデオに出ていた女の子です」。沈黙。それで即座に彼女の大きな青い目の中に、それが見えた。そうだ彼女だ。

マジで？　ファッキング。ぶっ飛び。**世界はせっせと働いている。**

そのビデオは23年前［1993年］、伝説的なカメラマンのアントン・コービンが監督した。そこでは誕生、死、生態構造、カオスの全てが幻想の世界で描かれ、年配の男性が十字架にキリストのポーズでかけられていた。そして、その全ての真ん中に立つのが小さい女の子で、白い頭巾とローブを着て、彼女の巨大な目は悲しみで溢れていた。もしかしたら、それはニルヴァーナがトラウマになるくらいの名声を得たことで喪失したイノセンスを象徴していたのかもしれない。そこからこうして今、その子とこの試着室で再会し、俺が映画スターがいっぱいの会場でビートルズを演奏するときに履くパンツの裾に針をつけてくれている。なんて皮肉だ？

日にちが近づけば近づくだけ、どんどんナーバスになっていった。アカデミー賞の1週間前にポール・マッカートニーと夕食を食べて、受賞式でパフォーマンスをすると言ったら、「どの曲をやるの？」と訊かれたので、〈ブラックバード〉とナーバスになって答えた。「生意気な」と笑いながら、俺に向かって指を振った。笑えたけど、でも、そのせいでさらにプレッシャーが増大した。これで失敗できない理由がもう一つ増えてしまった。

バイオレットがステージに立ったときのことを、何度も思い出すようにしていた。心の奥の感情を人前で表現して、自分には勇気があることを自分自身に証明しようとしていたし、彼女の真の声を明かそうとしていたし、観客の前に立って、それを広げて、世界の人たちが見えるようにした。彼女の勇気にインスパイアされたし、おかげで俺自身の勇気も見つけようと思ったし、心の中で、このパフォーマンスは彼女に捧げていた。

オスカーに出席したいと思っている人がいたら、信じてほしいんだけど、家のリビング・ルームでほうれん草のディップと、よく冷えたクアーズ・ライトを飲みながら見る方が絶対に楽しい。芸術に人生を捧げる人を称賛はするけど、もうマジであれは、史上最長のカトリックのミサみたいなもので、しかもクラッカーも、微量の赤ワインも出てこなかった。俺がパフォーマンスをするのは受賞式の終わりの方だったから、待っている間に不安な気持ちがどんどん高まった。何時間も経過し、何日も経過し、何週間も経過して、永遠に感じるほど待ったら、ようやく準備するようにとバックステージに呼ばれた。

コマーシャルの間に、ステージの真ん中に置かれた椅子まで行き、ジェニファー・ローレンスとシルヴェスター・スタローンが一晩中座っていた最前列を見て、声を詰まらせるなどの大惨事になりそうになったら救ってもらおうと二人の顔を探したけど、どこにもいなくて、代わりに空席を埋める係の人たちが座っていた。俺をじっと見て、混乱しているようだった。間違いなくレディー・ガガが来ると思っていたんだと思う。PA越しにディレクターが、「あと1分です」と叫んだので、小さいイヤー・モニターを耳に入れて、マイクを調整して、深呼吸して目を閉じた。

そこでバイオレットが頭に浮かんだ。彼女が赤ちゃんのとき、初めの一歩を踏んだとき。初めて学校に行った日に遠くから俺にバイバイと手を振ったこと、父親の助けなしで初めて自転車を漕げた日のこと。そして、彼女が学校の体育館で、〈ブラックバード〉を歌った姿が見えた。**彼女の勇気を感じ、自分の中に勇気を見つけた。**

ジェニファーとスライ［スタローン］は、この演奏を見逃すなんて、あまりに残念だろう。

終章〜横断歩道にまた一歩

CONCLUSION: ANOTHER STEP IN THE CROSSWALK

「よう、大丈夫か?」

イスに倒れ込み、汚いバックステージのタオルで顔を覆って、涙を出しながら泣いた。メンバーが自分たちの衣装ケースを静かに開けて、後ろで着替えをしている中、俺の堪《こら》え泣きが、静まりかえった控え室で不自然に鳴り響いていた。たった今3時間も演奏したから、みんな汗びっしょりだった。バンドに20年間もいるけど、バンドの恐れ知らずのリーダーが、みんな――パットとネイトとテイラーとクリスとラミ――の前で完璧に泣き崩れているのを見せるのはこれが初めてだった。でも、もうこれ以上堪《こら》えきれなかった。思い切り泣いてしまうしかなかった。そのカタルシスのような瞬間に、この40年間、俺が押さえ込んできた感情が前面に現れ、俺の中の堤防がとうとう決壊し、コンクリートのフロアにまで全て溢れ出てしまった。

それは、歩けなくなったのに「2015年6月12日、スウェーデンのヨーテボリ公演でステージから落下し、足を骨折した」、そこから疲弊するツアーを65公演も行い、毎晩演奏する度に椅子まで持ち上げてもらい、終わったら壊れた劇場の小道具にみたいに、カートに乗せられて退場していたからではなかった。鋭いタイタニウムのネジが骨の奥深くに埋め込まれていることで焼けつくような痛みを感じて、自分のか弱さや脆《もろ》さを永遠に思い出させてくれるからでもなかった。自分が父に置き去りにされたから、不在や離れ離れになる恐怖に捉われているせいで、ぶっ通しで何週間も家族と離れ、家族が酷く恋しくなり、心が痛くなったためでもなかった。

違うんだ。これはまた別物だった。

それは、たった今シカゴのリグレー・フィールド・スタジアムで4万人の前で売り切れのショーを終えたからだった。その道を渡った真ん前には、チャビー・ベアがあった。その小さいクラブで、俺は13歳のときに初めてライブを観て、人生をロックンロールに捧げると決意したんだ。

これまで、この2倍の大きさのスタジアムでライブをしたこともあった。そこで莫大なファンの大合唱に次ぐ大合唱を指揮して、何時間もみんなで天にも昇るようなハーモニーを歌い続けたりもした。だから、俺がこの晩泣いてしまったのは、そのキャパの大きさのせいではない。それは、リグレー・スタジアムが、薄暗い角バーの横断歩道を渡った向かいにあったからだ。そこはかつて耳が聴こえなくなるような甲高いフィードバックとドラムの凄まじい音で身もだえし、踊る人たちで埋め尽くされ、俺の夜明けとなった場所だった。あの1982年の夏の夜に、いとこのトレイシーがネイキッド・レイガンを観に連れていってくれたことで、俺は洗礼を受け、輝かしき音楽のディストーションで沐浴した。その日から俺は変わり、この痩せこけた胸がステージで押しつぶされそうになったときに感じた啓示で力を得て、とうとうロックンロールの生のパワーと対面したんだ。そのとき、とうとう自分の居場所を見つけて、仲間を見つけて、使命を見つけた。だけど何より大事だったのは、俺が自分を見つけた、ということだった。

それは偉大なる目覚めであり、夢はすでに夢ではなくなっていた。それが俺の占い棒［地下の水脈や石油の有無を占うのに使ったハシバミの草などのこと］となった。俺は理想主義のはみ出し者で、大胆な信仰心と、それを自分なりの方法でやってみせるんだという無謀な決意が力となっていた。パンク・ロックは、規則がない学校での俺の教授となり、そこで教わったことは唯一つ、〝人に教えてもらう必要なんてない〟ということだった。そして、それがどんなサウンドであれ、誰もが聴いてもらう価値がある声を持っているということ。俺はその考えに従って、自分の人生をここまで築き上げ、不滅の信念で盲目的に従ってきた。

その晩、俺はこの横断歩道に一歩踏み出し、もう引き返せなくなった。

バンドが静かに控え室から出ていって、俺はイスに一人残されたので、振り返って、ゆっくりとギザギザになった人生のパズルをハメてみることにした。１９７６年の古いフォード・マーベリック・セダンに乗って、母と長いドライブをした思い出が頭をよぎった。そこでＡＭラジオに合わせて歌い、二つの声が合わさるとハーモニーが生まれることに気付いた。そのとき閃光を感じて、音楽に取り憑かれた気持ちが燃え上がった。それから、エドガー・ウィンターの〈フランケンシュタイン〉の輝かしきインストから溢れる怒りを思い出した。そのレコードは、ドラッグストアで買った初めてのレコードで、母が学校から持ってきてくれたレコード・プレイヤーに乗せて、針がすり減るまで聴いた。それからアンプが内臓されたシルバーストーンのギターを思い出した。学校が終わると、毎日ビートルズのソング・ブックに合わせて弾いて、作曲とアレンジの美しさを学んだ。それから、ドラムの代わりにベッドルームの床に置いた古い枕を思い出した。手が血だらけになるまで、大好きなパンク・ロックのレコードに合わせて枕を打ちのめしていた。

全ての涙に思い出があった。それぞれの思い出が、横断歩道に踏み出した一歩だった。

もしかしたら俺の交霊会は効き目があったのかもしれない。30年前に車庫に作った、ロウソクがチカチカ光る祭壇の前にひざまづき、どうか俺に恵みをください、とお願いしたことが。もしかしたら、これは全て俺が自分の願いを明示し、自分が全身全霊を捧げさえすれば、なんだって可能なんだと信じたかったから、かもしれない。または、自分への大胆な信念のせいだったのかもしれない。または、俺が魂を売ったのかもしれない。この全てが真実である可能性もあるけど、でも、あの晩チャビー・ベアで突然ひらめくことがなかったら、大胆にも挑戦してみることすらなかったと思う。

大好きな地元バンドのスクリームに電話してチャンスをつかむことも絶対になかっただろうし、そこから俺の人生を変える数々の出来事につながるきっかけもなかったはずだ。地元の楽器屋の掲示板に貼られたフライヤーを見なかったら、俺は間違いなく、まったく違った人生を歩んでいたはずだ。だけど、自分の目の前で扉が開いたのを見た瞬間に、小さくて居心地の良いベッドルームに留まる代わりに、安定と安心の人生を捨てて、そこに飛び込む決意をした。まだ若かったけど、でも自由になりたかったんだ。この俺の中で湧き上がる燃えるような情熱に自分の全てを賭けたいと思った。だから、それを尊重して全力で向き合うと誓ったんだ。

17歳のときにアドバイスが必要だと思ったら、音楽が俺のカウンセラーになってくれた。孤独を感じたときは、友達になってくれた。愛が欲しいときは父になってくれたし、希望が欲しいときは、牧師になってくれた。自分の居場所が欲しいときは、パートナーになってくれた。B-52'sが『サタデー・ナイト・ライブ』に出て、とっぴで過剰に動き回りながら、ふざけたダンス［〈ダンスはやめて（原題：Dance This Mess Around）〉にかけている］をしているのを見たときに、何か共感するものを感じて、慣例に従う生き方は絶対にしないと思った。俺はバージニア州スプリングフィールドの眠たい郊外のストリートで、バス停に並ぶもう一人のトレンチコートになって溶け込む運命じゃなかったんだ。俺は、あらゆる人たちの美しき奇妙さを、変わり者の旗を掲げるために生まれてきたんだ。だから、ありきたりの日常からは離脱しなくちゃいけなかった。

それぞれの思い出が、横断歩道への一歩になった。

母のおかげで、俺は解放された。母に無限の思いやりと理解があり、そのおかげで俺の目的を分かってくれたし、それがどんなに遠くであっても、放浪する自由も保証してくれた。人生は即座に生き残る方法を学ぶ場所になり、家の床は硬かったが、それでも俺は生きていた。それに何も食べるものがなくても、音楽が俺の食事だった。車のダッシュボードに足を乗せながら、世界があっという間に過ぎ去っていくのを汚いフロント・ガラス越しに見たし、設計図がなくて予期できない人生に、いかに身を任せるかも学んだ。行き先の分からない地図を頼りにして、それが連れていってくれる場所に身を任せた。次の角に何が待っているのかも知らずに、だけど、たとえ全てが崩壊したとしても、音楽が自分を生かしてくれると信念を持ち、それを信じて頼りにした。そして、また一からやり直しをした。

そして実際、俺は一からやり直しをしたんだ。

ワシントン州オリンピアの汚いカウチで、長い夜を過ごした日が昨日のように思える。家から何千マイルも離れた場所で、寝袋に隠れて次の夢が叶うのを待っていた。俺はまた見知らぬ人の家にいる見知らぬ人間となったが、街の郊外にあったあの小さな納屋で一緒に作ったサウンドのせいで、耳鳴りがしながらも、落ち着いて毎晩眠りにつき、俺の火を燃やし続けてくれた。俺が信じる占い棒はまたしても水田に導いてくれたが、それがあまりに深くて、溢れ出して、俺たちみんな溺れてしまったこともあった。そこには救命ボートもなくて、自分を見失ってしまった。

そのまま沈んでしまう可能性だってあった。諦めていた可能性だってあった。そのまま実家に帰る可能性だってあった。だけど降参は、俺のDNAにはなかった。

アフターショーのゲストがやって来て、隣の部屋が埋まっていくのがみんなの声で分かったから、勇気を奮い起こして、みんなと会う準備をした。聞こえる全ての声が誰のものか分かった。それはここまで長い間、俺を支えてくれた人たちの声だ。俺の新たな仲間となった家族だった。

部屋に入ったらガス・ブラントが、飲み物とパスを配っていた。彼はいつだって、カオスのような俺たちの小さい世界で、誰もが歓迎されていると思えるように最大の努力をしていた。壊れたギターから、壊れた手足まで、ガスは何十年にもわたって俺の面倒を見てくれて、時にセラピストのように、時に兄のように、時にボディーガードのようになってくれた。俺が、海のように果てしなく大勢の見知らぬ人に囲まれて自分を見失っていたら、彼が灯台になってくれた。保護が必要なときはシェルターになってくれた。自分の中の奥底の混乱も、彼になら打ち明けられた。彼はミュージシャンではなかったけど、でも彼の音楽への愛は、俺と同じかそれ以上ですらあった。彼の肩に寄りかかって休めなかったら、次の曲を絶対に演奏できなかったと思うし、次の街へ行けなかったと思うし、次のステージに立つことはできなかった。彼はいつだってそばにいてくれて、俺を守り続けてくれたことに心から感謝している。

それからラミ・ジャファーが見えた。信頼する俺の親友で、優雅かつ無頓着なジプシーの戸主みたいになって部屋の中を歩き回り、彼のバイブを広めながら、フー・ファイターズの真に〝楽しい時間を過ごそう〟大使を務めてくれていた。彼は毎晩ステージの端に隠れているけど、彼が何年もバンドに参加して、やってくれたことはかけがいのないもので、彼がもたらしてくれた音楽性のおかげで、アルバムごとにバンドを次のレベルへ引き上げてくれた。だけどミュージシャンとしての技量以上に、彼との友情が日々の喜びとなった。映画『恋はデジャ・ブ』的に単調なツアー生活が、ありがたいことに断ち切られた。毎晩幕が降りたら観客は帰途につくが、ラミと俺は高速で次の目的地に走るツアー・バスの中で酒を飲み、吸って、踊った。彼がバンドに加入したのは、バンド開始から10年は経っていたけど、心の中では彼も最初からいたように思っている。彼のその心地良さに感謝している。

そして、クリス・シフレットがいた。最も絶望的な瞬間にバンドを救ってくれた男だ。ギタリストがいなくて、音楽的に悲惨な状況から救ってくれる人が必要だったときに。彼の運命的なオーディション（やったのはそのときだけ）の10年前、サンタバーバラでやったスクリームのギグで偶然すれ違っていて、俺たちは出会っていたんだが、そのときは並行した生活を送っていて、友達とパンク・バンドで演奏し、バンに乗り、お金もなく、小銭で生活していた。音楽と冒険だけが本当の報酬だった。彼が1音でも演奏する前に、彼はバンドにいることの全てを感謝すると分かっていたから、俺たちは絶対に合うと分かっていた。だから俺は彼の感謝する心に感謝している。

部屋の中をF５スケールの竜巻が通過するかの如く、活動過多な喜びで部屋を駆け抜けているのは、テイラー・ホーキンスだ。母が違う俺の兄弟であり、俺の親友であり、彼のためだったら俺は銃弾でも受ける。最初に会った瞬間に絆が生まれ、それが毎日、毎曲、毎音、一緒に演奏する度に、さらに強くなっていった。俺たちが会えたのも、ひと目ボレみたいなものだった。それが音楽的な〝ツイン・フレーム〟［ソウルメイトのような強い絆］に火をつけて、今日も燃え続けている。二人はステージ上でもステージ上でなくても、誰にも止められないデュオとなり、見つけられる全ての冒険を探求した。俺たちは絶対に一緒になる運命で、生きている間にお互いを見つけ合ったことに感謝している。

そしてネイト・メンデル。俺の理性となってくれる人であり、俺のバロメーターであり、地に足をつける必要があるときは、いつだって彼を見る。１９９４年に俺のやったサンクスギビングのディナーで会ってなかったら、俺の取り憑かれたシアトルの家で、ウジャボードを囲んで、霊と交信してしていなかったら、今日のフー・ファイターズは存在しなかった。俺たちは、これをゼロからここまで築き上げたんだ。いくつもの障害を乗り越えて、どうにか今でも比較的損傷もないままだ。それを伝えることはほとんどないけど、でも俺の人生の中で、彼の役割は不可欠だ。彼がいなかったら、どうすればいいのか分からない。彼の献身と忠誠心に感謝している。

そしてパット・スメアがいる。彼はかつて俺のパンク・ロック・ヒーローであり、俺のバンドメイトに二度もなったばかりか、俺の人生の中で信頼できる錨《いかり》となってくれた。１９９３年に彼がニルヴァーナのリハーサル・スペースに入ってきた瞬間、バンドの寿命を1年延ばしてくれた。彼はいつも俺と一緒に、火の中だってくぐり抜けてくれる人だ。それがどんなに高かろうとも低かろうとも、俺の最大の挑戦が目の前に立ちはだかったとき、いつだって彼の知恵と賢い笑いとともに、そこにいてくれた。彼は俺に、どんなことも乗り越えられるんだと安心させてくれた。俺たちならなんだって乗り越えられるんだと。彼に会った日から、肩を並べていられますようにと思っていたが、それ以来、彼の背後に幸せに控えている。毎晩ステージに立ち、左を見て、彼の笑顔から濃い煙がもくもくと漂っているのが見えると、安全な気がする。彼の愛すべき、そして賢明な精神に永遠に感謝したい。

バンドは雷のような音を鳴らす時計みたいなもので、一人一人のメンバーはその中でくるくる回る歯車だ。そこで音が鳴らせるのは、一つの歯車が別の歯車にしっかりと噛み合うからであって、全員の動きが同調することで俺たちはバンドとして確かなものになる。それができなかったら、俺たちの振り子も止まってしまう。バンド初期の頃に何度も起きた回転ドアのようなメンバー交代もようやく落ち着き、しっかりと固定された。そして俺たちこそ永遠のものになったんだ。一度入ったら、一生なんだ。俺たちはみんな離婚した家庭の子どもだったから、安定と安心にこそ憧れてきた。でも、その十代の頃に抱いた反抗心こそが、このディストーション・ギターが鳴り響く、レイザー光線を浴びまくるステージに俺たちを連れてきてくれた。そして、俺たちはここで家族になったんだ。

コートを持ち、部屋の角でシャンパンのグラスを優美な手で持っているのは、美しい妻のジョーディンだ。俺の子どもたちの母であり、俺の世界のクイーンであり、腕がひっくり返ったりしないように俺の秤の重しとなってくれている人だ。自分は過去の中に永遠に閉じ込められて生きる運命なんだろうと思っていたときに、出会った人だ。彼女の強さと明瞭さが、俺に未来を見せてくれた。二人で一緒に生涯最高の偉業を成し遂げることができた。それは俺たちの家族だ。家族が大きくなる中で、俺の人生に対する感謝も大きくなっていった。子どもが生まれる度に、俺も再び生まれた。子どもたちが一歩進む度に、俺も自分の歩んだ道を辿った。バイオレット、ハーパー、オフィーリアは、生まれたことで俺にも命を与えてくれた。彼女たちへの感謝の気持ちは言葉にできない。父であることで、俺のどんな夢も、願いも、俺が書いた全ての曲も、輝きを失い、そして年月の経過の中で、俺は愛の本当の意味を知った。もう自分だけのために生きているんじゃない。彼女たちのために生きているんだ。だけど、この部屋の中から聞こえてこない声こそが、実は一番大きいのかもしれない。

ジミーはここにいてくれるべきだった。1982年、シカゴの旅から家に戻って来たときに、ネイキッド・レイガンのレコードを最初に聴かせたのが彼だった。そして針をその原始的なバイナルの板の上に乗せた瞬間に、異端なパンク・ロックの世界の同盟国民になり、一緒に新しい旅を始めた。俺たちは規則に従って生きる人々の大海の中で、はみ出し者二人だったから、音楽に取り憑かれたおかげで、俺たちだけの世界や、言葉や、宇宙を作れた。俺がどれほど突拍子もないことをしようとも、彼はいつだって理解してくれたし、俺が彼を受け入れたように、彼も俺の奇妙さを受け入れてくれた。彼を自分にはいなかった兄のように尊敬していたし、彼のおかげで今の俺がある。俺たちは離れ離れになれなかったし、子どもの頃からずっと何もかも分かち合ってきた。だから、この瞬間を彼と分かち合えなくて心が張り裂ける思いだ。だけど心の中では、彼がこの勝利を評価してくれていると思っている。だって、これは俺たち二人のものだから。

「こんなの長くは続かない」と、かつて父は俺に言ったが、そう言われたことこそが、俺がこの挑戦に臨む源泉となり、絶対に続けてみせるという衝動になったと思う。俺たちは生涯をかけて、なかなか絆を持てなくて葛藤したが、だけど彼が不在であったことすらも、俺の人間形成に影響を与えたと思う。良くも悪くも。もうずいぶん昔に、彼への怒りは手放し、彼が親として至らなかった部分も許して、究極的には二人の間にある重荷を軽くして、良い友達になった。彼の子どもとして、彼から基本的かつ肉体的な特質を引き継いだばかりか、俺たちは同じ手をしているし、膝も同じだし、腕も同じだ。だけど、俺の音を読み解き、聴いただけで音楽を演奏できる能力は、父の恵まれた遺伝情報から譲り受けたものだと思っている。だから、俺に最も尊い才能を授けてくれたことを感謝するべきは父なんだ。俺が大人になったとき、彼にもそれが絶対に分かったはずだ。

見てほしかった。

彼が俺を誇りに思ってくれているると思っているし、できれば長生きして、俺の横でこの円を描ききる姿を見てほしかった。

そしてカート。

彼の音楽がどれだけ世界に喜びをもたらしたのか見ることができたなら、彼も自分の中にそれを見出せたかもしれない。俺の人生はカートのおかげで永遠に変わった。それは彼がまだ生きている間に言う機会もなかったことだ。俺たちがまたどこかで再会する日が来るまで、俺は一生、彼にありがとうと言えなかった後悔とともに生きていく。俺たちがともに過ごした日々を思い出さない日はない。だけど、俺たちが夢で会うときは、いつでも幸せと穏やかさがあるんだ。だから、彼はどこかに隠れているだけで、いつか戻ってくるのを待っているような気持ちにすらなるんだ。

彼らは、もうみんな亡くなってしまったけど、でも、かつてはみんなが俺を心の中に思ってくれていたように、どこに行くときでも、みんなが俺の心にいる。そして毎晩、客電が消えて大歓声が轟いた瞬間に見えるのは、みんなの顔なんだ。その歓声は俺に向けられているのと同じくらい、みんなにも向けられているから。もう少しだけ長くここにいてくれたら、と思う。この祝祭に参加して、長年の深い絆で生まれた生涯の友情と再会できたかもしれない。

そして、この中心に立っているのは、この拡大家族の中で誰も反論できない女家長であり、この晩早くに、4万人のファンが一人残らず「ハッピー・バースデー」と大合唱した人物、俺の母だ。スタジアム中から雷のように歌声が鳴り響いたときに、母がステージで俺の横に立っていたから、胸がいっぱいになってしまった。母が自分一人で二人の子どもを育て上げるために、休むことなく働き続けたことを知っているから。生計を成り立たせるために仕事を掛け持ちして、ギリギリの生活をしていた。彼女は公立学校の先生として、人生の全てを人に捧げてきた。彼女がいなかったら俺たち全員ここにいなかったと思う。彼女は自分の情熱と信念を通して、俺にも自分の情熱と信念を持って生きるようにと教えてくれた。そして俺への無条件の愛を通して、人をいかに無条件に愛せるのかを教えてくれた。彼女だって途中で諦める可能性もあったはずだ。実家に帰っていた可能性だってあっただろう。だけど降伏は彼女のＤＮＡにも入っていなかった。

横断歩道を渡るためには、一生旅を続けなくちゃいけない。でも、これまでの全ての一歩に感謝しているし、それに俺はギターと夢を持ったあの頃の少年のままだ。だから、自分が年を取ったことをいまだに忘れてしまうんだ。そのおかげで頭と心が、俺がまだ若いかのよう残酷な錯覚に陥れ、俺は悪戯好きで、反抗的で、理想主義的な子どもの視点のままで世界を見続け、そしていまだにいつでも冒険と魔法を求めてしまう。それから、俺はいまだに最も基本的でシンプルなものの中に幸せと感謝を見出す。それからシワや傷が増えたけど、それにも誇りを持っている。それは、これまで来た道にばらまいてきたパン屑みたいなもので、いつか出発地点に戻るときに、それを頼りにしようと思う。

俺の涙はようやく乾いたから、みんなの巨大な抱擁が待つ部屋に、ボロボロの松葉杖2本を使って、注意しながら入っていった。ここで円は完成した。みんなで一緒に横断歩道の向こう側に辿り着いたじゃないか。みんなが人生に、音楽に、愛する人たちに感謝している。

そして生き抜いたことにも。

謝辞

ACKNOWLEDGMENTS

2020年3月に世界が閉鎖したとき、俺は人生で最も恐れていることに直面した。それは〝やることが何もない〟だった。

じっとしていられない。スタジアムが再開するまで、カウチに座って酷い昼メロを見続けるという概念は、クリエイティブなスピリットを持つ人間を実存主義に関わる深刻な精神崩壊へと追い込んだ。音楽なしの俺って一体誰なんだ？　楽器を手に持っていなかったら俺の生きる目的って何なんだ？　スパゲティとミートボールを週に2回、世界で最も粗探しをするフード批評家たち、つまり俺の子どもたちに作ること以外に人生の意味はあるのか？　だから何かを速攻で思いつかなくてはいけなかった。ただじっと待っているだけじゃなくて、俺の永遠に終わらない疲弊するようなスケジュールの中で、ようやく休暇をもらえたことを利用しなくちゃいけない。

それで本を書くことにした。

これまでは、こんな壮大な仕事に取り組む時間も（または勇気も）なかったから、この行程を、これまでの人生同様の方法で臨むつもりだった。それは「成功するまで、成功しているフリをしろ」だった。つまるところ、俺の両親は優れた作家なわけだから、俺にも簡単にできるはずだと思った。「全部一人でできる」と思ったんだ。

まさか、そんなわけはなかった。

ハーパーコリンズ・パブリッシング／デイ・ストリート・ブックスの素晴らしい人たちの手助けなしでは、このほぼ400ページ［原著ページ数］の獣は、みんなの手に届いていなかった。そもそも高校中退のパンク・ロック・ドラマーがアメリカンドッグとモーターヘッドの話を書きたいと言って誰が信用してくれる？誰か教えてあげるよ。それは出版社のライテ・ステリックという人で、俺の物語（または少なくとも、その10分の1）を世界に語らせてくれた。どうもありがとう。残りの物語も、またいつか語らないといけない。それから、本の表紙をデザインしてくれたジーン・レイナ。二日酔いの顔をこんなに威厳あるように見せてくれてありがとう（次は可能ならパーティーに行く前に捕まえてくれ）。

ベン・スタインバーグには、いつも俺の味方になってくれて感謝している。それからヘイディ・リヒター、ケンドラ・ニュートン、クリスティーン・エドワーズ、レナタ・ディ・オリベラ、アンジェラ・ブタン、レイチェル・メイヤーズパム・バリッククロウも。文法が完璧なのは、ピーター・キスパートのおかげだ。それから、この体験を喜びにしてくれた人がいる。キャリー・ソーントンだ。会った瞬間に、彼女独自の方法で俺を指導してくれると、すぐに分かったし、実際、全ての行程で、本当にそうだった。俺たち二人とも、音楽と、バージニア州と、バカバカしい80年代のゴス・カルチャーを愛していたことも運命的な出会いだったと思う。自分の最善と最悪の日を一緒に歩んでくれる最高の人だった。あなたじゃなかったら、一緒にこれをできなかった。だから一生分の借りがある。俺たちは素晴らしいチームになったと思うし、素晴らしい友達にもなった。おかげで、この本を作ることが仕事じゃなくて、喜びになった。ありがとう、キャリー。あなたの忍耐と、知恵と、思いやりに感謝。これで俺から逃げられなくなるぞ（ここでスタンディング・オベーション）。

「一度入ったら一生なんだ」と証言してくれるのは、俺のマネージャーのジョン・シルヴァだ。30年一緒にやって来て、彼の崩壊した声帯から叫ぶ声を毎朝電話から聞かない人生は想像できない。これ以外の方法では、ここまで来れなかったと思う。ジョン・カットクリフ（が叫ぶのはこれまで一度も聞いたことがないけど）もキャリアの最初から一緒にいてくれて、究極的にカッコいい彼とこの30年間の冒険を共有できて、俺は恵まれていると思う。邪悪な天才のクリステン・ウェルシュと、愛すべきギャビー・スコールニックの内省、ミカエル・マイゼルの生涯の献身なしでは、間違いなく俺はここにいなかった。SAM［フー・ファイターズのマネージメント］のチーム全員が、ナイト爵を受け取るべきだ。誰か女王に伝えておいてくれ。それからスティーヴ・マーティン（あの笑える人ではなくて）も、俺たちのデス・スターの広報担当を26年間も務めてくれたから、お礼を言いたい。この惑星には彼以上に資格がある人もいない。飛行機に乗ったらイスの前のポケットに入っている無料配布の雑誌を見てほしい。そこにバンドが掲載されていたら、それはたぶん彼の仕事だ。

WMEのイブ・アターマン、この新領域に導いてくれてありがとう。完成したものには、すごく満足している。

俺は、バンドが成功したのは26年前に自分たちでレーベル、ロズウェル・レコーズを作って、自分たちのやり方でやったおかげだといつも思っている。だけど、この人生を救ってくれた決断ができたのは、俺の27年間の弁護士、ジル・バーリナーのおかげだ。彼女がこのロックンロール・シティを作ってくれたんだ。

これまで長い間一緒に演奏させてもらった全ミュージシャンとバンドなしでは、俺は今みたいなミュージシャンにはなれなかった。初期のパンク・ロック・バンド、フリーク・ベイビーから、ミッション・インポッシブルから、デイン・ブラマージュから、俺の兄弟のスクリームの人たちと一緒に世界を発見できたこと。それからニルヴァーナで音楽の世界をひっくり返したこと。全員一人残らず、俺の演奏と、曲に対する耳を形成してくれた。彼らなしでは、音楽の巨匠、クイーンズ・オブ・ザ・ストーン・エイジから、ゼム・クルックド・ヴァルチャーズとジャムするのに必要なものも得られなかったと思う。この二つのバンドのおかげで、俺の音楽への愛が取り戻された。だから永遠に感謝している。それから、これまで愛した全てのバンドにも……。

だけど、フー・ファイターズへの信念がなかったら、何の意味もない。フー・ファイターズのおかげで、音楽は音楽以上のものになった。俺の人生を形成してくれたし、それに、なんて人生を一緒に築けたんだろう！ ありがとう、みんな。

それから、その全てをテープで捉えてくれた人たちへ。バレット・ジョーンズ、ブッチ・ヴィグ、ギル・ノートン、ニック・ラスクリネクス、アダム・キャスパー、クレッグ・カースティン。みんながいてくれなかったら、この本に付随するサウンドトラックも生まれていなかった。あなたたちは、素晴らしさと、励ましと、俺が壁にぶち当たって優しい後押しが必要なときに、クリエイティブなインプットをくれた。一生感謝する！

俺は長年、インスピレーションをすごく奇妙な場所で見つけてきた。だけど、あまりにたくさんの素晴らしい友達に恵まれたから、俺の心の火を燃やしたければ、みんなを見れば良かった。バージニアの地下室にスタジオを作ってくれたプレストン・ホールに、テレビと映画界のパートナーになってくれたジム・ロタとジョン・ラムゼイ。スタジオ606の全スタッフ。それから疲れを知らないツアー・スタッフは、生涯かけてロックがロックするように確認してくれた。それから言うまでもなく、ラッセル・ウォービー、アントン・ブルークス、ジェフ・ゴールドバーグ、バージニア・ランド、ブライアン・ブラウン、ポーラ・キュダキ、イアン・マッケイ、ジュディ・マグラス、ラリー・ヒンケル、SONY／RCAのみんな、DCからサンフェルナンド・バレーの拡大家族のみんな……名前を挙げだしたらキリがなくて、あと400ページは続いてしまう。

ジミーへ。君がいなくて寂しい。

それから、俺の美しい家族がいなかったら、過去から逃れられなかったと思う。ジョーディン、バイオレット、ハーパー、オフィーリア。みんなのおかげで、俺は〝ロック・スター〟じゃなくて、この素晴らしい家族の父親なんだと思い出させてくれる。この地球にみんな以上に愛するものは何もない。みんなが俺をインスパイアしてくれる。

そして、そう。俺の音楽の陽には陰がある。彼女の名前はリサ・グロールだ。俺の姉のレコード・コレクションがなかったら（ニール・ヤング、ボウイ、ティアーズ・フォー・フィアーズ、スクイーズなど）、デス・メタルと死体のペイントのみの人生を進んでいたかもしれない。そうならなかったのは全て彼女のおかげだから、それを感謝したい。

ああ、それから……母さん。

ありがとう。全てを。

訳者あとがき　悲しみを乗り越えて

『デイヴ・グロール自伝』がアメリカで2021年10月5日に発売された前後に、デイヴ・グロールがいくつかのイベントに出席していた。私がニューヨークで観ることができたのは、アメリカの老舗文芸誌『ニューヨーカー』が毎年主催するフェスティバルで、そこでこの本に関するトーク・ショーとアコギによるライブを披露した。

もう一つは、本の出版と同時に彼が行ったブック・ツアーだ。それが最高で、ほとんどこの本を彼一人で実演するような内容だった。始まりでは、ビートルズに合わせて枕を叩いていたし、彼らしいエンターテイメント性と感動と、笑いに溢れるものだった。しかし、あまりに貴重で同時に胸が痛くもなったのは、ニルヴァーナについて語る場面で、〈スメルズ・ライク・ティーン・スピリット〉をドラムで演奏したこと。カート・コバーンが亡くなった後は、数えるくらいしか演奏したことがないはずのニルヴァーナの曲で、しかもカートのボーカルが爆音で鳴り響く中、ドラムを叩いたのは、もしかして初めてなのではと思ったのだ。ニューヨーカーのイベントやその他ラジオなどに出演した際も、カートの章は最後に書いた、と語っていた。「すごく怖かったんだ」と。「子どもの頃に何針縫ったとか、娘とのダンスについて書くことは違うからね。ここでは親友にすら語れなかったようなことを告白している。きっとみんなが知りたいと思ったから。それと、みんなの中でも疑問のまま残っているようなことだと思ったから。それは俺にとってもそうだったんだけど。でもカートの章は最後まで書けなかった。俺にとって悲しみや喪失が感情的にどういうものだったのかを可能な限り説明しようとした」

この本の中では、彼の子どもの頃からの親友だったジミー・スワンソンとの別れについても書かれている。カートが亡くなってから、28年が経過するが、それでも癒されない傷や痛みと彼はここで対峙し、世界に告白することで、前進しようとしていたのかもしれない。しかし、今読みながら、どうしても考えずにいられなかったのは、ご存知のように2022年3月25日、フー・ファイターズのドラマーであるテイラー・ホーキンスが亡くなったことだ。本書の終章には「彼のためだったら俺は銃弾でも受ける」とまで書かれているし、カートが亡くなった悲しみと喪失の中から生まれたフー・ファイターズは、「永遠のものになった」とここでは締め括られている。

フー・ファイターズはロックダウンがなかったら、本当は2020年にバンド結成25周年を祝って、大々的な世界ツアーを行うことになっていた。しかし、世界が一時停止して、ツアーもキャンセルされた。ただ、アメリカでライブが再開されるとなったときに、2021年6月20日に、NYのマジソン・スクエア・ガーデンで、ロックダウン後、最初のライブを行ったのが彼らだった。なので、ここからバンドが再出発という勢いのときにテイラーが亡くなってしまった。それは当然、世界が衝撃と悲しみに暮れるニュースだった。しかし、9月3日にロンドンで、また私も観ることができたのだけど9月27日にLAで開催されたテイラーの追悼コンサートは、それぞれ50人以上のアーティストが出演し、6時間も続いた最高の内容だった。ジョーン・ジェットに、クイーン、ポール・マッカートニーに、ラッシュ、ゼム・クルックド・ヴァルチャーズ、スチュワート・コープランド、ウルフギャング・ヴァン・ヘイレン、デフ・レパード、アラニス・モリセット、メタリカのラーズ・ウルリッヒに、レッド・ホット・チリ・ペッパーズのチャド・スミスなど、書き切れないくらいのロック・スターたちが集結した。つまりこの本にも登場する、ロック少年の夢が現実となったような、テイラーへの愛だけではなくて、ロックそのものへの敬意やプライドが表れたような最高のライブだった。そうすることでテイラーの生涯を祝うことが相応しいとデイヴが思ったことが、そして集まった全員が思ったことが、明らかに分かる感動的な内容だった。最後にデイヴが「アイ・ラブ・ユー、テイラー」と言って、この大仕事を終えてステージを去ったときの背中が哀しかったのも忘れられない。

これまで私は幸運なことに、音楽誌『ロッキング・オン』のおかげで、何度もデイヴ・グロールには対面でも電話でも取材する機会に恵まれている。〝606〟スタジオにも行ったことがある。最近インタビューしたのは、2020年12月17日で、まだロックダウン中だったので、電話で行われた。25周年を祝すために、さまざまな準備がされていたのに、それが保留となって残念がってはいたが、未来に対してポジティブであろうとしていた。彼は、いつもロック・シーンにおいて最も〝良い人〟と言われているが、実際の彼にもその期待を裏切られたことがない。この本でもそうであるように、いつでも誠実で、笑えることを言い、しかも最高の〝ストリーテラー〟だ。ここで、数々のドラマを潜り抜けて、ようやく人生が落ち着きかけたと思ったときに、まだ彼の悲劇の物語に終わりがなかったのは本当に悲しい。しかし早速行われた追悼コンサートで、彼がテイラーをロックとそのヒーローたちとともに祝したように、再び音楽によって悲しみを乗り越えて新章を書き続けてくれると願いたい。

この本で、人生の悲しみと楽しみと喜びを分かち合ってくれたデイヴに心から感謝するとともに、テイラー・ホーキンスに心よりお悔やみ申し上げます。

２０２２年10月　中村明美

著者

デイヴ・グロール　*Dave Grohl*

1969年生まれ。13歳でパンクに目覚める。ニルヴァーナにドラマーとして加入、『ネヴァーマインド』は全世界で2,000万枚のヒットを記録。バンドの解散後は、シンガー／ギタリスト／ソングライターのフロントマンとしてフー・ファイターズを開始。2014年にニルヴァーナが、2021年にフー・ファイターズがロックの殿堂入り。フー・ファイターズはこれまで12部門のグラミー賞を受賞。「ローリング・ストーン誌の選ぶ歴史上最も偉大な100人のドラマー」（2010年）では歴代4位。現在のロックシーンの最重要人物となった。2013年には、ドキュメンタリー映画『サウンド・シティ』で長編監督兼プロデューサーとしてデビュー。本作は高い評価を得て、二つのエミー賞を受賞。HBOドキュメンタリー・シリーズ『フー・ファイターズ・ドキュメンタリー「ソニック・ハイウェイズ」』も監督。

訳者

中村明美　*Akemi Nakamura*

ニューヨーク在住の映画／音楽ライター、翻訳家。『CUT』編集部所属後、99年に渡米。『rockin'on』などに執筆。「中村明美のニューヨーク通信」にはファンも多い。デイヴ・グロールにも長年にわたり取材し信頼を得てきた。

Twitter: @aaakkmm

デイヴ・グロール自《じ》伝《でん》

THE STORYTELLER

音楽と人生——ニルヴァーナ、そしてフー・ファイターズ

初版発行　2022年12月1日

著者　デイヴ・グロール
訳者　中村《なかむら》明美《あけみ》
デザイン　川畑あずさ
日本版編集　大久保徹
制作　稲葉将樹（DU BOOKS）

発行者　広畑雅彦
発行元　DU BOOKS
発売元　株式会社ディスクユニオン
東京都千代田区九段南3-9-14
［編集］TEL.03.3511.9970　FAX.03.3511.9938
［営業］TEL.03.3511.2722　FAX.03.3511.9941
https://diskunion.net/dubooks/

印刷・製本　大日本印刷

ISBN978-4-86647-178-5
Printed in Japan

本書の感想をメールにて
お聞かせください。
dubooks@diskunion.co.jp

DU BOOKS

AC/DC評伝

モンスターバンドを築いた兄弟（おとこ）たち

ジェシー・フィンク 著　中山美樹 訳

史上2位のアルバム売上数を誇るモンスターバンドAC/DCはどう生まれ、その栄光を掴みとったのか。周囲の辛辣なコメントには耳を貸さず、40年以上同じスタイルで奏で続けたことこそが成功の秘訣だった――。ジョージ（プロデューサー）、マルコム（リズム・ギター）、アンガス（リード・ギター）、のヤング三兄弟のブレない音楽的背景とビジネス的成功を読み解く。実は“奥深い”AC/DCの世界とは。

本体2800円＋税　A5　392ページ（カラー口絵16ページ）

NOFX自伝

間違いだらけのパンク・バンド成功指南

NOFX＋ジェフ・アルリス 著　志水亮 訳

NOFXにバンド活動と性生活の充実を学ぶ。
1983年の結成以来、13枚以上のアルバムをリリース、売上は800万枚以上！
ツアーで42カ国をめぐり、世界で最も成功しているインディーズ・レーベル（ハイスタも所属していた）を設立し、自分たちのリアリティーTVも放送。30年以上におよぶ喜劇、悲劇、そして、予期せぬ（?）大成功の裏側を、メンバー自身が語り倒す！

本体2500円＋税　四六　528ページ

ロブ・ハルフォード回想録

メタル・ゴッドの告白 ～Confess～ 欲深き司祭（プリースト）が鋼鉄神になるまで

ロブ・ハルフォード 著　川村まゆみ 訳　伊藤政則 解説

米ローリングストーン誌「2020年ベスト音楽本」にも選ばれた名著、待望の邦訳版。ヘヴィ・メタル界の頂点に君臨し続けるジューダス・プリーストのフロントマンがはじめて綴る自伝。全メタル・ファン必読の一冊であるとともに、生きづらさを抱える人たち、救いを求める人々に啓示された福音書。アルバム制作秘話からセクシュアリティまで、ユーモアとペーソスたっぷりに語り尽くす。

本体2850円＋税　A5　520ページ（カラー口絵16ページ）

マンガで読むロックの歴史

ビートルズからクイーンまで ロックの発展期がまるごとわかる！

南武成 著　キム・チャンワン あとがき　岡崎暢子 訳

笑って読めちゃう楽しい音楽史！　パブロック、HR/HM、パンク、ニューウェイヴ、プログレ……。ロックはこうやって進化した！　1960年代後期～70年代、ロックを進化させ様々なシーンを切り拓いた破天荒ロッカーたちの物語。ジャンルを横断して紹介した、韓国発、音楽の歴史本決定版。荻原健太さん監修！「入門編としてだけでなく、ロック上級者の再確認作業にも、ぜひ」

本体2300円＋税　A5変型　344ページ

"HEADACHE?"
INJURY —
NEIGHBORHOOD MISCHIEF...
+ MULTIPLE HOSPITAL VISITS
"ONLY AS HAPPY AS UNHAPPIEST CHILD"
BLOOD
SWEDEN —
STADIUM
FALL
DOCTOR
HOSPITAL / X RAY
HARPER
"WALK HOME"

ALTAR / CARPORT
↓
MANIFESTATION / LAW OF ATTRACTION
DRUMS.
TEETH. —
FEEL. (REFINE)
SPIRITUAL / RELIGION
CATHOLIC SCHOOL
UNDERSTANDING FAITH
SOLD MY SOUL....

"THEY'RE HERE!"
SUMMER VACAY — OHIO — CHICAGO
TRACEY / PUNK ROCK
RECORD COLLECTION ← UNDERGROUND
↓
NAKED RAYGUN
↓
CUBBY BEAR / SHOW
DISCOVERY / INSPO
↓
JOURNEY HOME / NEW BEGINNING
END QUOTE

"WANNA PLAY SOME ZEP/AC/DC?"
SCREAM/AUDITION
LOCAL HEROES
LEARNED FROM RECORDS (SCREAM)
CROSSROADS — SCHOOL / HOME / DAD / D.B.
"YOU'D BETTER BE GOOD..."
FIRST TOUR
↓
VAN
↓
TRAVELS NYC - DETROIT - CHICAGO - WEST
BEGINNING

"PRIVACY / 400 ACRES"
OUT OF SEATTLE "GHOSTS"
↓
VIRGINIA
HOUSE HUNTING: TOO MUCH, TOO SOON.
BUILDING STUDIO / OUT OF CONTRACT
TRANS U.S. DRIVE
PANTERA
JIMMY — HOME
↓
KITTEN / MOM
3RD RECORD
DIDN'T HAVE TO BE A BAND

PSYCHIC / SYDNEY
↓
BIG DAY OUT FEST...
UFO'S / GHOSTS / AURA — LIFE TAKES ITS COURSE
SEATTLE HOUSE
DREAMS!
DUI
JAIL

"DO YOU MIND IF WE TAKE A BREAK?"
- TATTOO / FOREVER THING
- OLYMPIA / 400 BUCKS
NIRVANA
↓
REHEARSALS BARN
↓
HISTORY / 5th DRUMMER
SIGN TO DGC / PRODUCER
↓
TRIP TO L.A. ← OK HOTEL
↓
NOT COMING BACK
"FOREVER THING"

"SEE YOU DOWN THERE, DOC"
WHITE HOUSE
HOW DID I GET HERE?
KENNEDY CENTER
GIG
SPEECH — WINGED IT
PHOTO WITH W
PAUL / OBAMA
NERVES / DON'T WASTE MOMENT"
CROSS THE BRIDGE

TORONTO
RIVOLI —
SOUNDCHECK — POSTERS
IGGY — HISTORY
KICKED OUT.
VAN
"WHO'S THE DRUMMER?"
"WANNA PLAY WITH IGGY?"
JAM
SHOW!
FELT LIKE SUCCESS
BACK TO VAN
LAST TOUR
↓